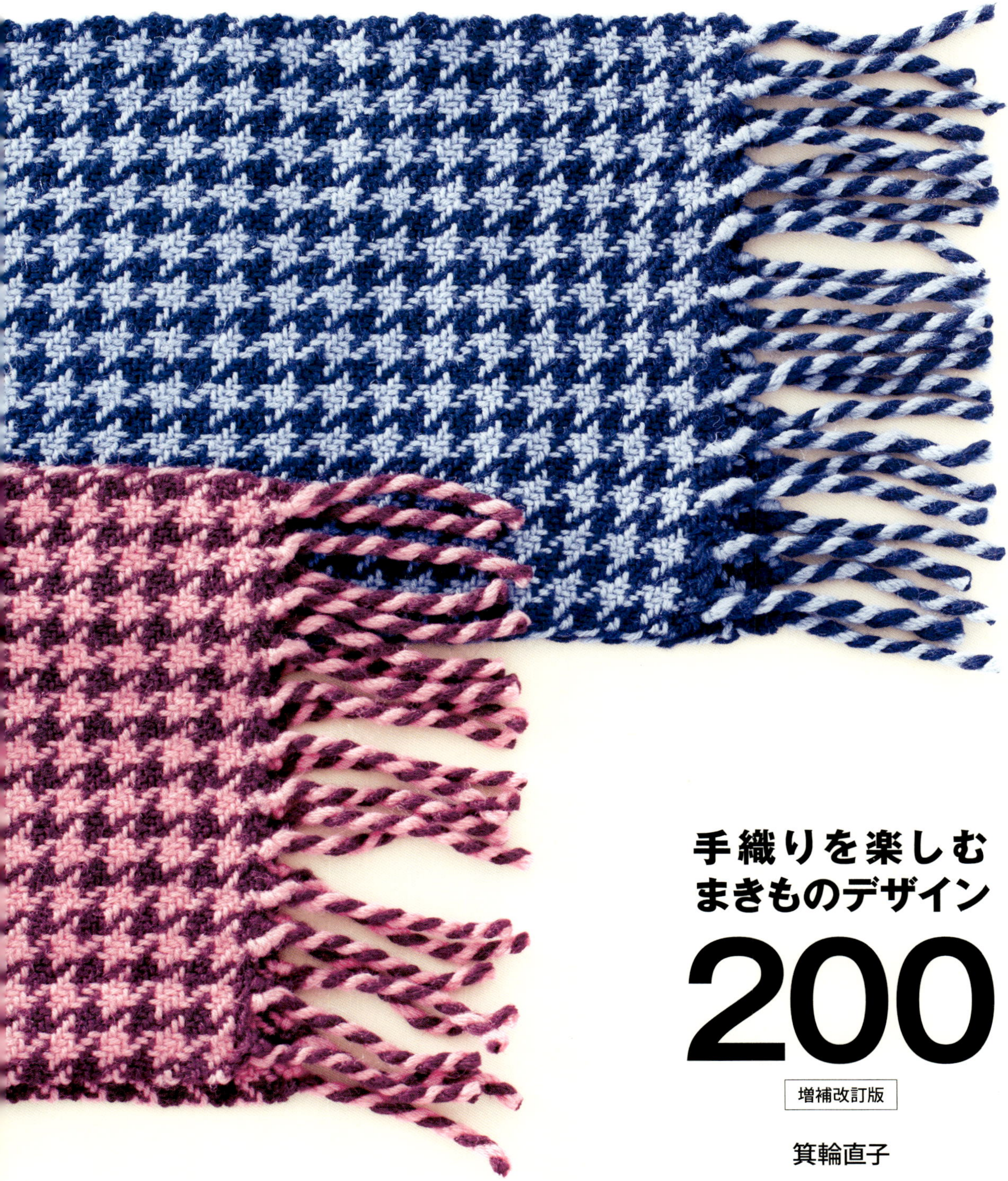

手織りを楽しむ まきものデザイン 200

増補改訂版

箕輪直子

はじめに

2011年に誠文堂新光社より『手織り大全』という 240ページある本を上梓しました。
手織りの多くの技法の紹介だけではなく、それを応用させるときのコツや理屈、サンプルのバリエーションなど多くの情報、そして高機だけではなく所有者の多い卓上織機の奥行きの深さについても載せた納得の一冊です。
ただ一つだけ気になる点があるとすれば、詰め込む情報を欲張り過ぎて作品画像が小さくなってしまったこと。
それに対してこの本は手織りに興味を持つ方にとって、見ているだけでも楽しい、すぐにでも実践できる内容になったと満足しています。
ただプロセスに関していえば『手織り大全』と重複する部分で多少省かせていただいている個所もあります。
どうぞ『手織り大全』と合わせてお持ちいただければ幸い・最強！です。

箕輪直子

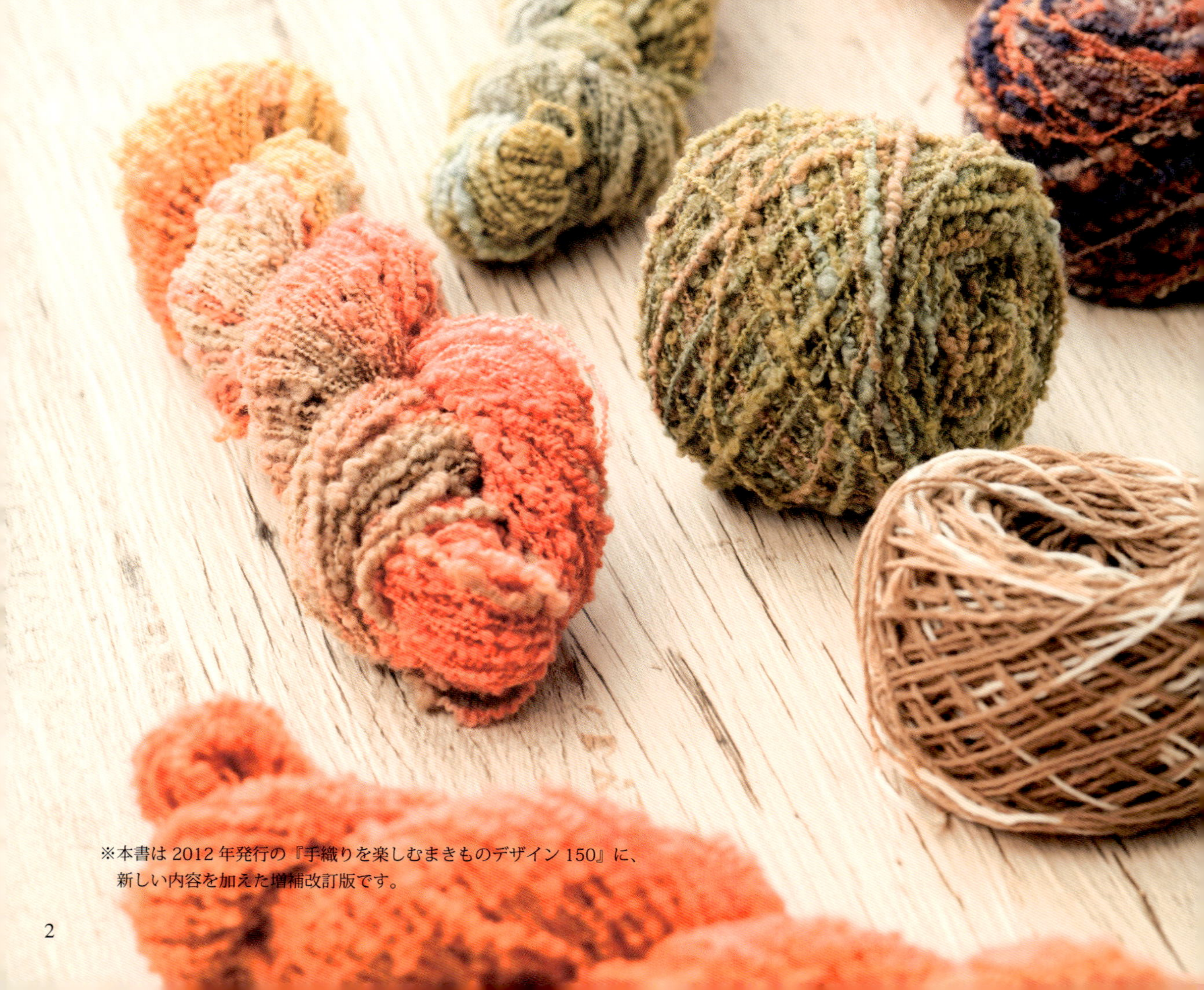

※本書は 2012 年発行の『手織りを楽しむまきものデザイン 150』に、
新しい内容を加えた増補改訂版です。

CONTENTS

第1章　変わり糸を織る

第2章　プレーンな糸で格子デザイン

第3章　綾織りバリエーション

第4章　二重織りとダブルビーム

第5章　四枚綜絖の組織織り

ヘドルルーム

平織り+ステッチで飾って

第6章　透かし柄

第7章　二枚綜絖の組織織り

オフルーム(OFF LOOM)
～織機を使わない手織り～

第8章　飛ばして、ずらして模様織り

この本の使い方

●作品番号
作品写真ページとリンクしています。
作品写真が何ページにあるか明記しています。

●本文
この作品の特徴や、作る際の注意点などをまとめてあります。

●糸情報
この作品を作る際の糸のデータです。
使用糸の番号（丸付き数字）は、糸番号です。糸番号は各章の最後の糸見本とリンクしています。
たて糸のムダ糸は織機によって異なりますが、ここでは50cmで計算してあります。

●図
織り始めのたて糸本数や、よこ糸の入れ方などは作品に応じて全体図や部分図で表しています。卓上織機で織ることを前提に図や情報が描かれている場合があります。高機の時は、タイアップ図を参考にし、その違いの解説はP214の「織り図の見方」を参考にしてください。

●作品番号
すべての作品には番号が振られています。
作り方ページにもこの番号があります。
作り方が何ページにあるか明記しています

●プロセス
作り方の写真は、わかりやすいように、実際の作品と違う色の糸で説明している場合があります。

第 1 章

変わり糸を織る

1

ふわふわ
モヘアマフラー
how to make P.23

2

くしゅくしゅ
スラブの
ショートスヌード（紫）
how to make P.24

3

くしゅくしゅ
スラブの
ショートスヌード（青）
how to make P.24

4

ループヤーンの
もこもこショール
（ワイドストライプ）

how to make P.24

5

ループヤーンの
もこもこショール
（タイトストライプ）

how to make P.24

7

ファーを生かした
ゴージャスストール
（キャメル）
how to make P.25

6

ファーを生かした
ゴージャスストール
（ブラウン）
how to make P.25

9

ラメモールの
パーティショール
（白）
how to make P.25

8

ラメモールの
パーティショール
（黒）
how to make P.25

10

たてよこ
スラブマフラー
how to make P.26

11

たて縞
スラブマフラー
how to make P.26

12

ボッブルネップの
チェックマフラー
（赤）
how to make P.26

13

ボッブルネップの
チェックマフラー
（グレー）
how to make P.26

14

着物を織り込む
裂き織りストール
how to make P.27

15

紅絹と襦袢の
はさみ織りマフラー
how to make P.27

16

スラブテープの
シンプルストール

how to make P.28

17

変わり糸の
ランダムマフラー
（ピンク）
how to make P.28

18

変わり糸の
ランダムマフラー（茶）
how to make P.28

20

よろけ縞の
アンティークストール
（青）
how to make P.29

19

よろけ縞の
アンティークストール
（ピンク）
how to make P.29

21

よろけ縞の
裂き織りショール
how to make P.29

22

ストレッチヤーンの
チェックスヌード（黒）
how to make P.30

23

ストレッチヤーンの
チェックスヌード（白）
how to make P.30

1 ふわふわモヘアマフラー

作品8ページ

もっともポピュラーな変わり糸といえばモヘアヤーン。たて糸にモヘアを使ってふわふわのマフラーを織ると毛足がソウコウに引っかかります。たて糸には向かないと思われがちですが、プレーンな糸と1本置きにするだけでかなり開口が良くなります。縮絨をすませた後、織り目に入った毛足を起毛するとふわふわに仕上がります。

図（1）

（モヘア1本+中細1本）×22＋モヘア1本

Data

織りあがりの長さ：160cm
整経長：210cm
幅と本数：15cm　45本
よこ糸密度とソウコウ：3段／cm　30羽
使用糸：たて／⑤⑲95m　よこ／⑲80m

Process

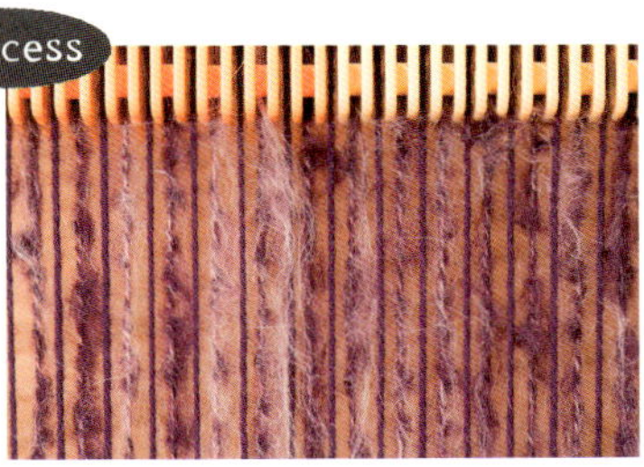

1 たて糸は30羽でモヘアと中細毛糸を交互にかけます。

2 平織りで、モヘアあるいは中細毛糸だけの開口になります。

3 織りあがって仕上げた後、ブラシでたたいて丁寧に起毛します。

Before

After

織りあがった状態（Before）と、ブラシでたたいて起毛した状態（After）。

2.3 くしゅくしゅスラブのショートスヌード

作品9ページ

1本の中にループやスラブが混ざり合う柔らかい変わり糸と、プレーンな中細毛糸のたて縞に中細毛糸を織り込みました。2種類の糸の太さのバランスを取るために、よこ糸は図の☆部分を引き返し織りでよこ糸密度を変えています。織り布の長さは80cmと短め。織り布をねじってから両端の房を合わせて撚ることで輪につなげています（撚り合わせ217ページ参照）。

図（2・3共通）

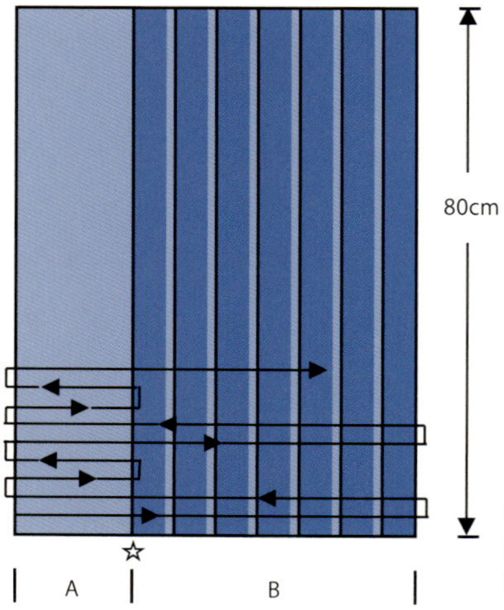

a と b′、a′ と b を合わせて両端の房を一緒に撚り合わせる。

● たて糸：A= 中細毛糸 30 本
B=（並太変わり糸8本+中細毛糸2本）×6+並太変わり糸8本

Data

織りあがりの長さ：80cm
整経長：130cm
幅と本数：25cm　98本
よこ糸密度とソウコウ：4段／cmと2段／cm　40羽
使用糸：2（紫）＝たて／⑤⑰130m　よこ／⑤70m
3（青）＝たて／⑥⑱130m　よこ／⑥70m

4.5 ループヤーンのもこもこショール

作品10 - 11ページ

一度は織ってみたい太いループヤーンのざっくりショール。ソウコウ穴の細い織機の時はループヤーンはよこ糸として使います。卓上織機ではプレーンな毛糸と1本置きでたて糸をかけると、たて糸の開口が良くなります。リジッド織機では隙間の大きいスリットに極太ループを通します。房は並太毛糸を増毛し、並太毛糸とループヤーンとそれぞれ別に撚り合わせています（増毛217ページ参照）。

図（4）

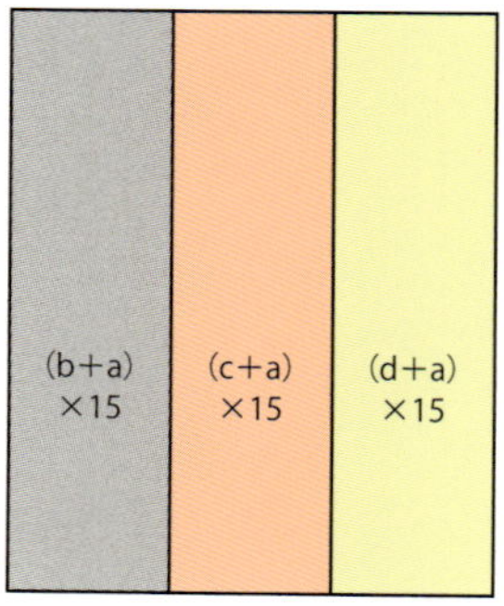

（4・5共通）
●たて糸：a＝ベージュ、b=ループ・濃グレー、c=ループ・グレー、d=ループ・白
●よこ糸：aで平織り

図（5）

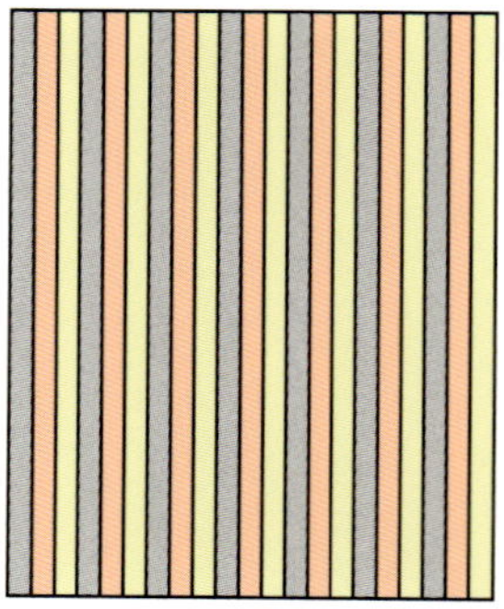

A＝(b＋a)×2＋(c＋a)×2＋(d＋a)×2
Aを7回繰り返す。

Data

織りあがりの長さ：170cm
整経長：220cm
幅と本数：4（太縞）=30cm　90本　5（細縞）=28cm84本
よこ糸密度とソウコウ：3段／cm　30羽
使用糸：4（太縞）＝たて／⑯㉔㉕㉖200m　よこ／⑯170m
5（細縞）＝たて／⑯㉔㉕㉖190m　よこ／⑯160m

6.7 ファーを生かしたゴージャスストール

作品12ページ

ファータイプの変わり糸をたて糸に使い普通に平織りをすると、せっかくの長い毛足が織り目に埋もれます。毛足を織り目から出す作業は編み針など先の細い棒で毎段行いますが、その作業が少しでもやりやすいようにファーの横にたて糸２本分の隙間を入れるのがポイント。高機の時も筬目を２本分空けます。スパンコールを絡めたモヘア糸と組み合わせて織り地を安定させました。

図⑥

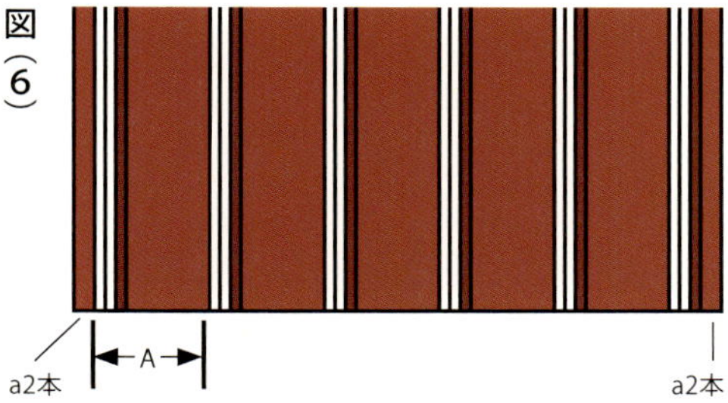

●たて糸：ａ＝モヘア・茶、ｂ＝ファー・茶
Ａ＝空羽２＋ｂ１本＋ａ８本
ａ２本＋Ａ×５＋空羽２＋ｂ１本＋ａ２本
●よこ糸：ａで平織り

織り途中で毛足を出してから巻き取るとよいでしょう。

図⑦

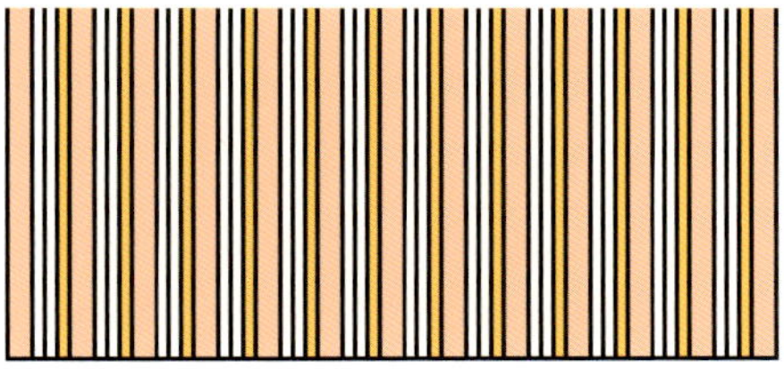

●たて糸：ａ＝モヘア・シルバー、ｂ＝ファー・ゴールド
ａ２本＋（空羽２＋ｂ１本＋ａ２本）×１２
●よこ糸：ａで平織り

Data

織りあがりの長さ：140cm
整経長：190cm
幅と本数：6（ブラウン）＝16cm 50本　7（キャメル）＝16cm 38本
よこ糸密度とソウコウ：３段／cm　40羽
使用糸：6（ブラウン）＝たて／⑭㉙95m よこ／⑭75m
7（キャメル）＝たて／⑮㉚75m よこ／⑮75m

8.9 ラメモールのパーティショール

作品13ページ

細いラメ糸にところどころモールがネップ状についている糸をよく見かけます。その糸自体がとても個性的な時はシンプルにプレーンな糸と組み合わせて平織りするといいでしょう。黒デザインのショールはアクセントで巻結びを入れました。巻結びは116-117（126ページ）のストールを参照してください。

図⑧

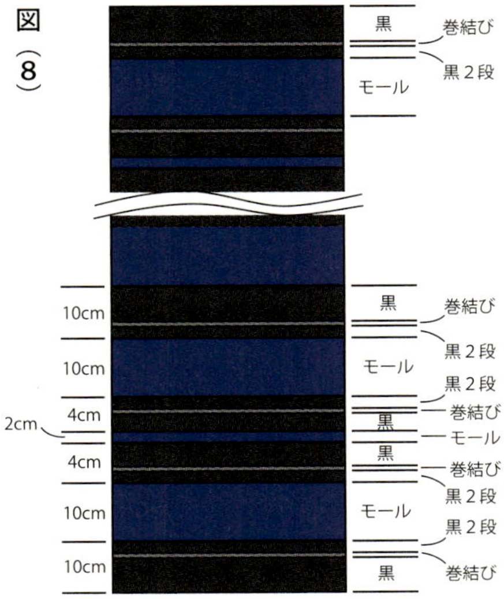

図⑨

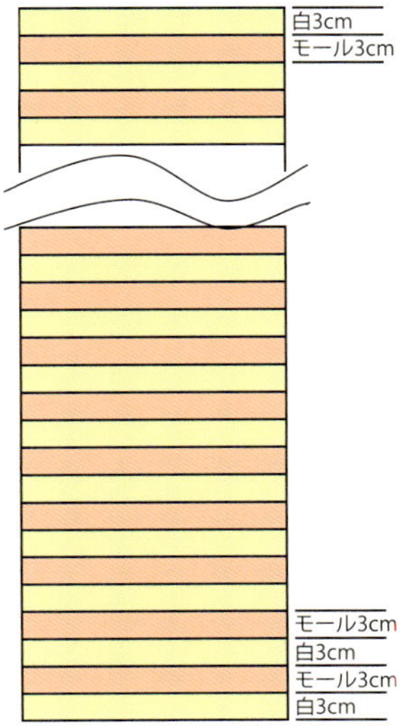

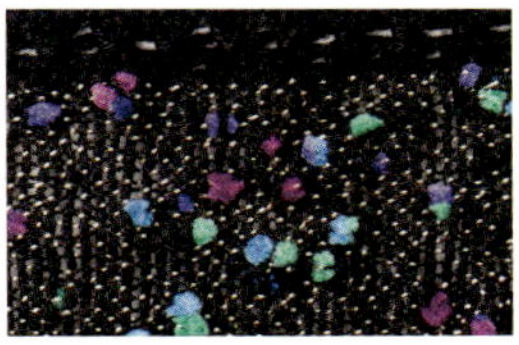

Data

織りあがりの長さ：160cm
整経長：210cm
幅と本数：36cm　144本
よこ糸密度とソウコウ：４段／cm　40羽
使用糸：8（黒）＝たて／⑧305m よこ／⑧⑬255m
9（白）＝たて／①305m よこ／①⑫255m

10.11 たてよこスラブマフラー／たて縞スラブマフラー

作品14ページ

極端に太さに違いのあるスラブヤーンはそれだけでは織りにくいので、細い部分に近い太さの糸と組み合わせて織ります。太い糸の隣に空羽を2本ずつ入れて織るので織った段階ではスカスカしていますが、縮絨すると落ち着いた織り地になります。あるいは、20羽で織ってもよいでしょう。スラブ糸を目立たせるために、よこ糸密度は少し粗くします。

図(10)

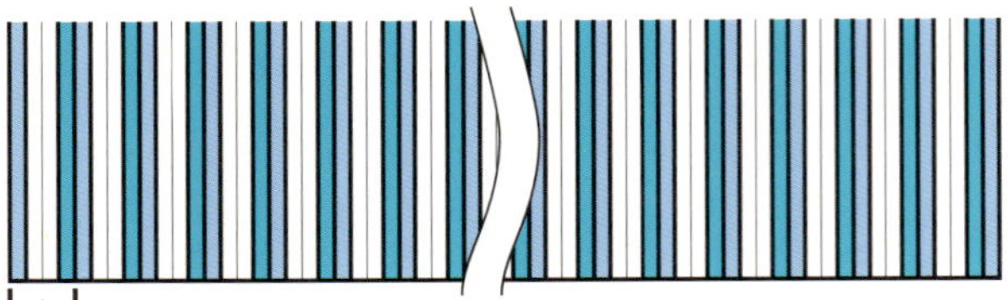

●たて糸：a＝中細・青、b=スラブ・青
A=a1本+空羽2+b1本
A×20+a1本
●よこ糸：a1段＋b1段の繰り返し。織り終わりはa。

図(11)

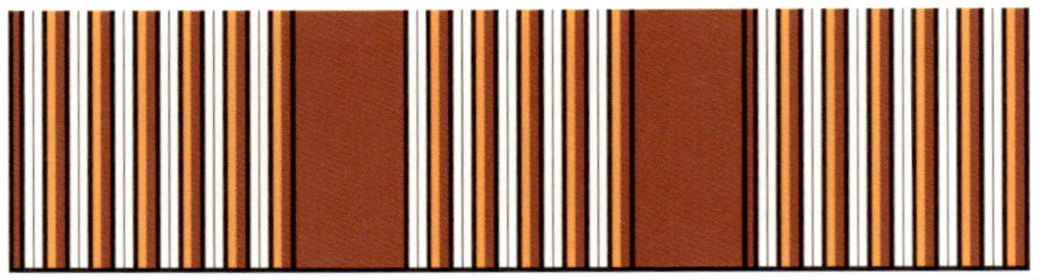

●たて糸：a=中細・茶、b＝スラブ・オレンジ
A=（a1本+空羽2+b1本）×6＋a1本　B=a10本　C=（空羽2+b1本+a1本）×5

Data

織りあがりの長さ：150cm
整経長：200cm
幅と本数：10=20cm　41本
11=20cm　56本
よこ糸密度とソウコウ：4段／cm　40羽
使用糸：10=たて／⑥㉘85m　よこ／⑥㉘135m
11＝たて／④㉗115m
よこ／④135m

12.13 ボッブルネップのチェックマフラー

作品15ページ

大きなボッブル状のネップがついた変わり糸はたて糸にはなりませんが、よこ糸や房の増毛に使うとかわいい仕上がりのマフラーになります。基本的には中細毛糸による平織りで変わり糸は織り幅プラスαの長さに切って平織りの地糸と同じ段に挟み込み、ボッブル部分は織り地からたて糸11本分浮かせています。耳から出たボッブルは糸同士でしばり、残ったボッブルも房の端にしばって取りつけます。

図（12）

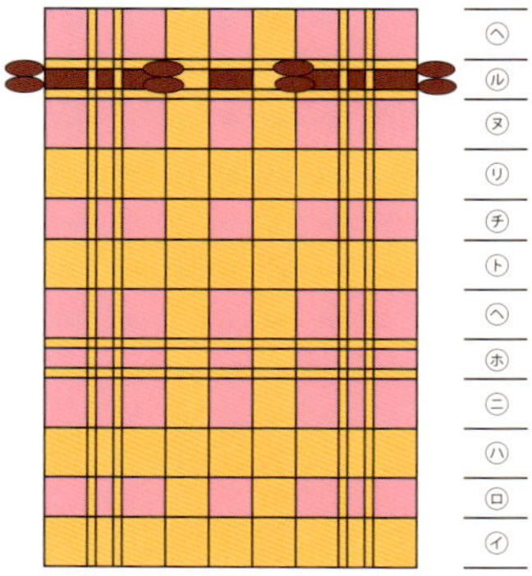

●たて糸：a＝中細・赤、b＝中細・茶
A＝a 10本、B＝b 2本＋a 4本＋b 2本、C＝b 10本
●よこ糸：a＝中細・赤、b＝中細・茶、c＝変わり糸
㋑b 10段㋺a 8段㋩b 10段㋥a 10段㋭b 2段＋a 4段＋b 2段㋬a 10段㋣b 10段㋠a 8段㋷b 10段㋦a 10段㋸b 1段＋bとcのはさみ織り1段＋a 2段＋bとcのはさみ織り1段＋b 1段
※㋑～㋸の後、㋬～㋸の繰り返し。最後は㋦から㋑に向かって織る。

Process

変わり糸は平織りと同じ段ではさみ織りし、ボッブル部分は飛ばします。

㋸拡大図

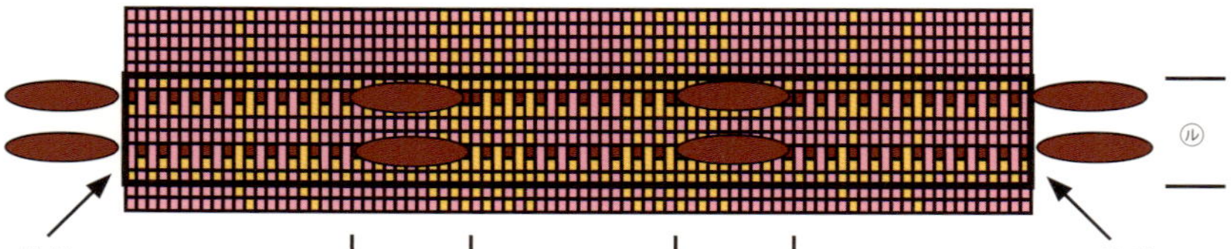

Data

織りあがりの長さ：150cm
整経長：200cm
幅と本数：21cm　86本
よこ糸密度とソウコウ：4段／cm　40羽
使用糸：12（赤）＝たて／③④175m　よこ／③④㉛140m
13（グレー）＝たて／⑦⑧175m
よこ／⑦⑧㉜140m

14 着物を織り込む裂き織りストール

作品16ページ

お気に入りの着物をテープ状にカットしてそっと織り込みました。裂き織りというと強く打ち込む織り地のイメージですが、柄を見せるように挟み、糸で抑えるくらいの打ち込みにすれば軽く仕上がります。たてよこの地糸は柔らかい中細綿糸、シンプルな織り地になったので、房にビーズを通してマクラメ仕上げ（217ページ）で飾りました。

Data

織りあがりの長さ：130cm
整経長：180cm
幅と本数：16cm　64本（両端２本取り）
よこ糸密度とソウコウ：糸＝４段／cm　布＝２段／cm　40羽
使用糸：たて／⑩120m　よこ／⑩㊱85m

図14

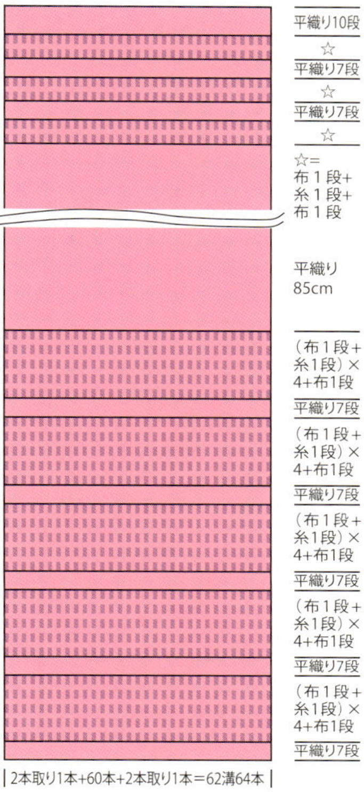

15 紅絹と襦袢のはさみ織りマフラー

作品17ページ

紅絹や胴裏、襦袢など柔らかいシルクの布を細く裂いて、平織り地にはさみ織り（173ページ）で加えました。もし布がなければ残り毛糸でも構いません。地糸よりやや太めの糸を選ぶのがポイントです。ほんの少し残った糸も最後まで生かせるエコなデザインのマフラーです。

Data

織りあがりの長さ：130cm
整経長：180cm
幅と本数：16cm　64本（両端２本取り）
よこ糸密度とソウコウ：４段／cm　40羽
使用糸：たて／⑪120m　よこ／⑪㊲㊳95m

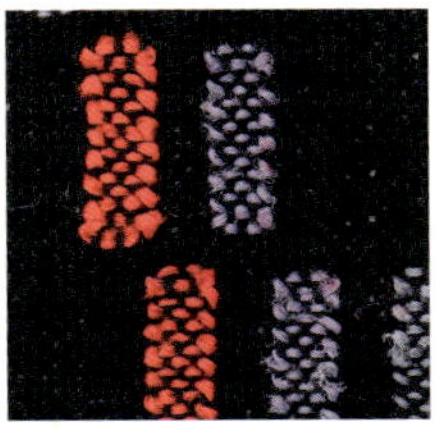

図15

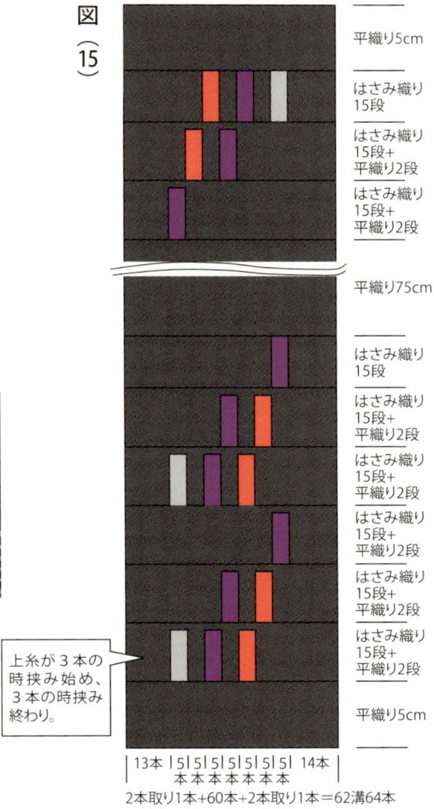

16 スラブテープのシンプルストール

作品18ページ

ここで使用しているスラブ調の綿テープは段染め糸です。その糸の繊細な感じをそのまま見せるように極細の綿糸と組み合わせてストールを織りました。綿テープの曲線ラインをつぶさずに見せるため、綿テープの間に空羽を入れてたて糸をかけています。高機の場合も筬2本分空けます。この変わり糸は149-150（156ページ）でも使用しています。

図（16）

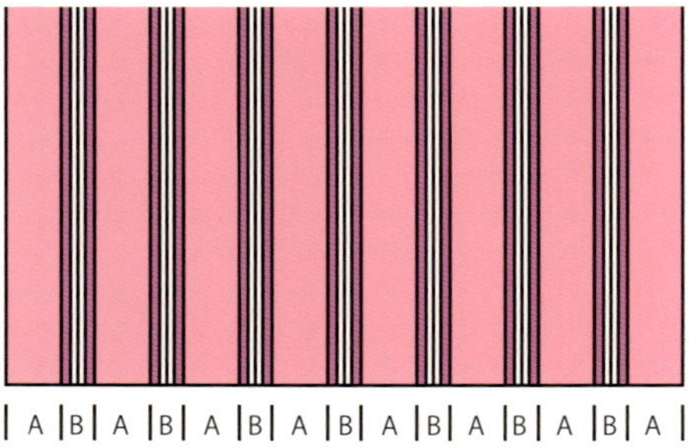

●たて糸：a＝極細綿糸　b＝スラブ綿テープ
A＝a 12本、B＝b 1本＋空羽2＋b 1本
●よこ糸：極細綿糸

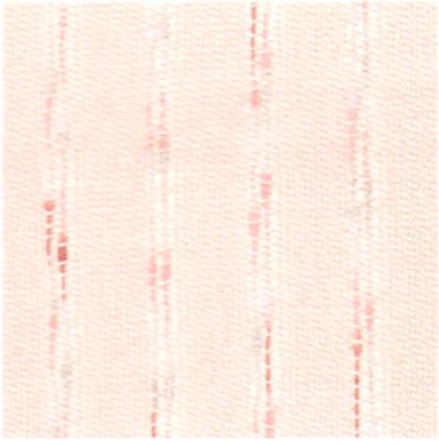

Data

織りあがりの長さ：150cm
整経長：200cm
幅と本数：25cm　110本
よこ糸密度とソウコウ：4段／cm　50羽
使用糸：たて／⑨㉝220m よこ／⑨165m

17.18 変わり糸のランダムマフラー

作品19ページ

糸棚の中に残ったいろいろな変わり糸を組み合わせてよこ糸として織り込んだマフラーです。マフラー1本につき8種類の変わり糸を使用しています。地糸は中細毛糸の平織り、変わり糸部分は目立つようにたて糸2本ずつの開口です。選んだ変わり糸は一番太い糸（1本取り2段）に揃うように細いラメ糸は4本取り4段にするなど太さや段数を調節しましょう。

Process

1 選んだ糸はあらかじめ織り込む順番を決めておきます。

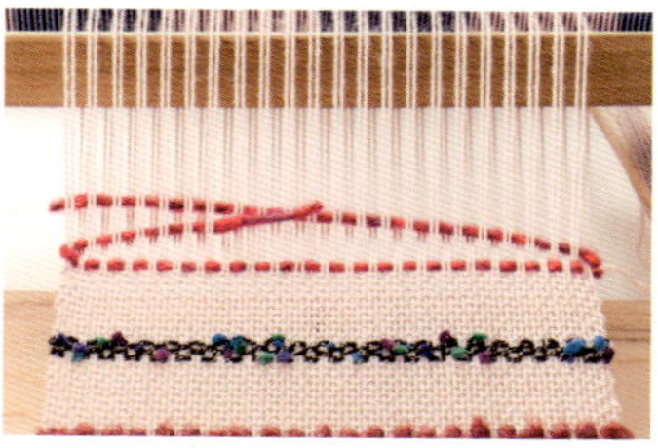

2 糸端は重ねて始末しましょう。

図（17・18共通）

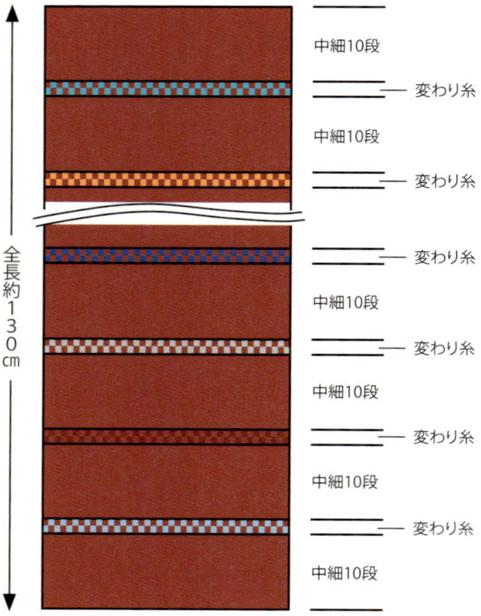

Data

織りあがりの長さ：130cm
整経長：180cm
幅と本数：18cm　90本
よこ糸密度とソウコウ：4段／cm　50羽
使用糸：17（ピンク）＝たて／②165m　よこ／②73m、変わり糸105m
18（茶）＝たて／④165m よこ／④75m、変わり糸105m

19.20 よろけ縞のアンティークストール

作品20ページ

たてよこにリボンヤーンを使ってアンティークな色合いのストールにしました。よろけ縞を織るための専用の筬もありますが、ここではたて糸を外せるタイプの卓上織機で織りました。ひょうたんのような曲線ラインを強調するために両端と縞の際に極太毛糸を加え、房は極太毛糸でヘムステッチをしています。たて糸の位置を変えながら織り進むと、図㋑の縞が図㋺に変わります。

Process

1 たて糸の位置をずらして縞の幅を変えていきます（『手織り大全』P36 参照）。

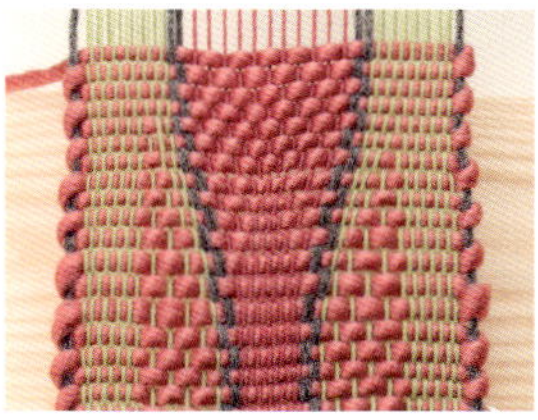

2 縞の幅を変えたらしばらく平織りをして縞の幅を安定させます。

図 ⑲

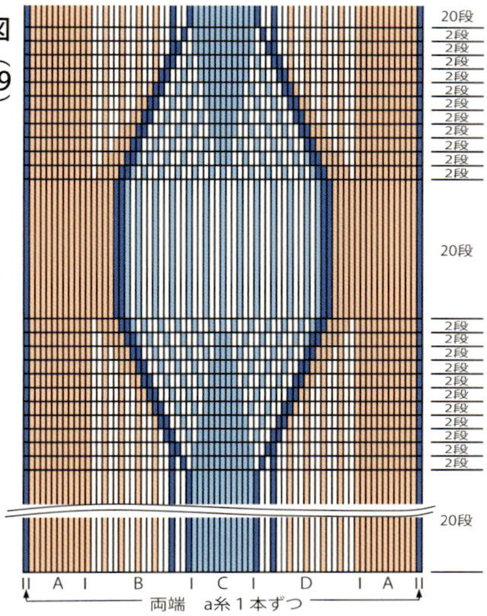

●たて糸：a＝極太毛糸　b＝並太リボン・黄　c=並太リボン・ピンク　A＝b10本、B＝（b１本＋空羽２）×５＋a１本＋空羽２＋a１本、C＝c11本、D＝（b１本＋空羽２）×2＋（a１本＋空羽2）×４＋a１本、E=a15本、F＝b2本+（空羽2+b1本）×11+空羽２+b2本

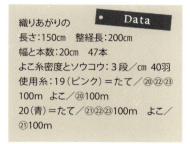

Data

織りあがりの長さ：150cm　整経長：200cm
幅と本数：20cm　47本
よこ糸密度とソウコウ：３段／cm　40羽
使用糸：19（ピンク）＝たて／⑳㉒㉓100m　よこ／⑳100m
20（青）＝たて／㉑㉒㉓100m　よこ／㉑100m

㋑図

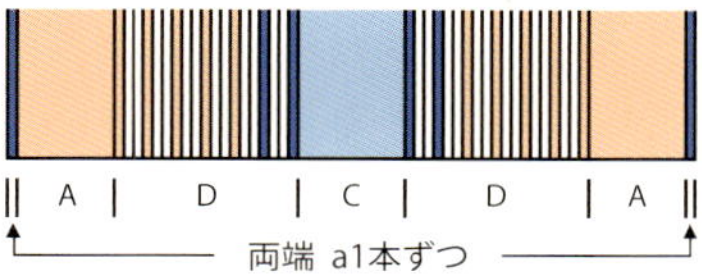

㋺図

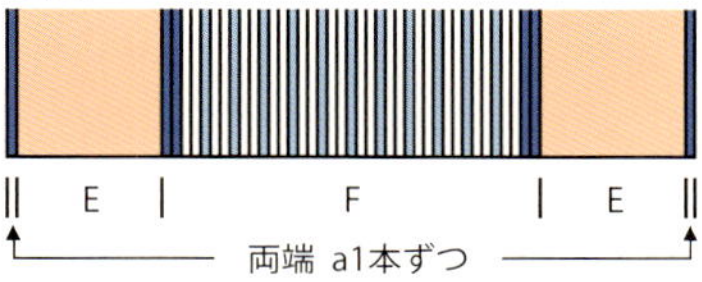

21 よろけ縞の裂き織りショール

作品21ページ

筬目が扇型のよろけ筬を使ってよろけ縞のショールを織りました。このよろけ筬は平均 45 羽ですが、粗い部分で約 30 羽、細かい部分で約 120 羽と差があるため、たて糸選びが難しく、19・20 のような極太毛糸は細かい部分で動きません。またこの筬は高機用ですが、機種を選ぶので確認してから購入しましょう。よこ糸に細く裂いたシルクシフォンを織り込んでいるので、とても軽くしなやかな仕上がりのショールになりました。

たてよろけの専用筬

●たて糸：a＝中細綿テープ・緑　b＝中細綿テープ・黄　（a21本＋b21本）×３＋a21本

Process

1 よろけ筬を徐々に上下に動かしながら、織り進みます。

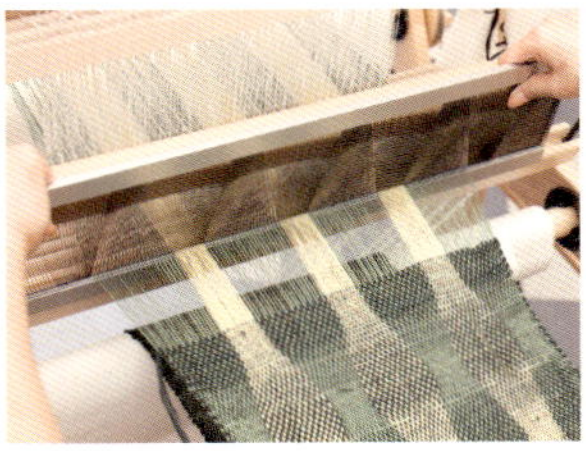

2 筬を下げているときに広かった縞は、筬を上げると狭まります。

Data

織りあがりの長さ：150cm
整経長：200cm
幅と本数：26〜28cm　147本
よこ糸密度とソウコウ：３段／cm　50羽
使用糸：たて／㉞㉟295m　よこ／㊴1.5cm幅135m

22.23 ストレッチヤーンのチェックスヌード

作品22ページ

変わり糸には伸縮するタイプや形状記憶タイプなどいろいろありますが、ここで使ったのはアイロンの蒸気をあてることで縮むタイプの糸です。織りあがりはシンプルなチェックの布ですが、アイロンを少し浮かせて織り地に丁寧に蒸気をあてると変わり糸だけが縮み、クシュクシュの立体感がある織り地になります。

図（22・23）

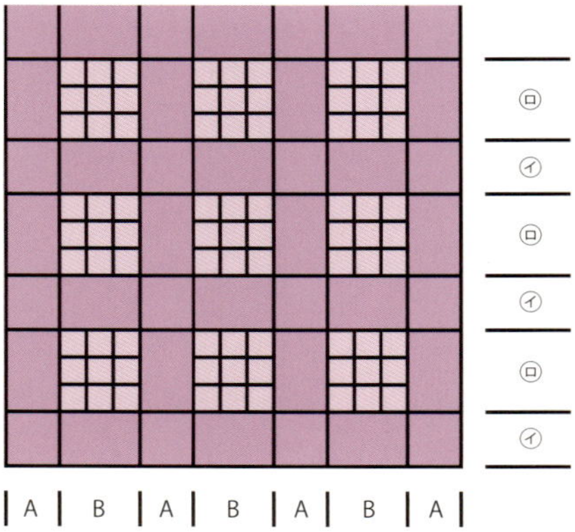

a＝ストレッチウール　b＝モヘアヤーン
●たて糸：A＝a 8本、B＝b 12本　（A＋B）×3＋A
●よこ糸：㋑a 8段　㋺b 12段　（㋑＋㋺）×12＋㋑

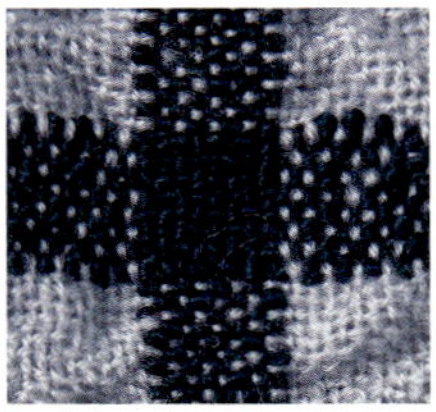

Data

織りあがりの長さ：
90cm（スチーム処理後80cm）
整経長：140cm
幅と本数：23cm(出来上がり18cm)　68本
よこ糸密度とソウコウ：㋑＝8段/3cm　㋺＝3段/1cm　30羽
使用糸：22（黒）＝たて／㊶49m　㊸51m　よこ／㊶24m　㊸34m
23（白）＝たて／㊵49m　㊷51m　よこ／㊵24m　㊷34m

Process

蒸気アイロンを少し浮かせた状態で、
ストレッチウールに丁寧にあてます。

第1章　使用糸（作品1～23）

① 中細毛糸　白

④ 中細毛糸　茶

⑦ 中細毛糸　グレー

② 中細毛糸　ピンク

⑤ 中細毛糸　紫

⑧ 中細毛糸　黒

③ 中細毛糸　赤

⑥ 中細毛糸　水色

⑨ 極細綿糸　ベージュ

⑩　中細綿糸　ベージュ

⑪　中細綿糸　黒

⑫　ラメネップヤーン　白

⑬　ラメネップヤーン　黒

⑭　スパンコール付きモヘアヤーン　茶

⑮　スパンコール付きモヘアヤーン　シルバー

⑯　並太ツイード毛糸　ベージュ

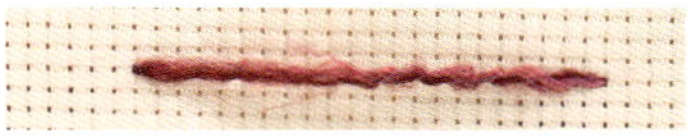
⑰　並太変わり糸　紫

⑱　並太変わり糸　グレー

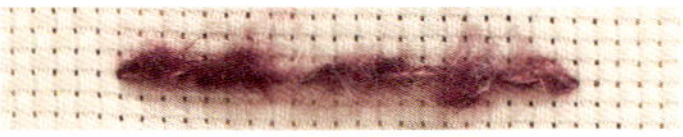
⑲　並太モヘアヤーン　紫

⑳　並太リボンヤーン　ピンク

㉑　並太リボンヤーン　ブルー

㉒　並太リボンヤーン　黄色

㉓　極太毛糸　グレー

㉔　極太ループヤーン　白

㉕　極太ループヤーン　グレー

㉖　極太ループヤーン　濃グレー

㉗　超極太スラブヤーン　オレンジ

㉘　超極太スラブヤーン　水色

㉙　ファータイプ変わり糸　茶

㉚　ファータイプ変わり糸　ゴールド

㉛　ボッブルネップヤーン　赤

㉜　ボッブルネップヤーン　黒

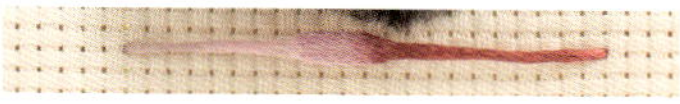
㉝　スラブ綿テープ　ピンク

㉞　中細綿テープ　黄

㉟　中細綿テープ　緑

㊱　絹着物地　ピンク

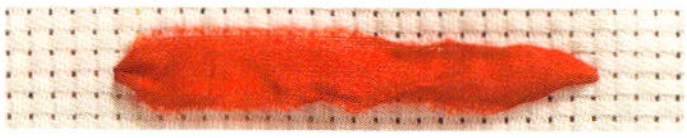
㊲　絹着物地　赤

㊳　絹着物地　紫

㊴　シルクシフォン　緑

㊵　ストレッチウール　白

㊶　ストレッチウール　紺

㊷　モヘアヤーン　白

㊸　モヘアヤーン　グレー

織りの基礎テクニック

織り始めの注意点

●織り布を織機から外すと糸端が緩みます。そのため織り始めと織り終わりには何段か別糸でほつれ止めを織りましょう。ほつれ止めの糸は房の始末をする時にはずします。

●本番の糸の織り始めの糸端は同じ段に折り返して始末します。その時に糸が抜けないように一番端のたて糸に引っ掛けるように折り返すといいでしょう。

●よこ糸を幅のまま入れて織ると織り幅が狭くなってくるので、緩み分として30度程度の角度をつけるといいでしょう。

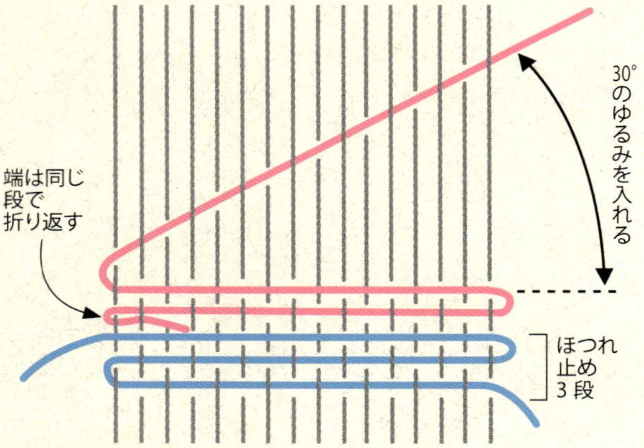

よこ糸のつなぎ方

●よこ糸の糸端同士を５㎝程度重ねます。はみ出した糸は後から切ります。

●よこ糸の色を変える時の糸端は織り始めと同じように同じ段で折り返して始末します。

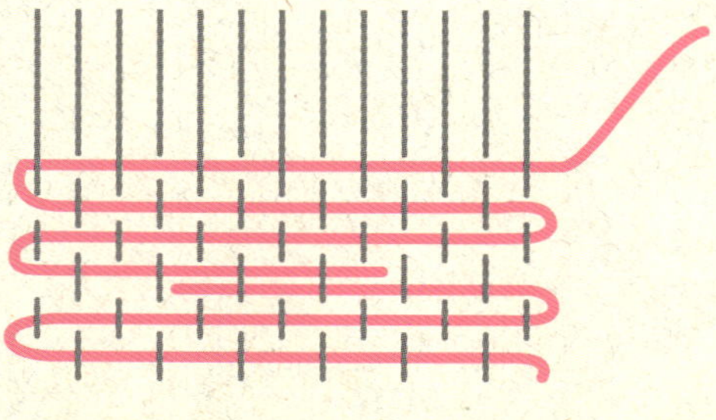

たて糸に結び目があった時

●整経するときに結び目を見つけたときは結び目を整経の端に持ってきますが、気が付かずに織り始めた場合はまず結び目をほどきその１本のない状態で織り進めます。ある程度織ったら切れた糸端をマチ針でとめます（図①）。飛んでいる個所は後から別糸を織り目に沿って縫い込み、糸端同士を５㎝程度重ね、余分な糸端は切ります（図②）。

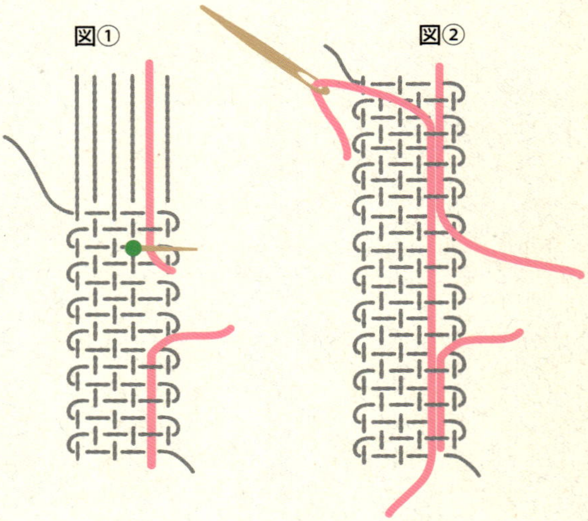

織り目が飛んでいたら

●織りあげた後飛んでいる織り目に気が付いたら、別糸を正しい織り目に縫い込みます。織り目部分で３㎝程度重なるように縫ったら、飛んでいる糸は切ります。

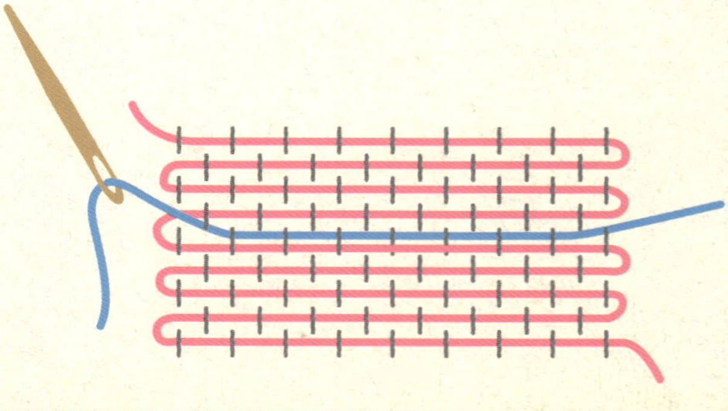

第2章

プレーンな糸で
格子デザイン

24

千鳥格子のマフラー
how to make P.53

25

引き返し千鳥格子の
マフラー
how to make P.53

26

ダブル引き返し
千鳥格子のマフラー
how to make P.53

27

三色千鳥格子の
ストール
how to make P.54

28

四色千鳥格子の
ストール
how to make P.54

29

細かいブロックの
網代織りマフラー
how to make P.54

30

大きなブロックの
網代織りマフラー
how to make P.54

31

大小ブロックの
網代織りマフラー
how to make P.55

32

追っかけ綱代の
たて縞ストール
how to make P.55

33

畝綱代織りの
ショール
how to make P.56

34

中細毛糸で
ななこ織りマフラー
how to make P.56

35

並太毛糸で
ななこ織りマフラー
how to make P.56

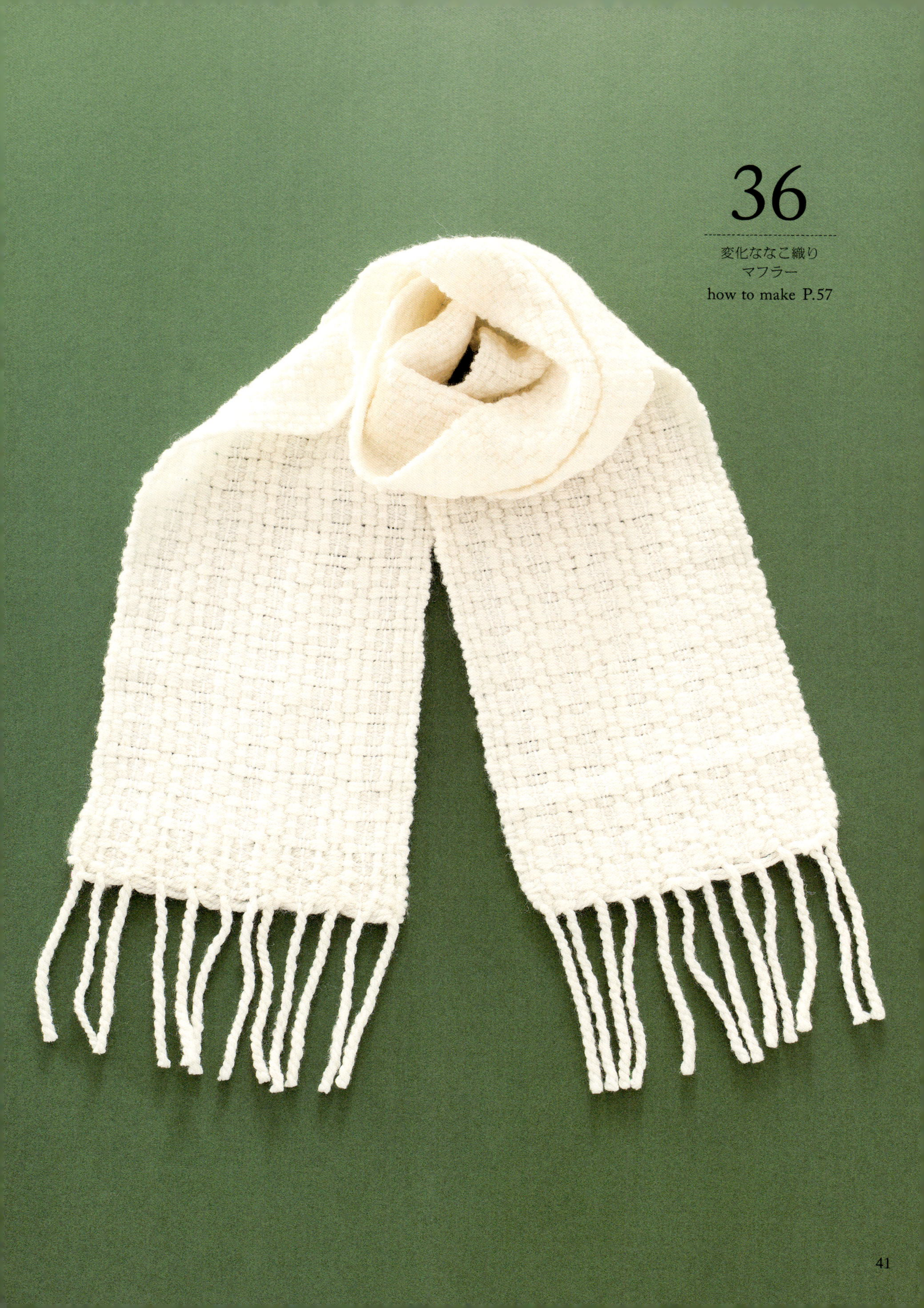

36

変化ななこ織り
マフラー

how to make P.57

37

4本4段正ななこ織り
マフラー

how to make P.58

38

シンプルグラデーション
マフラー（紫）
how to make P.58

39

シンプルグラデーション
マフラー（赤）
how to make P.58

40.41
42.43

タータンチェック
マフラー　パターン1
how to make P.59

44.45
46.47

タータンチェック
マフラー　パターン2
how to make P.59

48.49
50.51

タータンチェック
マフラー　パターン3
how to make P.60

52.53
54.55

タータンチェック
マフラー　パターン4
how to make P.60

56.57
58.59

タータンチェック
マフラー　パターン5
how to make P.60

61

杉綾織りの
タータンチェック
マフラー
how to make P.61

60

綾織りの
タータンチェック
マフラー
how to make P.61

62

四方に房のある
タータンチェック
マフラー
how to make P.61

63

コイリングショール
（グレー）
how to make P.62

64

コイリングショール
（ピンク）
how to make P.62

65

等差織りの
モノトーンショール
how to make P.62

24 千鳥格子のマフラー

作品34ページ

ツーアンドツーチェックとも呼ばれる千鳥格子は、２色の糸の効果で柄を出す定番の織りデザインです。２色の差があまり近いと柄がはっきりしないので、少し差のある色同士を組み合わせるとよいでしょう。よこ糸を２本使う場合は布の耳で糸同士を絡めながら織り進みますが、千鳥格子のように２段ずつで糸が変わる場合は絡めなくても目立ちません。

図㉔

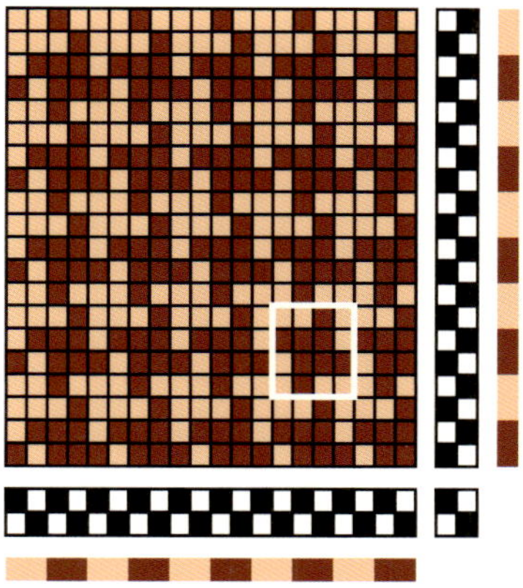

●たて糸：a＝茶、b＝ベージュ（a２本+b２本）×14
●よこ糸：a＝茶、b＝ベージュ　a2段、b2段の繰り返し。織り始めはaはたて糸の端がaの側から、bはたて糸の端がbの側から入れる。

Data

織りあがりの長さ：130cm
整経長：180cm
幅と本数：18cm　56本
よこ糸密度とソウコウ：３段／cm　30羽
使用糸：たて／㊱㊲105m よこ／㊱㊲80m

25.26 引き返し千鳥格子のマフラー ダブル引き返し千鳥格子のマフラー

作品35ページ

２色の糸を使った千鳥格子に無地織り部分も加え、たて縞のデザインにしました。４段あるいは２段に一度同じ開口で２色の糸を入れ、次の段で引き返して織ることによってたて縞ができます。引き返すときに２色の糸を絡めると、端部分にも千鳥の足が柄として出ます。同じ引き返し技法の作品は 156 ページにもあります。

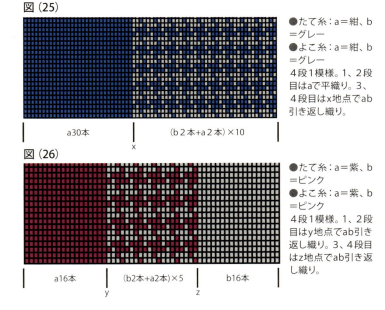

図（25）

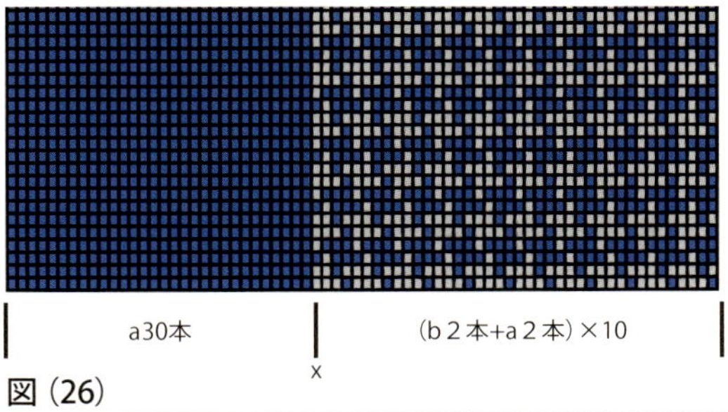

●たて糸：a＝紺、b＝グレー
●よこ糸：a＝紺、b＝グレー
４段１模様。1、2段目はaで平織り。3、４段目はx地点でab引き返し織り。

図（26）

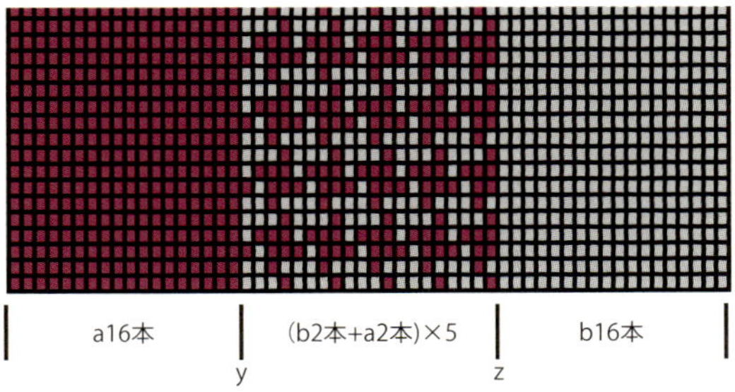

●たて糸：a＝紫、b＝ピンク
●よこ糸：a＝紫、b＝ピンク
４段１模様。1、２段目はy地点でab引き返し織り。3、4段目はz地点でab引き返し織り。

Data

織りあがりの長さ：130cm
整経長：180cm
幅と本数：25＝23cm　70本　26＝17cm 52本
よこ糸密度とソウコウ：３段／cm　30羽
使用糸：25＝たて・よこ共／㊶㊷　たて95m・よこ75m
26＝たて・よこ共／㉙㊳
たて130m・よこ100m

27.28 三色千鳥格子のストール 四色千鳥格子のストール

作品36ページ

千鳥格子というと多くの場合２色の色で組み合わせますが、３色あるいは４色使ってその柄を出すこともできます。三色千鳥はこげ茶を基準にピンクと黄緑の組み合わせ、濃いこげ茶に対してピンクと黄緑は同程度の中間色を選ぶのがデザインのポイントです。四色千鳥は決してぶつかり合わない白から黒までの濃淡で千鳥格子を表しました。

図（27）

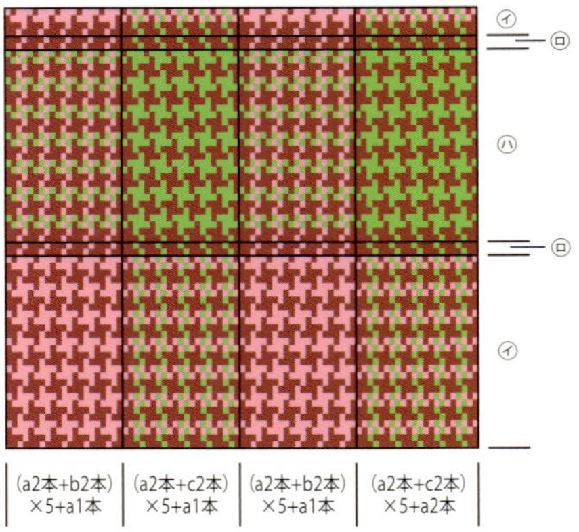

図（28）

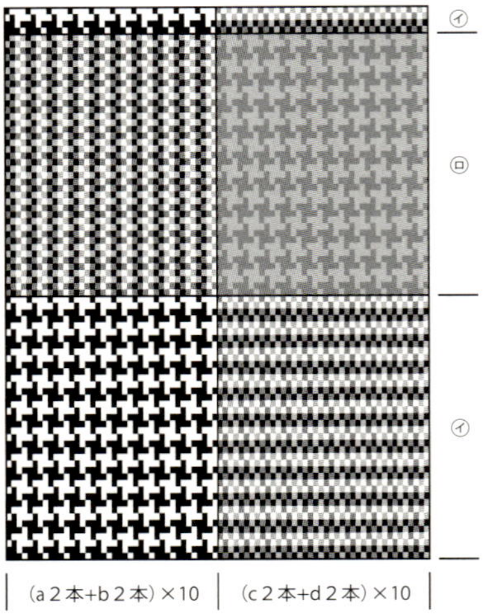

(27) ●たて糸：a＝茶、b＝ピンク、c＝黄緑　●よこ糸：a＝茶、b＝ピンク、c＝黄緑
㋑（a２段＋b２段）×7　㋺a２段　㋩（a２段＋c２段）×7　㋑㋺㋩㋺の繰り返し。
(28) ●たて糸：a＝黒、b＝白、c＝濃グレー、d＝淡グレー　●よこ糸：a＝黒、b＝白、c＝濃グレー、d＝淡グレー　㋑（a２段＋b２段）×10　㋺（c２段＋d２段）×10　㋑㋺㋑㋺の繰り返し。

Data

(27)
織りあがりの長さ：130cm
整経長：180cm
幅と本数：28cm　85本
よこ糸密度とソウコウ：3段／cm　30羽
使用糸：たて・よこ共／㉚㊱㊵　たて155m・よこ125m

(28)
織りあがりの長さ：160cm
整経長：210cm
幅と本数：27cm　80本
よこ糸密度とソウコウ：3段／cm　30羽
使用糸：たて・よこ共／㉘㊷㊸㊹　たて170m・よこ145m

29.30 細かいブロックの網代織りマフラー 大きなブロックの網代織りマフラー

作品37ページ

千鳥格子に次いで人気の定番網代柄、バスケットチェックとも言います。２色の色の組み合わせで網代天井の重なり合っているような柄を表現します。千鳥格子同様２色は縦横のラインが目立つよう色の差のある組み合わせにしましょう。技法的には異なりますが、102ページのシャドー織りマフラーでも同じような柄を織ることができます。

図 29

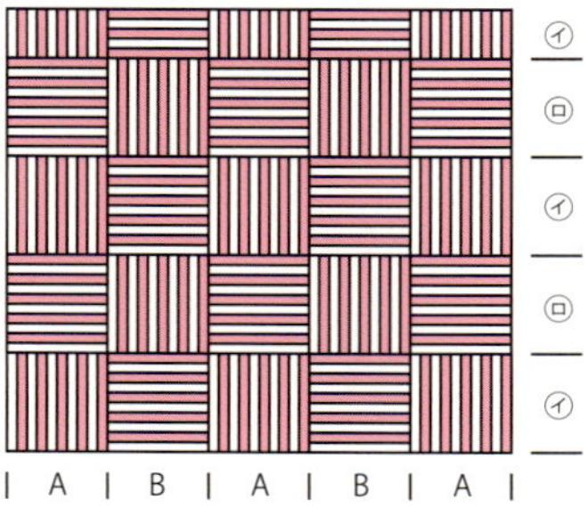

●たて糸：a＝グレー、b＝ピンク　A＝（a１本＋b１本）×5　B＝（b１本＋a１本）×5
●よこ糸：a＝グレー、b＝ピンク　㋑（a１段＋b１段）×5　㋺（b１段＋a１段）×5　㋑㋺㋑㋺の繰り返し。

●たて糸：a＝紺、b＝グレー
●よこ糸：a＝紺、b＝グレー
㋑（a１段＋b１段）×9　㋺（b１段＋a１段）×9　㋑㋺㋑㋺の繰り返し。

図 30

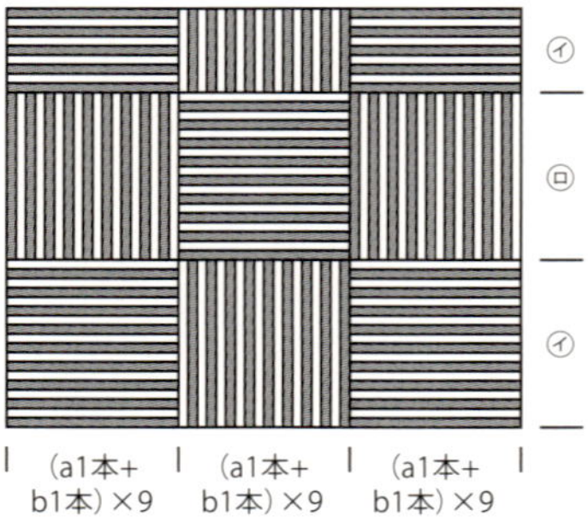

２色の糸は端糸が落ちないように引っかけながら織ります。

Data

織りあがりの長さ:130cm　整経長:180cm
幅と本数:29＝17cm　50本
30＝18cm　54本　よこ糸密度とソウコウ:３段／cm 30羽
使用糸:29＝たて・よこ共／㉚㊸　たて90m・よこ75m
30＝たて・よこ共／㊶㊷　たて100m・よこ80m

31 大小ブロックの網代織りマフラー

作品38ページ

網代織りはaとbの２色のたて糸をa・b・a・bの順にかけ、途中でb・a・b・aと順番を逆にし、よこ糸も同様に途中でab２色の順番を変えることで縦横のラインを出します。そしてその繰り返す本数や段数を変えることで大きさの違うブロックにしたのがこのマフラーです。ブロックをより鮮明にするため、こげ茶で始まりこげ茶で終わる奇数縞と奇数段数にしました。

Data

織りあがりの長さ:150cm
整経長:200cm　幅と本数:21cm　63本
よこ糸密度とソウコウ:３段／cm 30羽
使用糸:たて・よこ共／㊱㊵　たて130m・よこ105m

図（31）

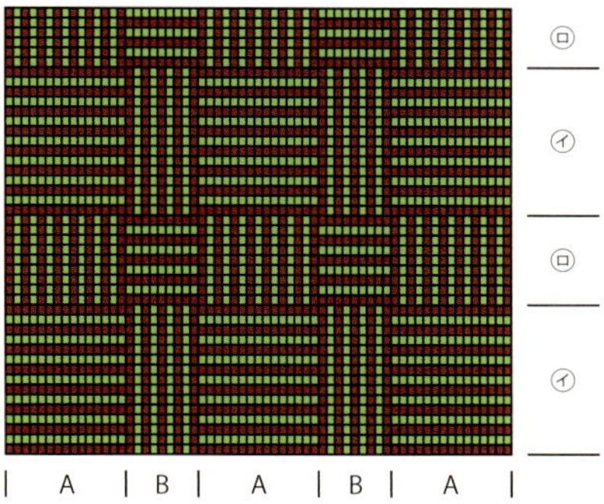

●たて糸：a＝茶、b＝黄緑
A＝（a１本＋b１本）×７＋a１本　B＝（a１本＋b１本）×４＋a１本
●よこ糸：a＝茶、b＝黄緑
㋑（a１段＋b１段）×７＋a１段　㋺（a１段＋b１段）×４＋a１段　㋑㋺㋑㋺の繰り返し。

32 追っかけ網代のたて縞ストール

作品39ページ

53ページ 25・26の引き返し千鳥同様、網代織りも一部分無地にするたて縞柄ができます。ただよこ糸２段１組の千鳥格子と違い、網代は１段置きに色を変えて織るので、網代部分と無地部分でよこ糸の密度が変わります。基準点となる無地と網代の境目でシャトルを出して開口を変えるなど２本のシャトルが互いに追いかけっこをするように動かします。

図（32）

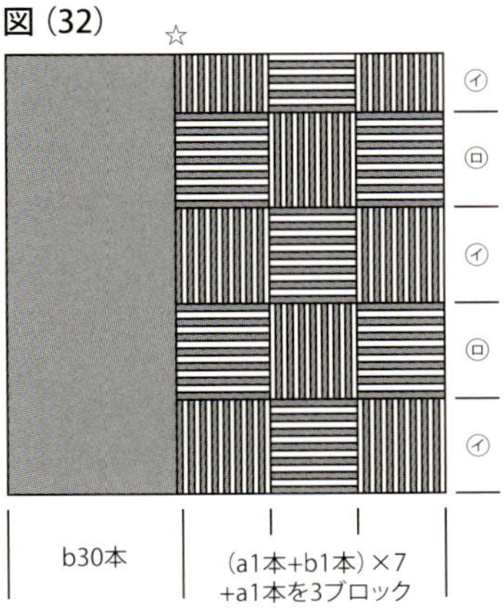

●たて糸：a＝白、b＝黒
●よこ糸：a＝白、b＝黒　㋑３パターン＋b１段　㋺３パターン＋b１段　㋑㋺㋑㋺の繰り返し。

拡大図　☆マークが基準点となります

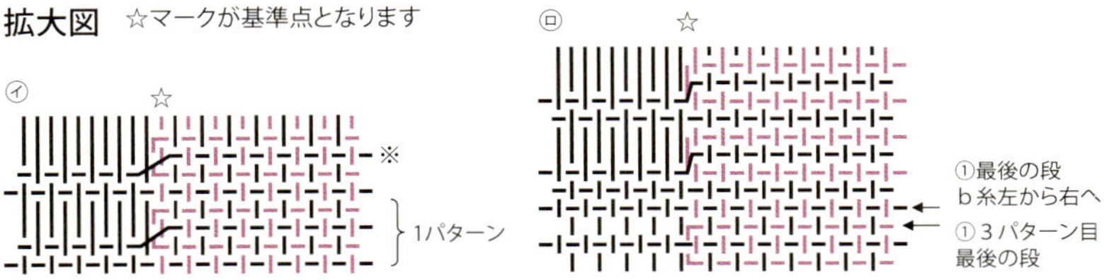

1　※列の黒系の動きです。白と黒の糸は両端から入れ、基準点で1度出します。

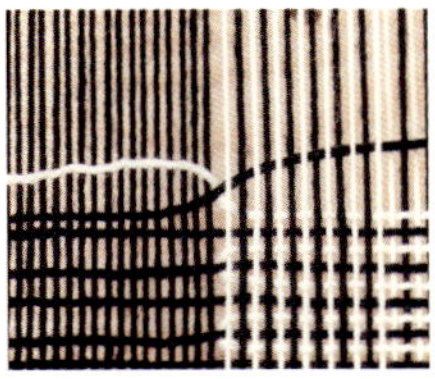

2　開口を変え、白糸はお休み。黒糸だけが右端に行きます。

Data

織りあがりの長さ:150cm
整経長:200cm
幅と本数:25cm　75本
よこ糸密度とソウコウ:３段／cm　30羽
使用糸:たて・よこ共／㉘㊹
たて150m・よこ125m

33 畝網代織りのショール

作品39ページ

太い糸と細い糸を交互に織ることで立体感のある織り地にする畝織り。その畝織りと網代織りを組み合わせました。ここではたて糸に並太毛糸、よこ糸に極太毛糸と中細毛糸と４色３種類の糸を使用しています。たての縞の境目に、よこ糸としても使っている極太毛糸の縞を入れたことでブロックを際立たせる効果があります。

図㉝

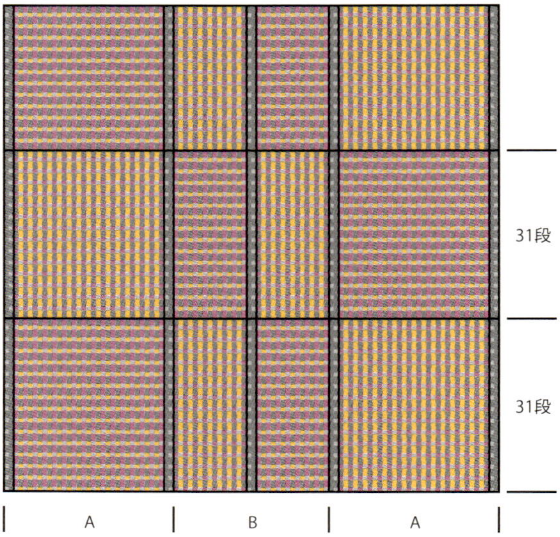

Data

織りあがりの長さ：140cm
整経長：190cm
幅と本数：28cm　102本
よこ糸密度とソウコウ：3段／cm　30羽
使用糸：たて／㉛㉟㊺　195m
よこ／㉔㊺　130m

●たて糸：a＝並太・濃ピンク、b＝並太・キャメル、c＝極太・グレー
A＝c２本＋（a１本＋b１本）×15＋a１本＋c２本
B＝（a１本＋b１本）×7＋a１本＋c２本＋（a１本＋b１本）×7＋a１本
●よこ糸：c＝極太・グレー、d＝中細・グレー
（d１段＋c１段）×15＋d１段の繰り返し。

34.35 中細毛糸でななこ織りマフラー 並太毛糸でななこ織りマフラー

作品40ページ

織りの基本である平織りは、たてよこの糸が１本置きに交差しますが、ななこ織りはそれを拡大した組織織りです。ここでは２本２段の正ななこでマフラーを織りました。中細毛糸のななこ織りが４本４段に見えるのは２本取りで使っているからです。卓上織機の場合、たて糸が２本ずつの動きをする変わり通しをするので使用筬ソウコウと実際の密度が異なります。20羽（30羽）とある場合、（　）内が卓上織機の筬密度です。30羽ソウコウで変わり通しをすると20羽になります。

Process

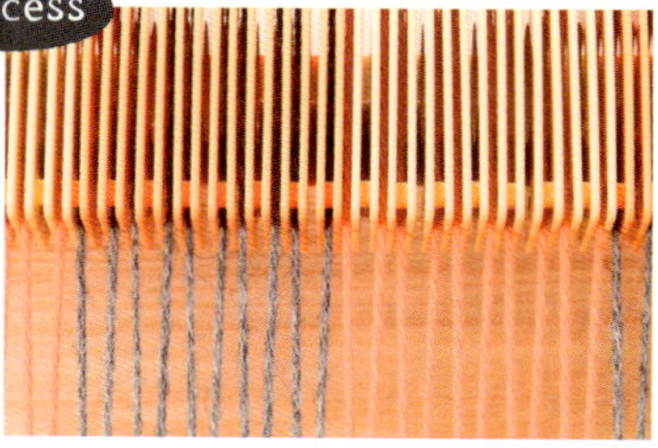

1 卓上織機で織るときは変わり通し（P214）でたて糸をかけます。

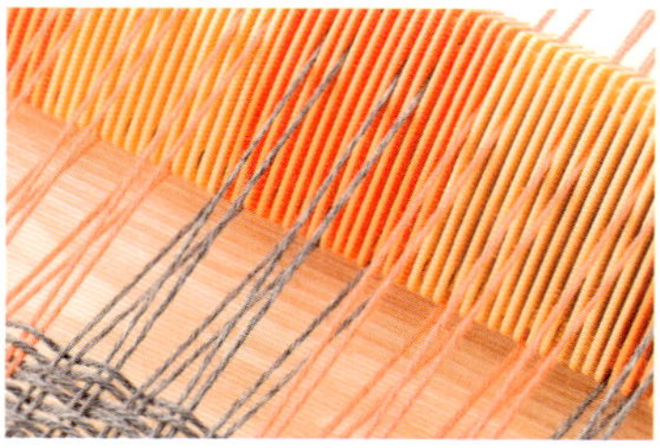

2 変わり通しをするとたて糸は２本ずつ開口します。

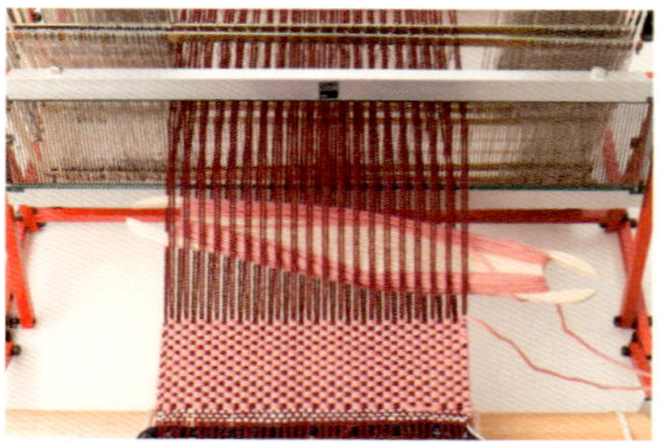

3 ４枚ソウコウの場合は綾織り（P72）の開口でたて糸を２本ずつ動かします。

Data

織りあがりの長さ：130cm　整経長：180cm
幅と本数：34（緑）＝15cm　100本（2本取り50本分）　35（オレンジ）＝20cm　40本
よこ糸密度とソウコウ：34（緑）＝５段／cm　33羽（50羽）
35（オレンジ）＝４段／cm　20羽（30羽）
使用糸：34（緑）＝たて・よこ共／⑬⑯　たて180m・よこ110m　35（オレンジ）＝たて・よこ共／㉞㊸　たて75m・よこ115m

図（34）

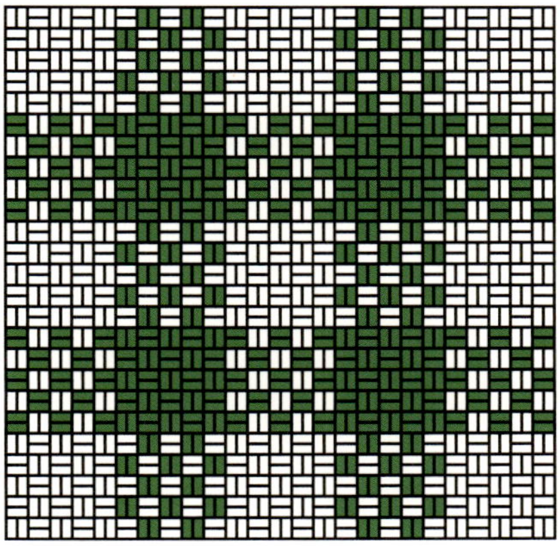

●たて糸：a＝淡緑、b＝緑
A＝a20本（2本取り10本分）
B＝b20本（2本取り10本分）
●よこ糸：a＝淡緑、b＝緑
同じ開口で２本取りで２段ずつ織る。

図（35）

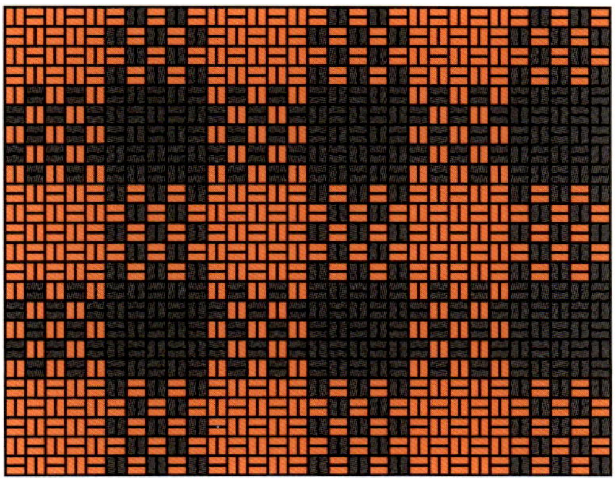

●たて糸：a＝オレンジ、b＝グレー
同じ開口で２本ずつ糸をかける。
●よこ糸：a＝オレンジ、b＝グレー
同じ開口で２段ずつ織る。

36 変化ななこ織りマフラー

作品41ページ

並太毛糸と中細毛糸を組み合わせた変化ななこのマフラーです。並太部分はななこ織りの組織ですが、その間に中細毛糸で平織りを入れました。糸の太さと密度の違いでふっくらとした仕上がりのマフラーになります。ななこ織りのように同じ開口で２段のよこ糸を入れる時は、よこ糸が抜けないように一番端のたて糸に引っ掛けながら織るのがポイントです。

図㊱

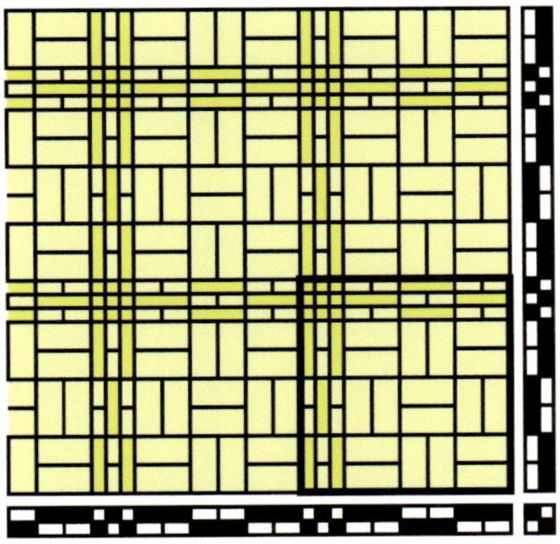

●たて糸：a＝並太、b＝中細
A=a ６本変わり通し　B=b ３本
（A+B）×５+A
●よこ糸：a＝並太、b＝中細　a６段（同開口２段×３）＋b３段の繰り返し。

Data

織りあがりの長さ：130cm
整経長：180cm
幅と本数：18cm　51本
よこ糸密度とソウコウ：４段／cm　40羽
使用糸：たて・よこ共／①㉘　たて95m・よこ105m

37　4本4段正ななこ織りマフラー

作品42ページ

ごく普通にたて糸をかけて、中央の縞部分だけ4本4段のななこ織りにしてあります。四枚綜絖の高機ではこの開口はできないのでひと手間ですが、毎段繰り返し拾っていきましょう。両サイドの平織り部分が少ないと、織り布の耳がよろけるので4本4段のななこ織りは全面か、中央に部分的に取り入れるのがポイントです。

図 37

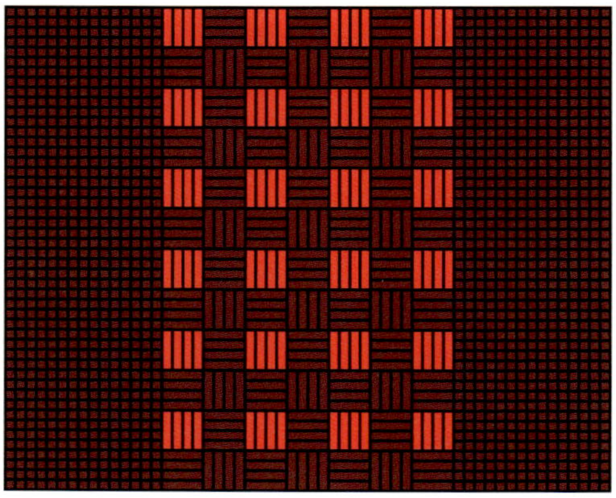

| a15本 | (b4本+a4本)×3+b4本 | a15本 |

●たて糸：a＝エンジ、b＝赤
●よこ糸：エンジ　たて糸a、b 4本ずつを拾って4段ずつ交互に織る。

Data

織りあがりの長さ：130cm
整経長：180cm
幅と本数：20cm　58本
よこ糸密度とソウコウ：3段／cm　30羽
使用糸：たて／㉜㉝105m
よこ／㉝90m

38.39　シンプルグラデーションマフラー

作品43ページ

段階的に色の変化するグラデーションカラーのマフラーを織るとき、たいていの場合同系色の濃淡の色糸を使いますが、全く異なる2色でもたて糸の割合を変えることでグラデーション効果をもたらすことができます。Aだけの部分、AとB1本（1段）おき、Bだけの部分、そしてその繰り返し。お手持ちの糸で今すぐ織れる1枚です。

図 38

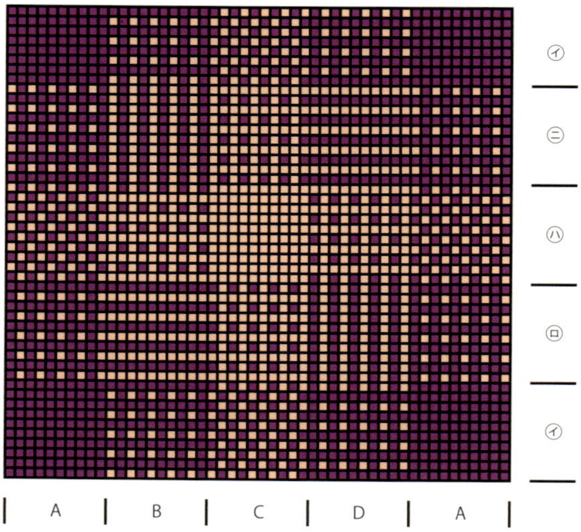

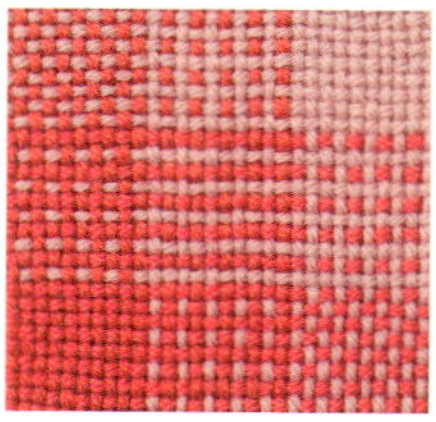

Data

織りあがりの長さ：140cm
整経長：190cm
幅と本数：17cm　50本
よこ糸密度とソウコウ：3段／cm　30羽
使用糸：38（紫）＝たて・よこ共／㉙㊴　たて95m・よこ80m
39（赤）＝たて・よこ共／㉙㉛　たて95m・よこ80m

●たて糸：a＝紫、b＝ピンク　A=a10本、B=ba交互に10本、C=b10本、D=ab交互に10本
●よこ糸:a＝紫、b＝ピンク　㋑a10段、㋺ba交互に10段、㋩b10段、㋥ab交互に10段
※㋑㋺㋩㋥のくり返し。

タータンチェックマフラー

昔から万人に好まれてきた伝統の格子柄と言えばタータンチェック。日本にそれぞれの家系を表す家紋があるように、イギリスではそれぞれの家系を表すタータンチェックがあり、その柄も登録制になっています。ここではプレーンな中細毛糸と50羽ソウコウを使い、5種類のオリジナルデザイン×4種類の色違いで20パターンのタータンチェックを取り上げました。同じ格子柄でも色の組み合わせによってこんなにもイメージが変わります。これを参考に手持ちの糸でぜひオリジナルチェックを作ってみてください。

Data

●40～62共通
織りあがりの長さ：140cm
整経長：190cm
幅と本数：20cm　100本
よこ糸密度とソウコウ：4段／cm　50羽
使用糸：たて190m・よこ125m（62のみ倍量の250m）
※使用色は各パターンに記載

パターン1
40.41.42.43

作品44ページ

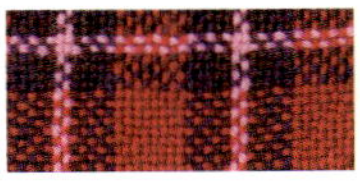

(40) a＝赤、b＝紫、c＝こげ茶、d＝ピンク

(41) a＝キャメル、b＝緑、c＝深緑、d＝薄緑

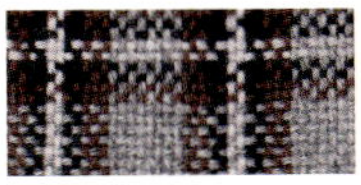

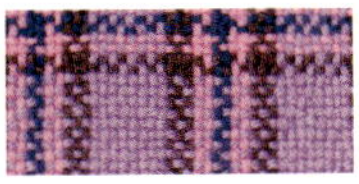

(42) a＝グレー、b＝こげ茶、c＝黒、d＝薄グレー

(43) a＝紫、b＝こげ茶、c＝ピンク、d＝紺

Data

使用糸：40（赤）＝たて・よこ共／②⑤⑩㉒　41（黄＆緑）＝⑥⑭⑮⑰　42（黒＆グレー）＝㉒㉓㉔㉗　43（紫）＝たて・よこ共／②⑪⑲㉒

パターン1共通
●たて糸：（a4本＋b3本＋c2本＋d2本＋c2本＋b3本＋a4本）×5
●よこ糸：たて糸と同じ（本数を段数に変える）

図（40）

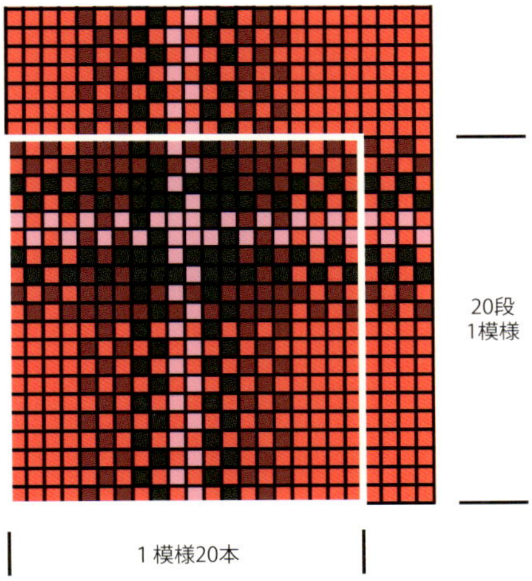

パターン2
44.45.46.47

作品45ページ

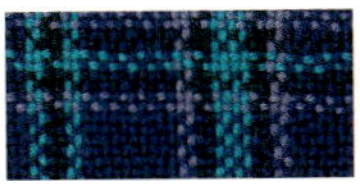

(44) a＝紺、b＝濃グレー、c＝深緑、d＝青緑

(45) a＝薄茶、b＝こげ茶、c＝黒、d＝水色

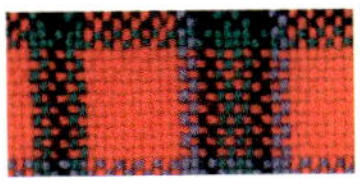

(46) a＝薄紫、b＝白、c＝薄グレー、d＝濃紫

(47) a＝赤、b＝濃グレー、c＝黒、d＝緑

Data

使用糸：44（紺）＝⑰⑱⑲㉕　45（ベージュ＆ブルー）＝たて・よこ共／⑦㉑㉒㉗　46（ピンク）＝①⑫⑩㉔　47（赤）＝たて・よこ共／③⑯㉖㉗

パターン2共通
●たて糸：a1本＋（a5本＋b2本＋c2本＋d4本＋c2本＋b2本＋a10本＋d2本＋b2本＋d2本＋a5本）×2＋a5本＋b2本＋c2本＋d4本＋c2本＋b2本＋a6本
●よこ糸：たて糸のカッコ内と同じ（本数を段数に変える）

図（45）

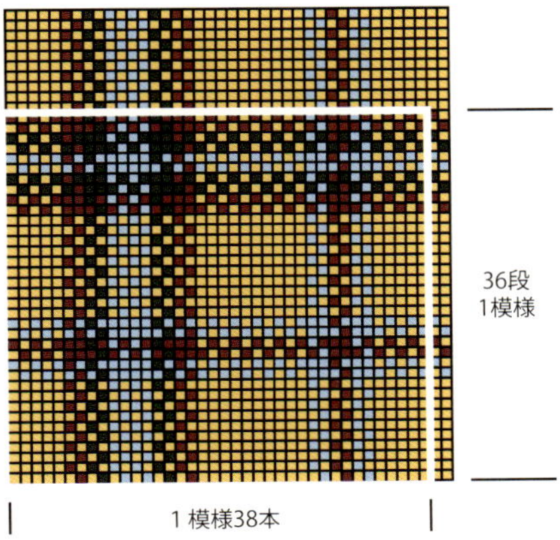

パターン3
48.49.50.51

作品46ページ

(48) a＝深緑、b＝茶、c＝紫、d＝ピンク

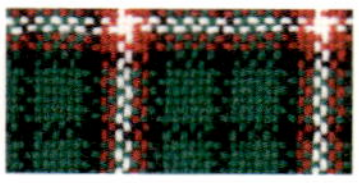

(49) a＝黒、b＝緑、c＝赤、d＝白

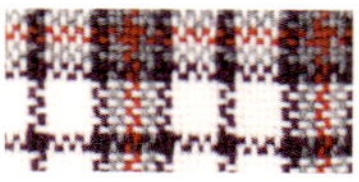

(50) a＝濃紫、b＝白、c＝薄グレー、d＝赤茶

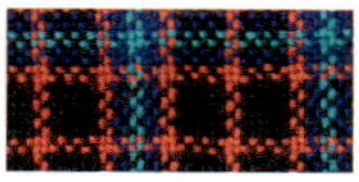

(51) a＝茶、b＝黒、c＝紺、d＝青緑

●たて糸：A＝a 2本＋b 6本＋a 2本＋c 2本＋d 2本＋c 2本＋a 2本＋b 6本
b 1本＋A×4＋a 2本＋b 1本
●よこ糸：たて糸Aと同じ（本数を段数に変える）

Data
使用糸：48（紫）＝②⑧⑪⑰　49（緑）＝たて・よこ共／①⑤⑯㉗　50（白）＝たて・よこ共／①⑤⑩㉔　51（黒）＝⑧⑱⑲㉗

図（49）

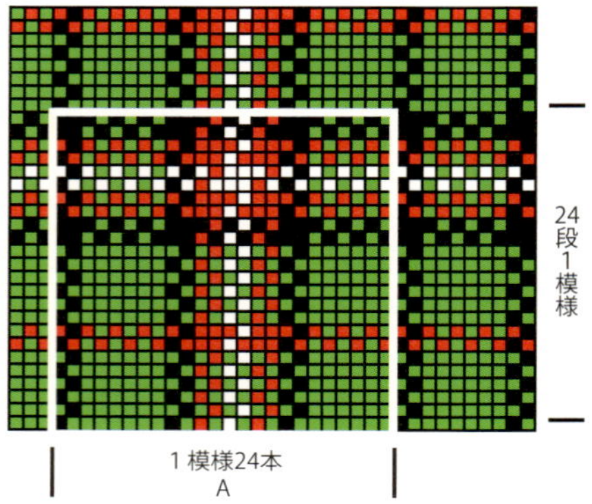

パターン4
52.53.54.55

作品47ページ

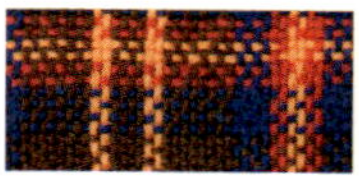

(52) a＝こげ茶、b＝紺、c＝赤茶、d＝キャメル

(53) a＝ピンク、b＝グレー、c＝薄緑、d＝濃紫

(54) a＝薄緑、b＝薄茶、c＝緑、d＝こげ茶

(55) a＝水色、b＝グレー、c＝濃紫、d＝紺

●たて糸：A＝a 8本＋d 2本＋a 4本＋d 2本＋a 8本＋b 4本＋c 2本＋d 2本＋c 2本＋b 4本）
B＝a 8本＋d 2本＋a 4本＋d 2本＋a 8本
A×2＋B
●よこ糸：たて糸Aと同じ（本数を段数に変える）

Data
使用糸：52（茶）＝たて・よこ共／⑤⑥⑲㉒　53（ピンク）＝②⑩⑭㉕　54（緑）＝⑦⑭⑯㉒　55（青）＝たて・よこ共／⑩⑲㉑㉖

図（52）

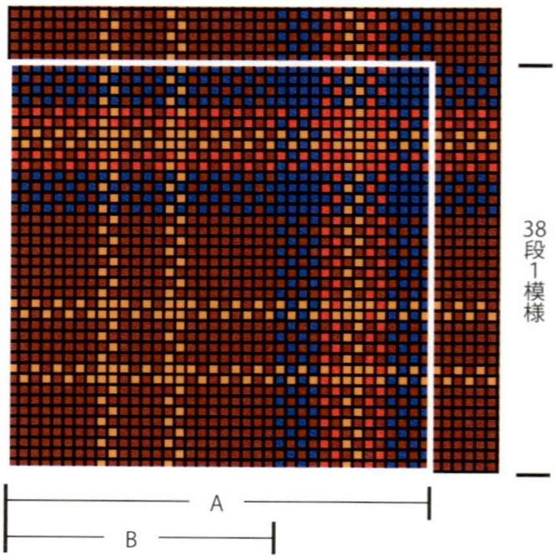

パターン5
56.57.58.59

作品48ページ

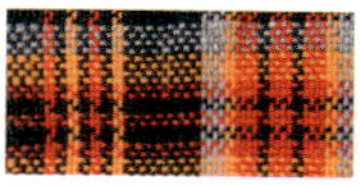

(56) a＝深緑、b＝茶、c＝キャメル、d＝薄グレー

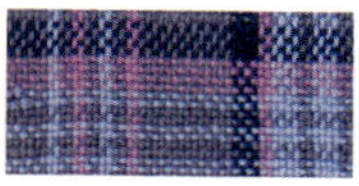

(57) a＝グレー、b＝水色、c＝紫、d＝紺

(58) a＝濃紫、b＝赤茶、c＝エンジ、d＝黒

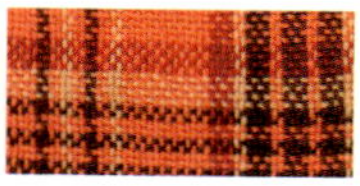

(59) a＝オレンジ、b＝こげ茶、c＝薄茶、d＝赤茶

●たて糸：A＝a 9本　B＝b 2本＋a 2本＋c 2本＋a 2本＋b 2本＋a 2本＋a 14本＋d 4本＋c 2本＋b 4本＋a 2本＋b 4本＋a 2本＋b 4本＋c 2本＋d 4本＋a 14本＋c 2本＋a 2本＋b 2本＋a 2本＋c 2本＋a 2本＋b 2本
●よこ糸：㋑a 20段
㋺d 4段＋c 4段＋b 2段＋a 2段＋b 2段＋a 2段＋b 2段＋c 4段＋d 4段
㋩c 2段＋a 2段＋b 2段＋a 2段＋c 2段＋a 2段＋b 2段＋a 2段＋c 2段
㋑㋺㋑㋩の繰り返しで㋑で終わる。

図 58

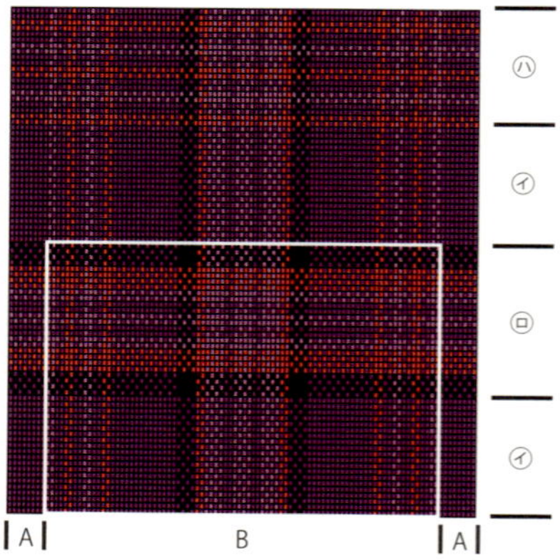

Data
使用糸：56（緑）＝たて・よこ共／⑥⑧⑰㉔　57（青）＝⑪⑲㉑㉕　58（紫）＝たて・よこ共／④⑤⑩㉗　59（オレンジ）＝⑤⑦⑨㉒

60.61 綾織りのタータンチェックマフラー 杉綾織りのタータンチェックマフラー

作品49ページ

機械織りを含む多くのタータンチェックは平織りよりも綾織り地を多く見かけます。タータンチェックの20パターンはすべて平織りですが、パターン5の58と同じたてよこ糸で綾織りのマフラーを織りました。綾織りにすることで細かい格子がさらなる柄を呼び、やや厚みのある暖かな織り地になりました。61は58の杉綾織りです。ここでは縞に合わせて大きな杉綾にしましたが、8本単位など細かい一定幅の杉綾にしてもまた異なる雰囲気のタータンチェックになります。

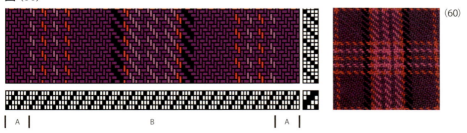

図（60）

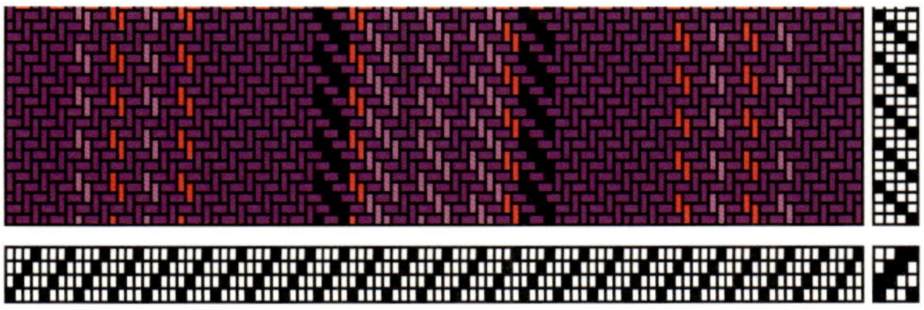

A　B　A

(60)

図（61）

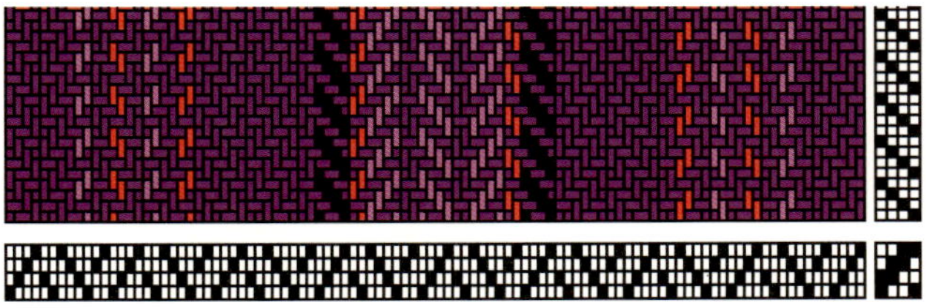

A　B　A

(61)

（60・61共通）
●たて糸・よこ糸とも60ページのパターン5を参照。

62 四方に房のあるタータンチェックマフラー

作品50ページ

房は上下だけではなく、織り布の四方につけることもできます。織り布の耳にも房があると、マフラーを半分に折って巻きつけたとき房が華やかな飾りとなります。耳の房は後から増毛（217ページ参照）することもできますが、はじめから広い幅で織ってもいいでしょう。耳のたて糸が緩まないようにたて糸の際にもほつれ止めの綿糸を入れることがポイントです。両脇の房分を含むため、よこ糸は倍量の250mになります。

図（62）

綿糸3本+空羽40本+綿糸3本	a+b+a 全体幅40cm	綿糸3本+空羽40本+綿糸3本

1 たて糸の両側と10cm間を空けたところに綿糸をプラスして織ります。

2 織りあがったら綿糸を除きながら際で房を縛り、切りそろえます。

63.64 コイリングショール

作品51ページ

よこ糸を途中で出して、くるくるとたて糸に巻き、ボッブルを作りました。平織り布のワンポイントの飾りとして最適です。

表　裏

Process

1 糸端を少し出した状態で太糸を入れ、コイリング部分でシャトルを出します。

2 たての太糸に絡めて5回巻きます。3回目を少しふっくらさせるのがポイント！

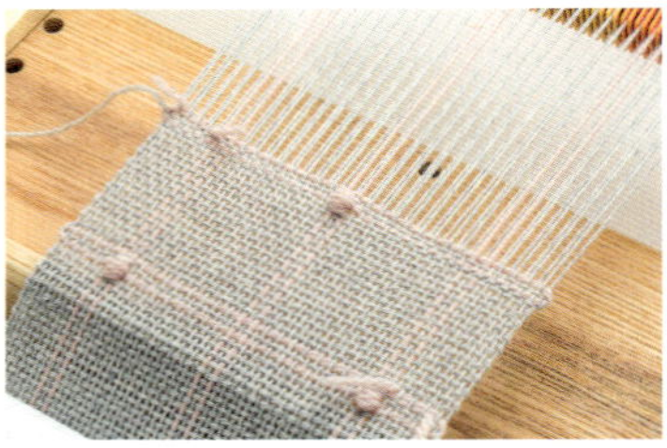

3 間に地糸を1段入れてから太糸を入れます。はじめに残した糸と2回目の糸を重ねて始末します。

図 63

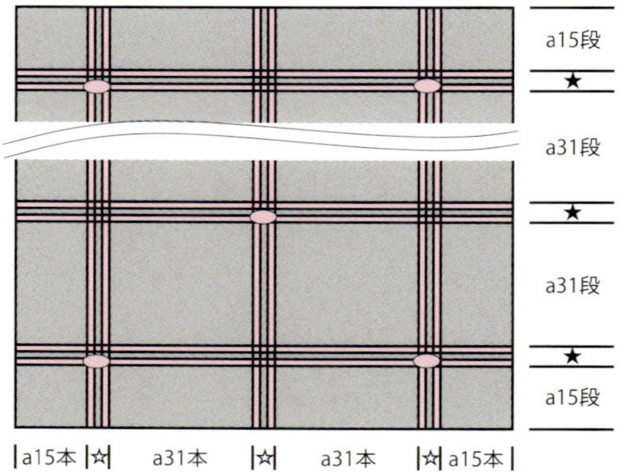

a=並太ウール　b=極太ウール　●たて糸：☆=b1本+a1本+b1本
●よこ糸：a15段+(★+a31段)×15+★+a15段
★=b1段で☆3本をコイリング5回（真ん中を大きく）+a1段+b1段

• Data

織りあがりの長さ：170cm
整経長：220cm
幅と本数：34cm　101本
よこ糸密度とソウコウ：3段/cm　30羽
使用糸：63(グレー)=たて/㊼㊿225m　よこ/㊼㊿205m
64(ピンク)=たて/㊻(51)225m よこ/㊻(51)205m

65 等差織りのモノトーンショール

作品52ページ

たて糸は並太毛糸の黒と白、よこ糸は太さの異なる黒2色。技法としては33（56ページ）の畝網代織りのショールと同じですが、ブロックの幅を等間隔で変えると、モアレ現象で曲線が浮かび上がります。ここではわかりやすいようにモノトーンにしましたが、色を変えて織っても楽しいショールです。

• Data

織りあがりの長さ：180cm
整経長：230cm
幅と本数：40cm　119本
よこ糸密度とソウコウ：5段/cm　30羽
使用糸：たて/㊽㊾275m
よこ/㊾(52)390m

a=並太ウール・黒、b=並太ウール・白、c=極細ウール・黒
●たて糸：a=69本、b=50本
A=a1本+b1本+a1本　B=(a1本+b1本)×2+a1本　C=(a1本+b1本)×3+a1本　D=(a1本+b1本)×4+a1本　E=(a1本+b1本)×5+a1本
A+B+C+D+E+D+C+B+A+a1本+A+B+C+D+E+D+C+B+A
●よこ糸：
㋑=(a1本+c1本)×2+a1本　㋺=(a1本+c1本)×3+a1本　㋩=(a1本+c1本)×4+a1本　㊁=(a1本+c1本)×5+a1本
織り始めと織り終わりはc3段
(㋑+㋑+㋺+㋩+㊁+㋩+㋺+㋑)×10+㋑

図 (65)

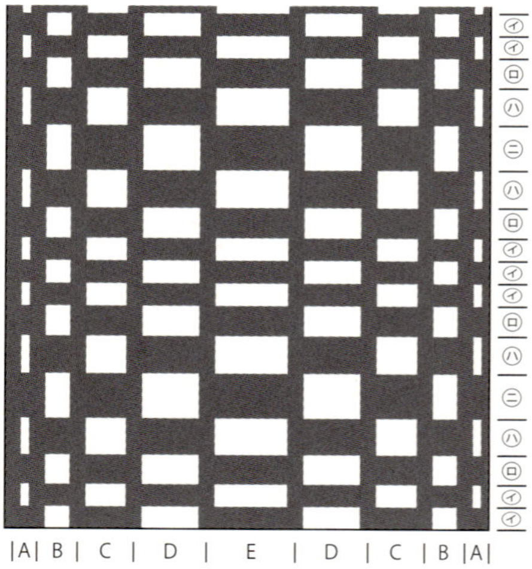

第２章　使用糸（作品 24 ～ 65）

① 中細毛糸　白

② 中細毛糸　ピンク

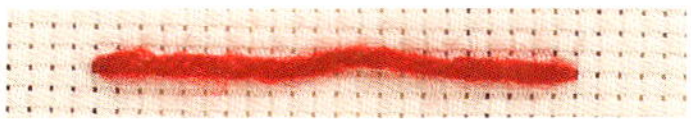
③ 中細毛糸　赤

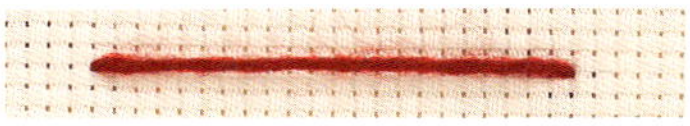
④ 中細毛糸　エンジ

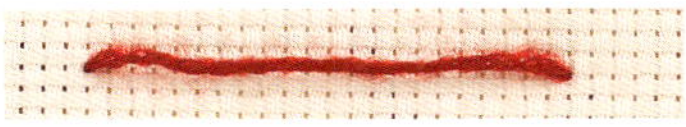
⑤ 中細毛糸　赤茶

⑥ 中細毛糸　キャメル

⑦ 中細毛糸　薄茶

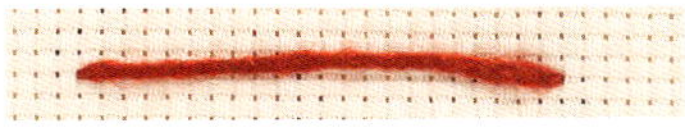
⑧ 中細毛糸　茶

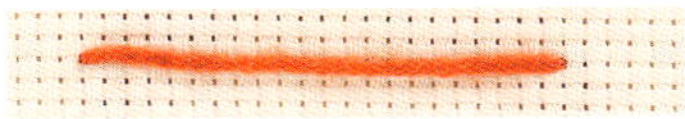
⑨ 中細毛糸　オレンジ

⑩ 中細毛糸　濃紫

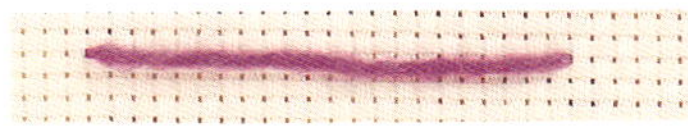
⑪ 中細毛糸　紫

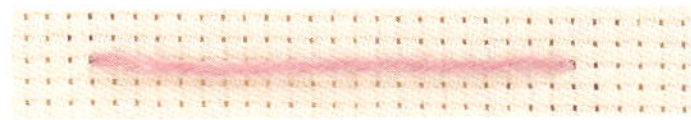
⑫ 中細毛糸　薄紫

⑬ 中細毛糸　淡緑

⑭ 中細毛糸　薄緑

⑮ 中細毛糸　黄緑

⑯ 中細毛糸　緑

⑰ 中細毛糸　深緑

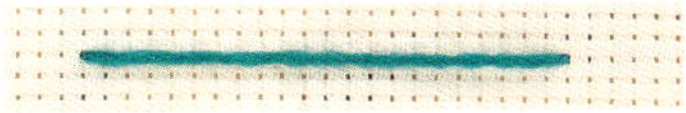
⑱ 中細毛糸　青緑

⑲ 中細毛糸　紺

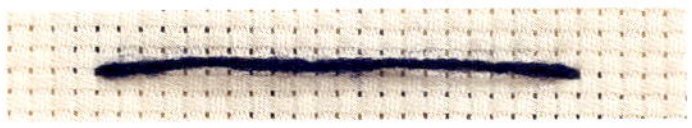
⑳ 中細毛糸　濃紺

㉑ 中細毛糸　水色

㉒ 中細毛糸　こげ茶

㉓ 中細毛糸　淡グレー

㉔ 中細毛糸　薄グレー

㉕ 中細毛糸　グレー

㉖ 中細毛糸　濃グレー

㉗ 中細毛糸　黒

㉘ 並太毛糸　白

㉙ 並太毛糸　薄ピンク

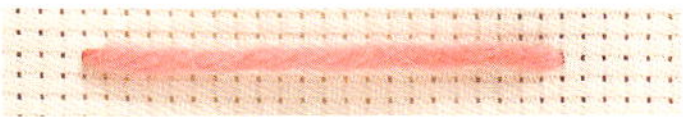
㉚ 並太毛糸　ピンク

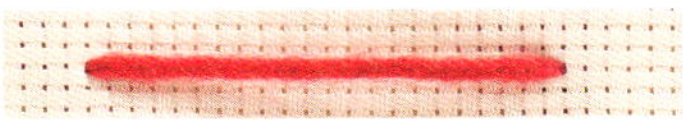
㉛ 並太毛糸　濃ピンク

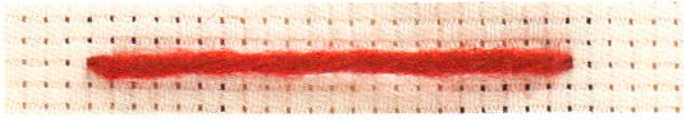
㉜ 並太毛糸　赤

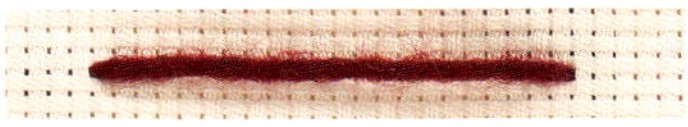
㉝ 並太毛糸　エンジ

㉞ 並太毛糸　オレンジ

㉟ 並太毛糸　キャメル

㊱ 並太毛糸　茶

㊲ 並太毛糸　ベージュ

㊳ 並太毛糸　濃紫

㊴ 並太毛糸　紫

㊵ 並太毛糸　黄緑

㊶ 並太毛糸　紺

㊷ 並太毛糸　淡グレー

㊸ 並太毛糸　濃グレー

㊹ 並太毛糸　黒

㊺ 極太毛糸　グレー

㊻ 並太ウール　ピンク

㊼ 並太ウール　グレー

㊽ 並太ウール　白

㊾ 並太ウール　黒

㊿ 極太ウール　ピンク

51 極太ウール　グレー

52 極細ウール　黒

第 3 章

綾織り
バリエーション

66

プレーンな
綾織りマフラー
how to make P.72

67

1/2の
綾織りマフラー（紫）
how to make P.73

68

1/2の
綾織りマフラー
（オレンジ）
how to make P.73

69

綾千鳥のマフラー
（ピンク）
how to make P.73

70

綾千鳥のマフラー
（ブルー）
how to make P.73

71

山形斜紋のマフラー
how to make P.74

72

杉綾織りのマフラー
（ピンク&紫）
how to make P.74

73

杉綾織りのマフラー
（赤&グレー）
how to make P.74

74

曲がり斜紋のマフラー

how to make P.75

75

網代斜紋のマフラー
how to make P.75

66 プレーンな綾織りマフラー

作品66ページ

たて糸は２本ずつの動き、その２本のたて糸の位置がひとつずつずれていくことで斜めの柄ができるのが一番プレーンな 2/2 の綾織りです。同じ糸で織った場合の平織りに比べてやや厚みのある布地になります。また２本ずつたて糸が開くということは、平織りに比べてやや粗い織り地になるので 30 羽で平織りにちょうどいい糸よりやや太めの糸を選ぶとよいでしょう。

Process

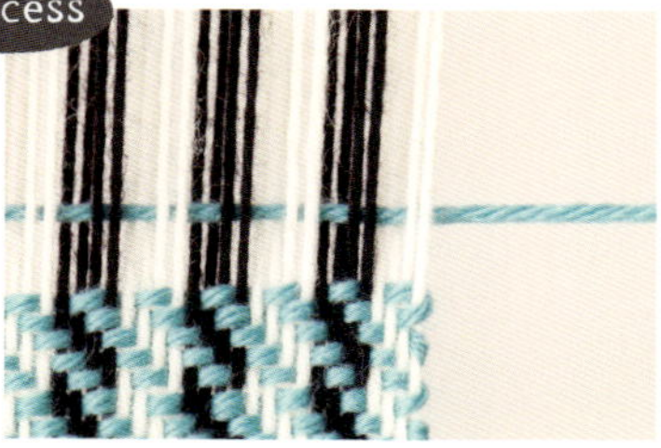

1 2/2 の綾織りはたて糸４本単位の中で異なる動きをします。１段目は４本中右側の２本が上糸になります。

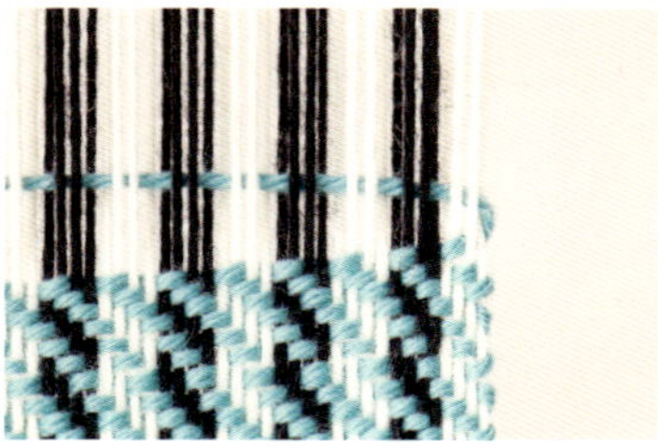

2 ２段目は中央の２本が上糸になります。

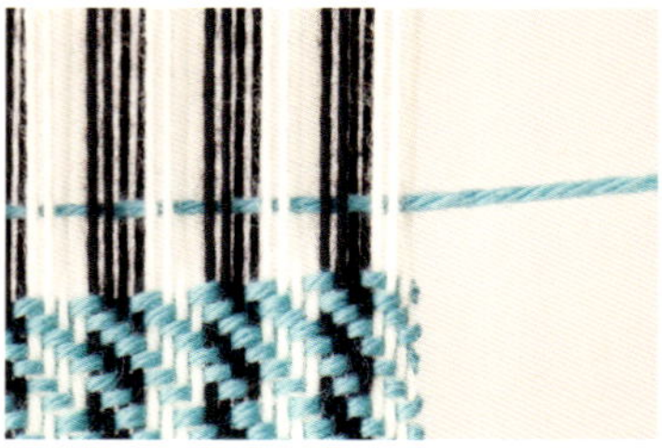

3 ３段目は左側の２本と上糸の位置がずれることで斜めの柄線が出ます。

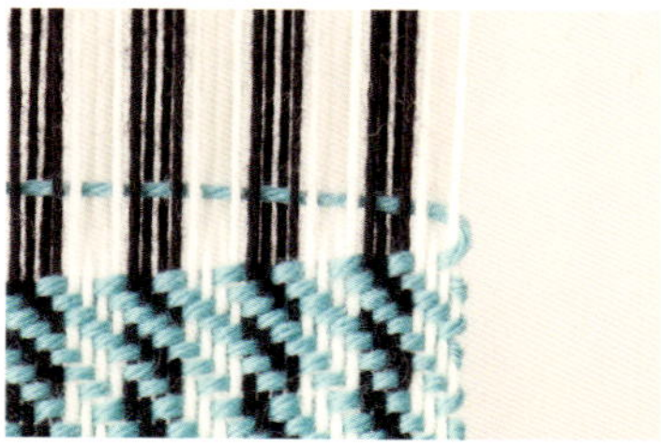

4 ４段目は両端が上糸になって４段１パターン。この繰り返しです。

Data

織りあがりの長さ：140㎝
整経長：190㎝
幅と本数：24㎝　72本
よこ糸密度とソウコウ：３段／㎝
30羽
使用糸：たて／⑬140m　よこ／⑭115m

図（66）

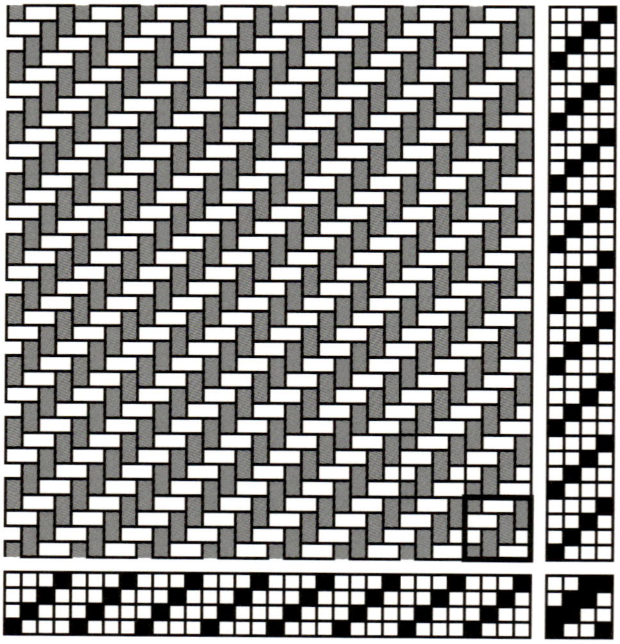

67.68 1/2の綾織りマフラー

作品67ページ

たて糸４本が１組となる2/2の綾と異なり、３本を１組とするのが1/2の綾織りです。布の片面でたて糸が２本ずつ開くとき、もう片面は１本ずつ開く、つまりよこ糸の見える量が表裏で異なる綾織りです。たて糸４本１組の綾でも1/3の綾、つまり片面でよこ糸がたて糸３本分見えるのに対し、もう片面では１本分見える、表裏の柄が異なる綾織りもあります。

図（68）

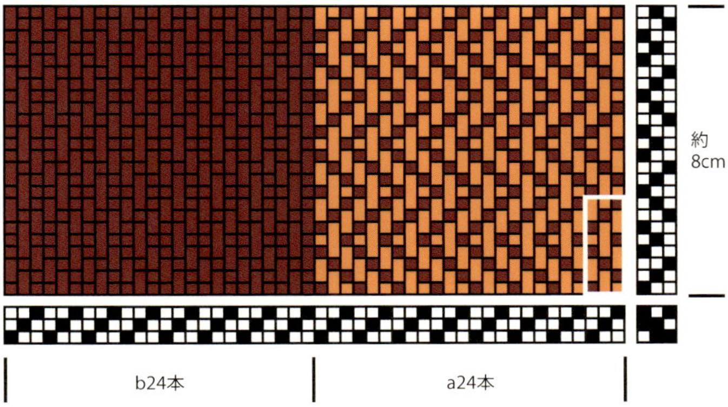

●たて糸：a＝こげ茶、b＝オレンジ
(a24本＋b24本）×2＋a24本
●よこ糸：a＝こげ茶、b＝オレンジ　約8cmずつ交互に織る。織り終わりはa色。

表

裏

Data

織りあがりの長さ：150cm
整経長：200cm
幅と本数：20cm　120本
よこ糸密度とソウコウ：４段／cm　50羽
使用糸：67（紫）＝たて・よこ共／④⑤　たて240m　よこ135m
68（オレンジ）＝たて・よこ共／③⑩　たて240m　よこ135m

69.70 綾千鳥のマフラー

作品68ページ

２色の糸でたて糸は4本ずつの縞、よこ糸も２色を4段ずつで平織りをすると細かいチェック柄になりますが、この組み合わせで綾織りすると34ページの千鳥格子をもう少し複雑にしたような柄になります。このマフラーは耳で２色の糸同士を絡めていません。１cmくらいまでの飛び方であればそのまま織ってもいいでしょう。

図 70

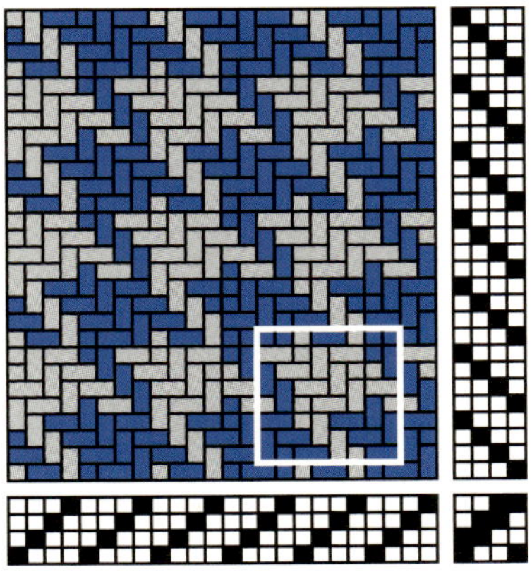

●たて糸：a＝紺、b＝水色
（a４本＋b４本）×12＋a４本
●よこ糸：a＝紺、b＝水色　a４段＋b４段の繰り返し。

Data

織りあがりの長さ：130cm
整経長：180cm
幅と本数：20cm　100本
よこ糸密度とソウコウ：４段／cm　50羽
使用糸：69（ピンク）＝たて・よこ共／①④　たて180m　よこ115m
70（ブルー）＝たて・よこ共／⑧⑨　たて180m　よこ115m

71 山形斜紋のマフラー

作品69ページ

4枚の綾織りの順通し1．2．3．4…の繰り返しを途中で3．2．1．4…と方向を変えればジグザグ柄の山形斜紋となります。踏み順も1．2．3．4…から4．3．2．1…に変えればジグザグの方向が変わります。それを生かして四角と縞を組み合わせたデザインにしました。よこ糸は1パターン 22 あるいは 23 段ごとに色を変えて変化をつけます。

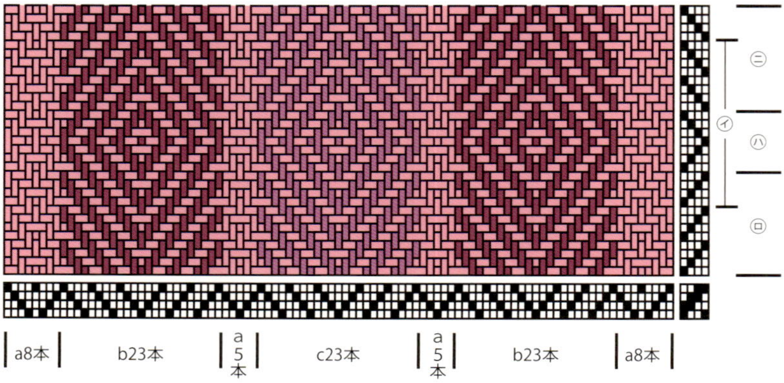

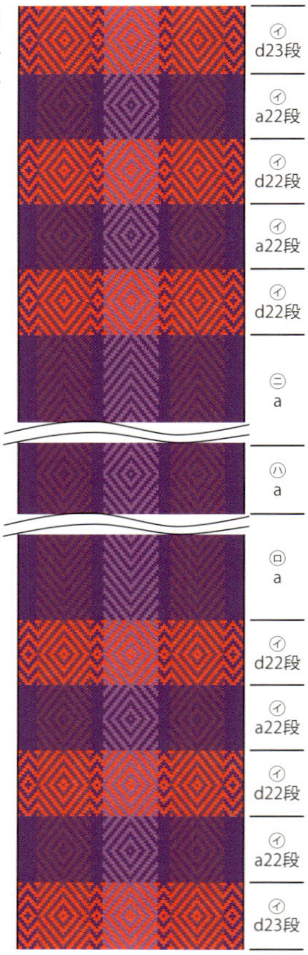

Data

織りあがりの長さ：150cm
整経長：200cm
幅と本数：19cm　95本
よこ糸密度とソウコウ：4段／cm　50羽
使用糸：たて／①④⑥190m　よこ／②④130m

●たて糸：a＝濃紫、b＝紫、c＝ピンク
●よこ糸：a＝濃紫、d＝赤

72.73 杉綾織りのマフラー

作品69ページ

山形斜紋が1．2．3．4．3．2．1…と順番通りのソウコウ通しなのに対し杉綾は1．2．3．4．2．1…とジグザグの角がずれるように通していきます。このソウコウ通しのずらしが織り布になると互い違いに生える杉の葉のようなので、杉綾あるいは破れ斜紋などといいます。今回はたて縞にしましたが、無地やチェックで織っても素敵です（49 ページ杉綾織りのタータンチェックマフラー参照）。

図72

●たて糸：a＝ 薄紫、b＝ 紫
（a16 本＋ b16 本）×3

Data

織りあがりの長さ：140cm
整経長：190cm
幅と本数：19cm　96本
よこ糸密度とソウコウ：4段／cm　50羽
使用糸：72（ピンク＆紫）＝たて／⑤⑥185m　よこ／④120m
73（赤＆グレー）＝たて／②⑪185m　よこ／⑫120m

74 曲がり斜紋のマフラー

作品70ページ

開くたて糸が4枚のソウコウの中の2本であることには変わりませんが、ソウコウの通し順に変化をつけることで曲線を表す綾織りです。その通し方によって3本以上並んだたて糸が同時に開くため、たてよこ糸の選び方や打ち込み具合がポイントになります。ここではたて糸は中細毛糸、よこ糸は太めの並太毛糸を使いました。よこ糸密度に注意しながら織りましょう。

図（74）

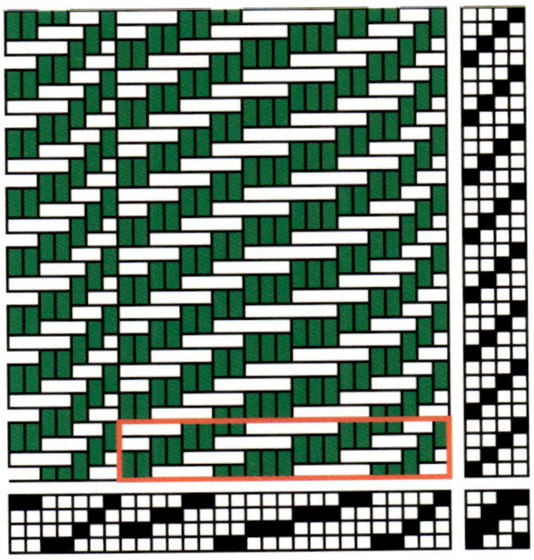

1パターン21本

Data

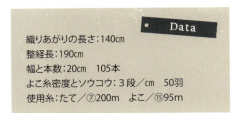

織りあがりの長さ：140cm
整経長：190cm
幅と本数：20cm　105本
よこ糸密度とソウコウ：3段／cm　50羽
使用糸：たて／⑦200m　よこ／⑮95m

75 網代斜紋のマフラー

作品71ページ

四枚綜絖の綾織りのバリエーションです。斜めに柄の出る網代模様の綾織りは四枚綜絖の場合、2筋ずつ組み合わさるこのパターンだけになります。3筋ずつの場合はソウコウが6枚、4筋ずつの場合は8枚のソウコウが必要です。たて糸一色・よこ糸一色ずつ、今回はグレーの濃淡で抑えた色調を選びましたが、メリハリのある組み合わせを選ぶと柄がはっきりと出ます。

図（75）

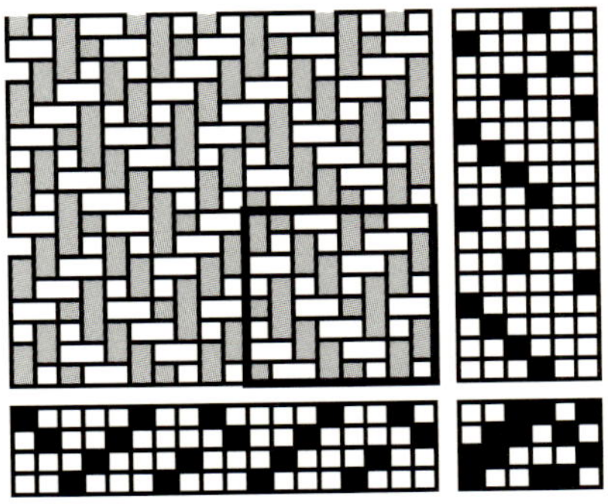

Data

織りあがりの長さ：150cm
整経長：200cm
幅と本数：24cm　120本
よこ糸密度とソウコウ：4段／cm　50羽
使用糸：たて／⑰240m　よこ／⑯160m

第3章　使用糸（66～75）

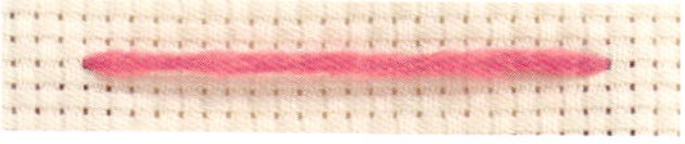
① 中細毛糸　ピンク

② 中細毛糸　赤

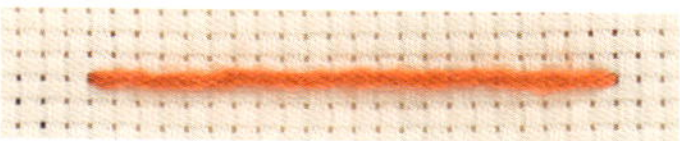
③ 中細毛糸　オレンジ

④ 中細毛糸　濃紫

⑤ 中細毛糸　薄紫

⑥ 中細毛糸　紫

⑦ 中細毛糸　緑

⑧ 中細毛糸　紺

⑨ 中細毛糸　水色

⑩ 中細毛糸　こげ茶

⑪ 中細毛糸　グレー

⑫ 中細毛糸　黒

⑬ 並太毛糸　淡グレー

⑭ 並太毛糸　濃グレー

⑮ 並太毛糸　ベージュ

⑯ 甘撚り並太ウール　グレー

⑰ 中細シルク　濃グレー

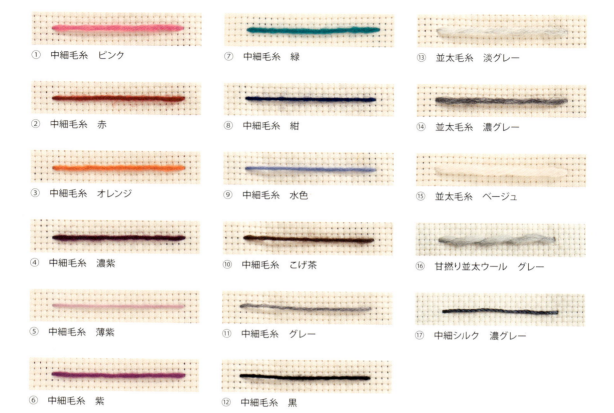

第4章

二重織りとダブルビーム

76

二重織りの
エスニックマフラー
（白）

how to make P.87

77

二重織りの
エスニックマフラー
（黒）

how to make P.87

78

二重織りの
キッチュマフラー
how to make P.88

79

風通絣のストール
how to make P.88

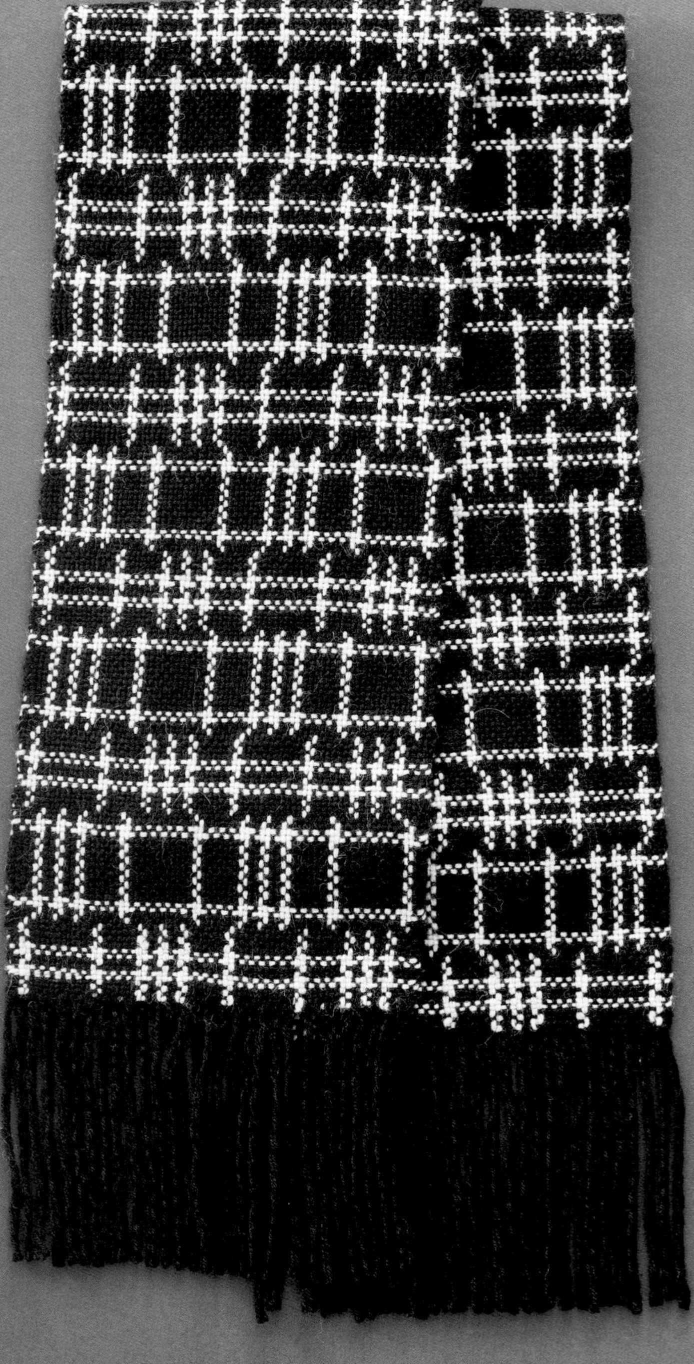

80

二重織りのツートン
カラーマフラー
how to make P.89

81

二重織りの
糸抜きショール
how to make P.89

82

フィン織り
（ピックアップの
二重織り）
のマフラー

how to make P.90

83

ダブルビームの
レリーフストール
how to make P.91

84

ダブルビームの
ドレープストール
how to make P.92

85

ダブルビームの
さざ波マフラー
how to make P.93

76.77 二重織りのエスニックマフラー

作品78ページ

中細毛糸と変わり糸を組み合わせ、中央のブロック部分を二重織りにしました。二枚綜絖の織機でも二重織りはできます。卓上織機の場合はC部分のたて糸を2本取りで通します。C部分の変わり糸を拾って中糸を通して開口すれば、自然と4層構造になります（中糸については『手織り大全』117ページ参照）。二重織り部分は、一度の開口で上の2層と下の2層と2種類の糸を巻いたそれぞれのシャトルで織り進めていきます。

図（76・77）

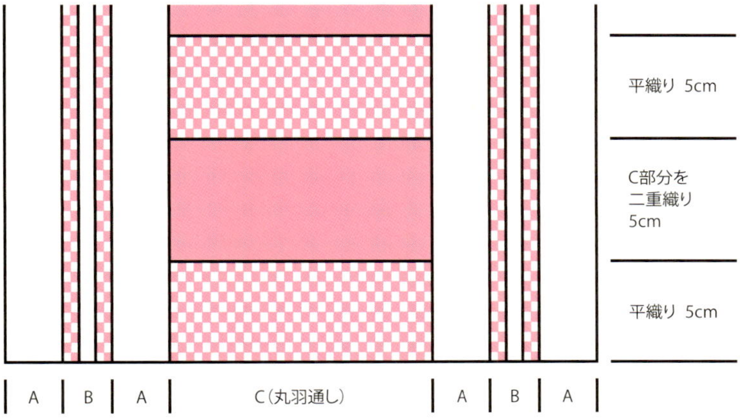

●たて糸　a＝中細毛糸、b＝変わり糸
A＝a2本取り7本
B＝b2本取り2本＋a2本取り2本＋b2本取り2本
C＝（a1本＋b1本）×16　丸羽通し　卓上織機の場合は2本取り
●よこ糸　a＝中細毛糸、b＝変わり糸

Data

織りあがりの長さ：140cm
整経長：190cm
幅と本数：17cm　112本
よこ糸密度とソウコウ：4段／cm　30羽
使用糸：76（白）＝たて・よこ共／①⑨
たて215m　よこ105m
77（黒）＝たて・よこ共／⑧⑨　たて215m　よこ105m

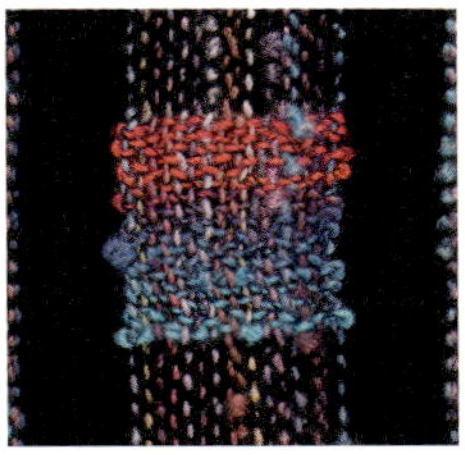
表

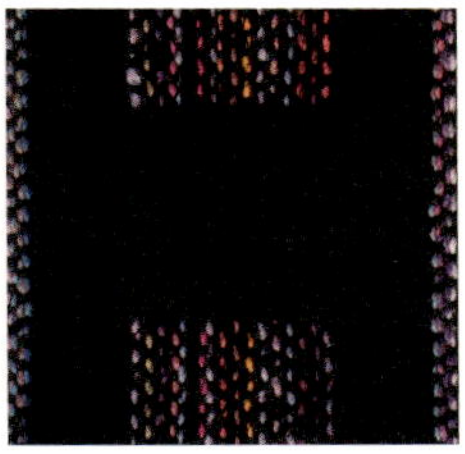
裏

Process

1 二重織り部分はたて糸2本取り。上の層にしたい糸だけ拾い、中糸（ここでは青い綿糸）を通します。

2 開口すれば4層構造になり、上の隙間と下の隙間にそれぞれシャトルを通して織ると2枚の布になります。

3 二重織り部分はシャトルを2本で2枚の織り地、中糸を外すとたて糸が2本取りの平織り地になります。

78 二重織りのキッチュマフラー

作品79ページ

両端は２枚織り、通し穴になる図の※部分だけ二重織り、房の長さも不揃いにして、巻き方次第でラフに楽しめるキッチュなデザインにしました。

Data

織りあがりの長さ：100cm
整経長：150cm　幅と本数：10cm　60本
よこ糸密度とソウコウ：糸＝３段／cm　30羽　丸羽
使用糸：たて・よこ共／⑩⑪　たて90m　よこ35m

二重織りや２枚織り、さまざまな織り方を取り入れています。

図（78）

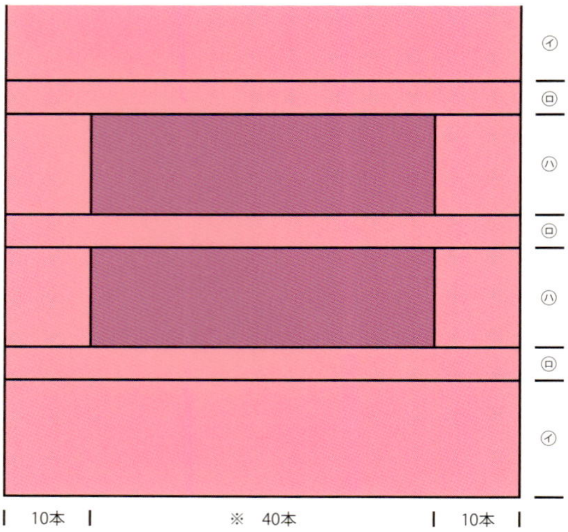

●たて糸　a＝赤系、b＝紫
（a１本＋b１本）×30　丸羽通し
卓上織機の場合は２本取り
●よこ糸
㋑二枚織り
㋺平織り
㋩※部分のみ二重織り

79 風通絣のストール

作品80ページ

風通絣は絣に染めた糸を使った絣ではなく、使用する糸の色の違い、つまり色糸効果で絣風の柄を織りだす二重織りの応用です。たて糸は四層からなり、上下それぞれ二層の糸が時に交差することで絣風の柄になりますが、四層構造のため平織りよりもふっくらとした織り地になります。

図（79）

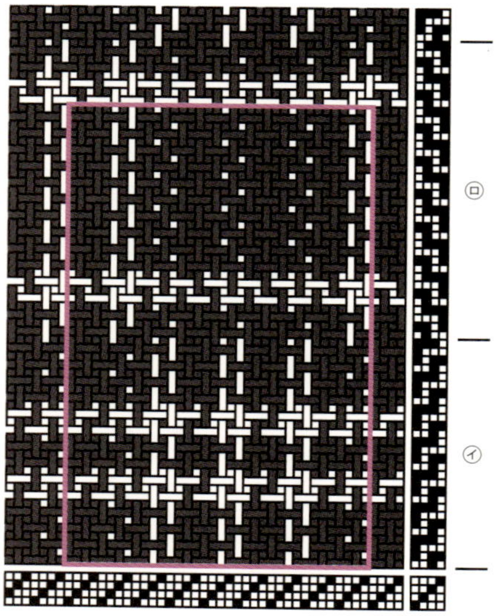

●たて糸
a＝黒、b＝水色
A＝a４本
B＝b１本＋a１本＋b１本
C＝a５本
D＝a２本
A＋（B＋A＋B＋C＋B＋C＋B＋D＋B＋C）×４＋B＋A＋B＋a１本
●よこ糸
a＝黒、b＝水色
㋑a８段＋b４段＋a４段＋b４段＋a８段＝28段
㋺a４段＋b４段＋a 20段＋b４段＋a４段＝36段
㋑と㋺の繰り返し

Data

織りあがりの長さ：140cm
整経長：190cm
幅と本数：16cm　159本
よこ糸密度とソウコウ：４段／cm　50羽　丸羽
使用糸：たて・よこ共／⑥⑧　たて305m
よこ100m

80 二重織りのツートンカラーマフラー

作品81ページ

マフラーの幅3等分の中央だけ二重織りにしました。2本のシャトルを用意して幅の2/3部分をそれぞれのシャトルで引き返しながら織ります。二重織りとなる中央部分だけ丸羽（2本取り）です。四枚綜絖の場合は踏み順を変え、卓上の場合はオレンジと黄緑とブロックが変わるごとに中糸で拾う色糸を変えます。

図(80)

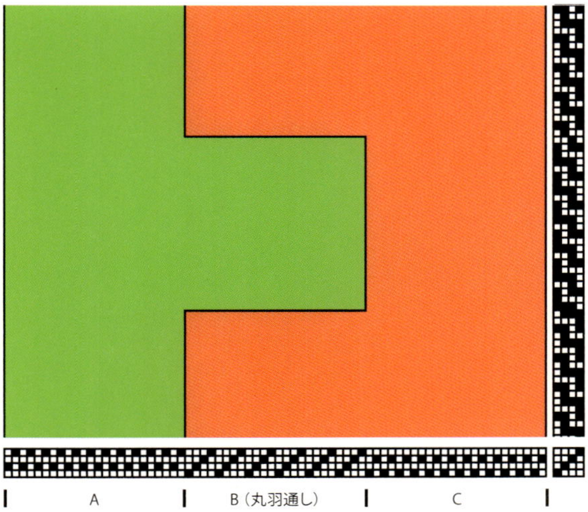

●たて糸
a＝黄緑、b＝オレンジ
A＝a 24本
B＝a b各24本　丸羽　卓上織機の場合は2本取り。
C＝b 24本
●よこ糸
a＝黄緑、b＝オレンジ

Data

織りあがりの長さ：140cm
整経長：190cm
幅と本数：14cm　72本
よこ糸密度とソウコウ：4段／cm　50羽
使用糸：たて・よこ共／②③　たて140m　よこ90m

81 二重織りの糸抜きショール

作品82ページ

第6章のウールとラメの糸抜きショール（141ページ）の応用作品として二重織り仕立てにしました。4層中2層は茶色、もう2層は白系のモヘアと綿糸との平織りです。茶色く見える部分の裏側は白系の格子柄になっています。たてよこに入れた綿糸は仕上げてから抜いて格子柄にします。2枚の布が適度に絡み合うようにモヘアヤーンを使用しました。

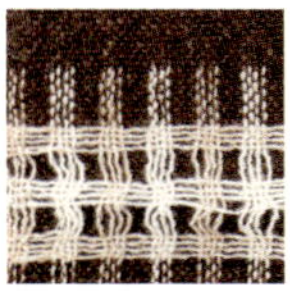

図(81)

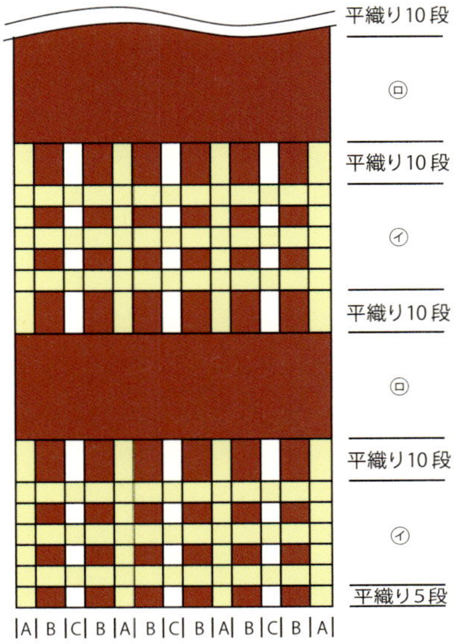

●たて糸
a＝綿糸、b＝モヘア・グレー、c＝モヘア・白、d＝中細毛糸・こげ茶
A＝bとdの2本取り4本
B＝aとdの2本取り6本
C＝cとdの2本取り4本
すべて丸羽通し。卓上織機の場合は2本取り。

●よこ糸
a＝綿糸、b＝モヘア・グレー、c＝モヘア・白、d＝モヘア・茶
㋑表布：b 4段＋a 6段＋c 4段＋a 6段＋b 4段
裏布：d 24段
㋺は表布と裏布が①と逆になる。
※織りあげた後、aの綿糸は抜く。

卓上織機はたて糸を2本取りにし、茶の糸を拾って中糸を入れると茶が上の2層になります。

Data

織りあがりの長さ：130cm
整経長：180cm
幅と本数：21cm　128本
よこ糸密度とソウコウ：3段／cm　30羽　丸羽
使用糸：たて／⑦⑫⑭　235m（＋綿⑰65m）　よこ／⑫⑬⑭　65m（＋綿⑰30m）

82 フィン織り（ピックアップの二重織り）のマフラー

作品83ページ

両面の色を変えたシンプルな二重織りにプラスでたて糸をピックアップすることで柄を出すのがフィン織りです。織機の基本的な動きを理解すれば、お好みのデザインを織り出すことができます。二重織り部分も柄織り部分も４段１組ですが、フィン織り部分はその踏み順の①でピックアップし②でよこ糸を入れるので踏み順は８段階でよこ糸４回１組の繰り返しです。

Process

1 図に合わせて織り地に目印をつけます。フィン織り部分は踏み順の①でグレーが上糸です。図に沿って柄を出したい部分をピックアップします。

2 ピックアップした状態で②を踏んでスティックを立てたときのよこから見た状態です。★印に白のよこ糸を入れましょう。

3 ③を踏みました。白の上糸を裏面に落としたいので、柄以外の部分をピックアップします。

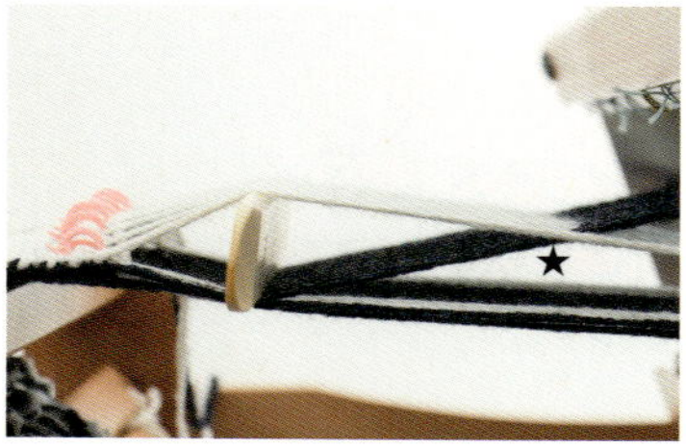

4 ④を踏み、スティックを立てたときのよこから見た状態。★印に下の層グレーのよこ糸を入れて打ち込みます。

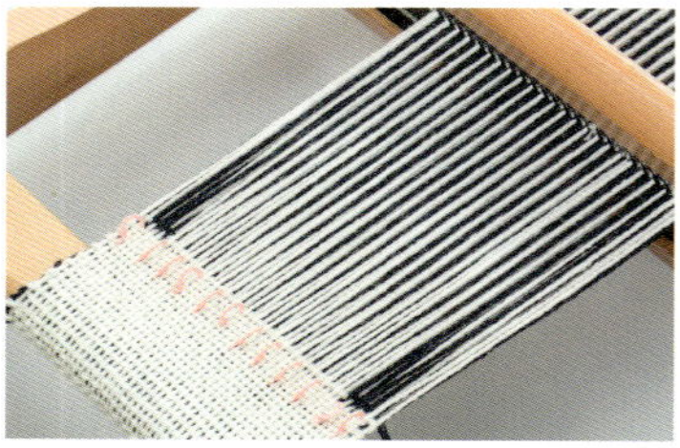

5 ⑤を踏んで柄をピックアップし、⑥を踏んで上の層の白のよこ糸を入れた状態。

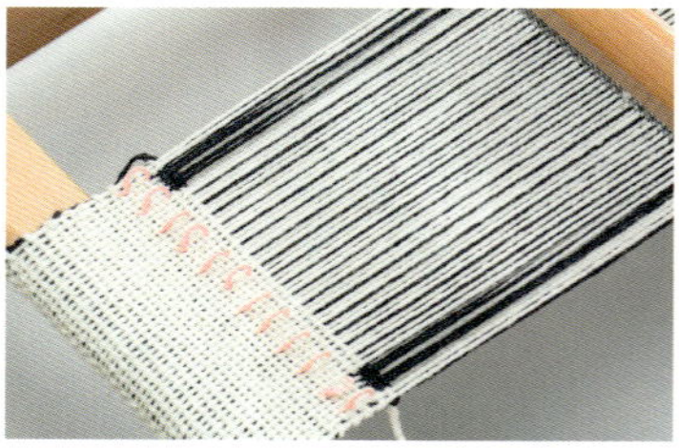

6 ⑦を踏んで柄をピックアップし、⑧を踏んで下の層のグレーのよこ糸を入れた状態。８段階１組の踏み順で表裏各２段の柄が出来ました。上下２枚の布をつなげるために、２色のよこ糸は耳でひっかけながら織ります。

図（82）

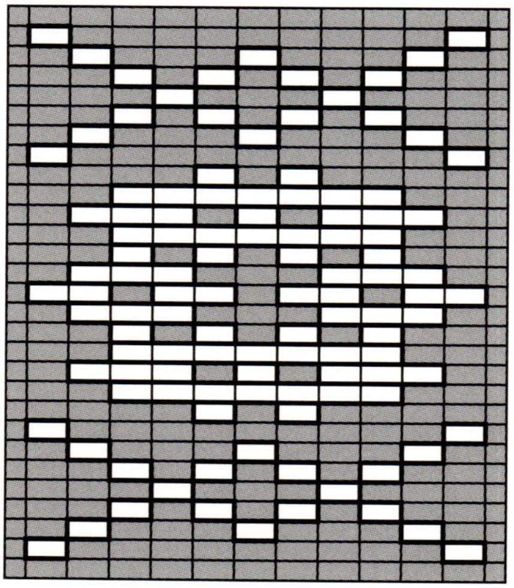

※１マスたて糸８本、よこ糸４段（両端のマスはたて糸５本）

●たて糸：グレー、白各 49 本　２色を１本ずつの丸羽通し。両端の筬目にさらに各１本ずつ入れる

●よこ糸：グレー、白を踏み順図に従って織る

通し順

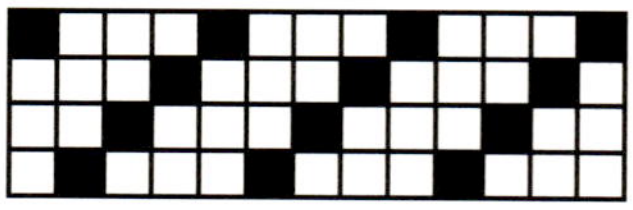

a b a b a b a b a b a b a

a=グレー　b=白

タイアップ

二重織り部分の踏み順

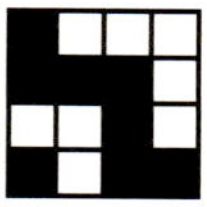

	よこ糸
裏の2段目	グレー
表の2段目	白
裏の1段目	グレー
表の1段目	白

白いたて糸の層が表面になるように織り進める

フィン織り部分の踏み順

⑧
⑦
⑥
⑤
④
③
②
①

	よこ糸
裏の2段目	グレー
表の2段目	白
裏の1段目	グレー
表の1段目	白

下から順に奇数の開口で柄糸を拾い、偶数の開口でよこ糸を入れる

Data

織りあがりの長さ：150cm
整経長：200cm
幅と本数：16cm　98本
よこ糸密度とソウコウ：6段／cm
30羽　丸羽
使用糸：たて／⑳㉑200m　よこ／⑳㉑160m

＊ダブルビーム＊

ダブルビーム（二重ビームとも言います）とは、たて糸の巻き取り部分を2カ所設定することで2層のたて糸のテンションをそれぞれに調節できるシステムのことです。一部の大型織機では1台の織機の中に2カ所の巻き取り部分を設置することができますが、織機を2台使用することでその代用は可能です。ダブルビームは織機の機種は問いません。高機と卓上織機、あるいは別の機種の卓上織機同士でも様々なダブルビーム効果の手織りを楽しむことができます。

83 ダブルビームのレリーフストール

作品84ページ

二重織りで白い毛糸の2層は平織り、残る変わり糸の2層は織らずにたわませ、ステッチでとめてタッセル風のレリーフに仕上げました。もしたて糸の長さが同じであれば、たっぷりゆとりを持たせて糸を束ねると平織り部分の織り地はつれて湾曲します。地布がゆがむことになくまっすぐな布を保てるのも、たて糸の長さをそれぞれに調節できるダブルビームならではです。

図83

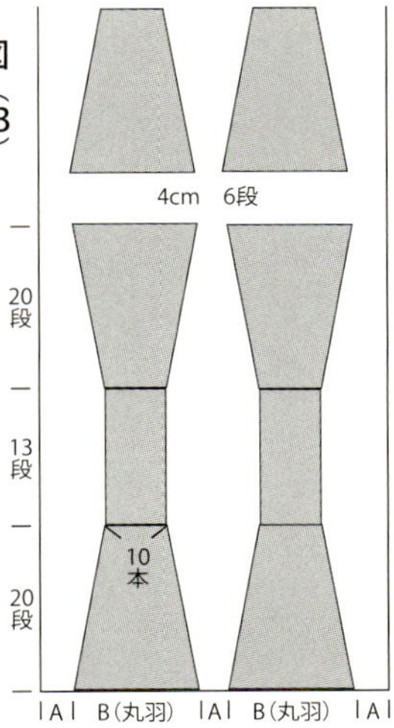

通し図

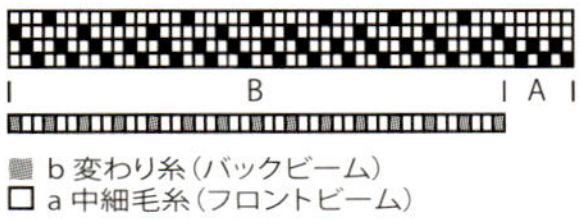

●たて糸
a＝中細毛糸
b＝変わり糸
A＝a 6本
B＝ab 各30本　丸羽　卓上織機の場合は2本取り。

●ステッチ
ステッチは平織り20段目から始めます。幅はBのたて糸の中心10本分13段分を巻くようにステッチし、端は中に縫い込みます。

Process

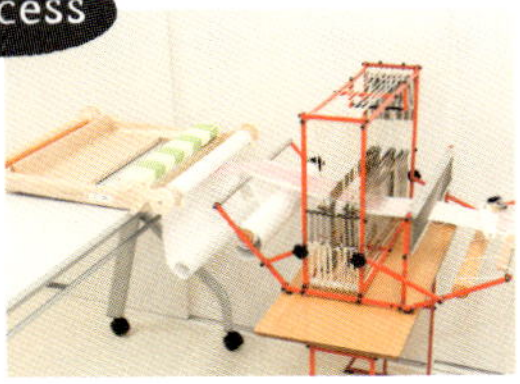

1　2種類のたて糸をそれぞれの織機に巻き、前後に2台設置します。

2　後ろの織機の用途は巻き取り機能だけ。糸端は前の織機のソウコウに通します。

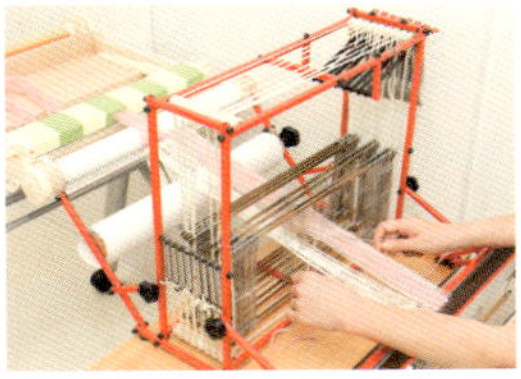

3　卓上織機の場合は2本取りにし、前後のたて糸は一緒に結びます。

4　地の平織りする白糸を上の2層とし、上の2層だけ織り進みます。

5　後ろの飾りたて糸を緩ませ、緩み分としてシャトルを挟んだ後、中心にステッチを加えます。

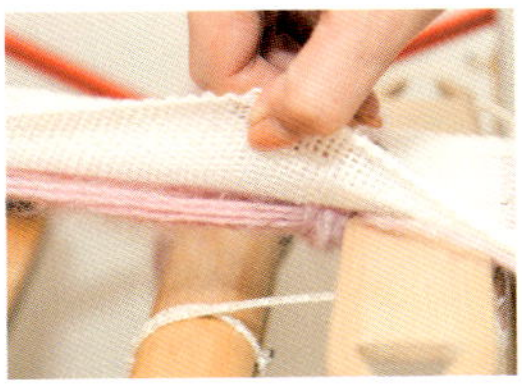

6　ステッチの後、もう1本シャトルを挟んだら、白糸を下の2層にして平織りします。

7　飾り糸の緩みを保つためにシャトルを挟んだまま織り進め、次のブロックを織ったら外します。

表

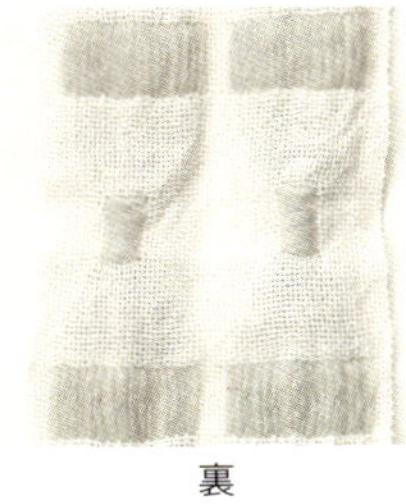

裏

Data

織りあがりの長さ：150cm　整経長：200cm（フロント）　280cm（バック）
幅と本数：20cm　138本（フロント78本、バック60本）
よこ糸密度とソウコウ：4段／cm　40羽
使用糸：たて／①（フロント）⑮（バック）330m（フロント17cm、バック160m）
よこ／①120m（ステッチ糸⑮20m）

84 ダブルビームのドレープストール

作品85ページ

片面は平ら、もう片面はたっぷりとドレープの入った華やかなストールです。二重織りの片面5cmに対し、もう片面は15cmと3倍の長さを織るので、2台で整経の長さが極端に違います。織っているときはいくつもの横ポケットがあるような織り地ですが、織機から降ろした後に中央の4本のたて糸を引っ張ることでリボンのようなドレープを作ります。

図(84)

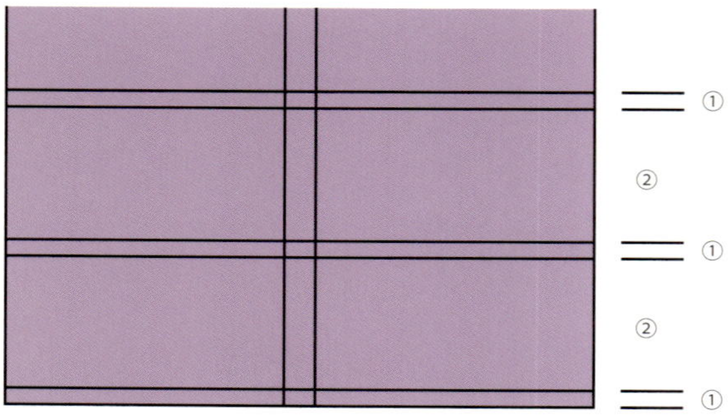

●たて糸:a=紫(下布)、b=薄紫(上布)
a、b、a、bの順にかける。
aはフロントビーム、bはバックビーム。
●よこ糸:a=紫(下布)、b=薄紫(上布+平織り部分)
①平織り3段
②上布:約72段15cm　下布:約24段5cm

■ a 細紫(フロントビーム)
■ b 細淡紫(バックビーム)

Data

織りあがりの長さ:160cm
整経長:210cm(地)　550cm(上布)
幅と本数:15cm　152本(aとbで丸羽2本取り)
よこ糸密度とソウコウ:5段/cm　50羽
使用糸:たて・よこ共/⑤(地)④(上布)　たて580m(地160m・上布420m)　よこ535m(地135m・上布400m)

表

裏

Process

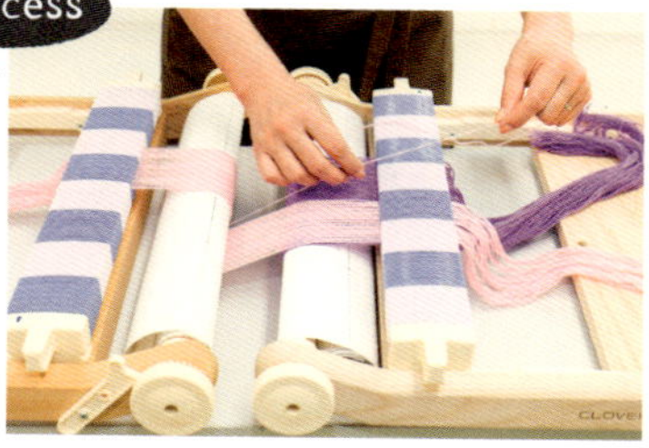
1 それぞれたて糸を巻き取った織機は前後逆に2台並べ、後ろのたて糸を前のソウコウにセットします。

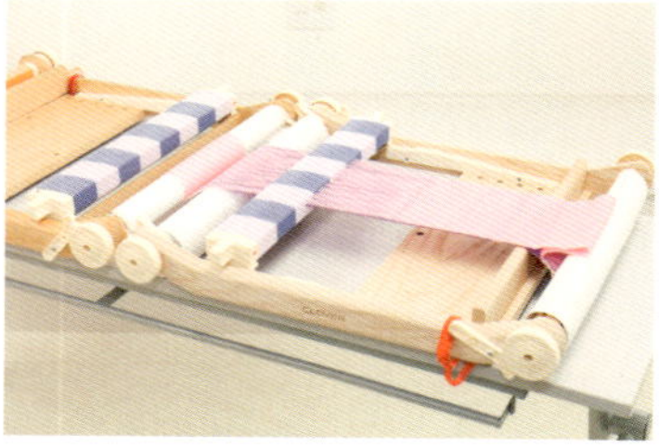
2 後ろの織機はたて糸の巻き取りのためだけにあります。2本取りになっているたて糸で何段か平織りします。

3 二重織り部分は中糸を入れて下は5cm、上は15cm織ります。

4 上下2枚の布の終わりが揃うようにシャトルでおさえながらドレープを仮止めします。

5 中糸を外して3段平織りをした後、また上下別に織ります。

6 織りあげた後、長い布のたて糸の中心の4本をゆっくり引っ張ってドレープを作ります。

85 ダブルビームのさざ波マフラー

作品86ページ

このマフラーはダブルビームですが二重織りではありません。甘撚りの並太綿糸と固撚りの超極細綿糸を丸羽（2本取り）にし、超極細綿糸はできるだけ強く、並太綿糸はやや緩く、たて糸の張りの強さを変えて平織りをしました。そのことにより並太綿糸がふんわりと打ち込まれ、縮（ちぢみ）のような、ガーゼのような表情のある布地に織りあがります。３枚ある拡大画像のうち２枚はさざ波マフラーの表裏、もう１枚は同じ糸の組み合わせでダブルビームを使わずに平織りした織り地です。

図（85）

バックビーム

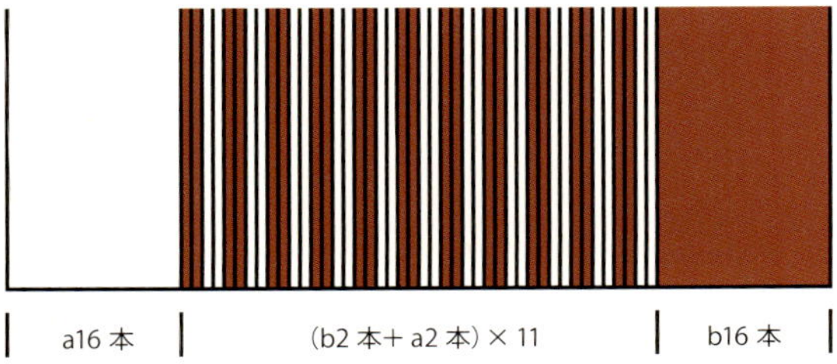

フロントビーム

c 糸 76 本

●たて糸：a＝並太綿糸・オフホワイト 38 本、b＝並太綿糸・茶 38 本、c＝超極細綿糸 76 本
cはフロントビーム、a・bはバックビーム

Data

織りあがりの長さ：130cm
整経長：180cm（フロント） 270cm（バック）
幅と本数：14cm 152本（76本×２）
よこ糸密度とソウコウ：３段／cm 50羽 丸羽
使用糸：たて・よこ共／たて／⑯⑱⑲350m（フロント140m・バック210m） よこ／⑯65m

表

裏

２本取りで通常の平織りをした場合

第４章　使用糸（作品 76 ～ 85）

① 中細毛糸　白

② 中細毛糸　オレンジ

③ 中細毛糸　黄緑

④ 中細毛糸　薄紫

⑤ 中細毛糸　紫

⑥ 中細毛糸　水色

⑦ 中細毛糸　こげ茶

⑧ 中細毛糸　黒

⑨ 中細スラブ段染め糸

⑩ 並太スラブ糸　赤系

⑪ 並太スラブ糸　紫

⑫ スパンコール付モヘアヤーン　白

⑬ スパンコール付モヘアヤーン　茶

⑭ スパンコール付モヘアヤーン　グレー

⑮ 極太混紡毛糸　白

⑯ 超極細綿糸

⑰ 中細綿糸

⑱ 並太綿糸　オフホワイト

⑲ 並太綿糸　茶

⑳ 並太ウール　白

㉑ 並太ウール　グレー

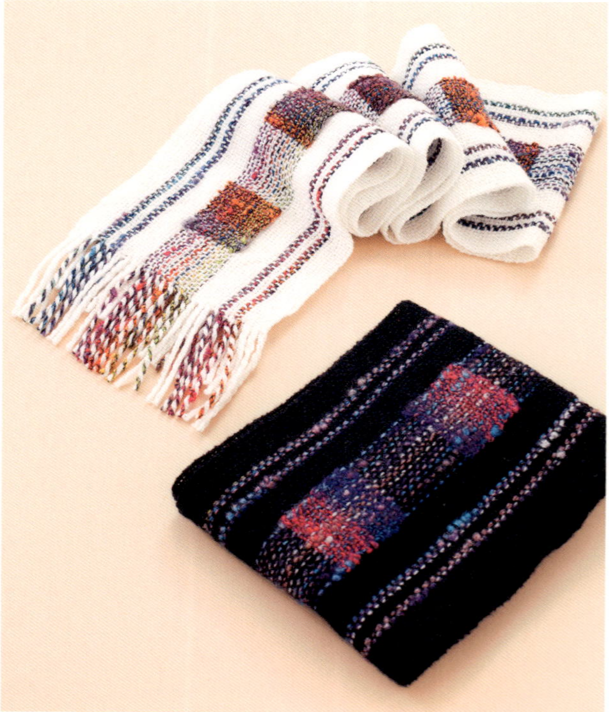

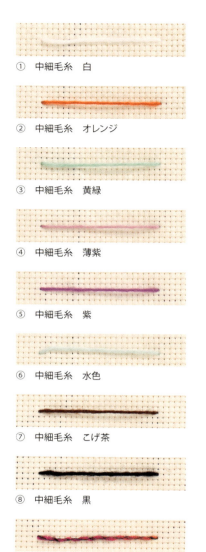

第 5 章

四枚綜絖の組織織り

86

草木染めの浮き織り
マフラー（エンジ）
how to make P.111

87

草木染めの浮き織り
マフラー（紺）
how to make P.111

89

花織りのマフラー
（ピンク）
how to make P.111

88

花織りのマフラー（黒）
how to make P.111

90

変わり糸の
花織りショール（紫）
how to make P.112

91

変わり糸の
花織りショール（黒）
how to make P.112

92

メガネ織りの
マフラー（ピンク）
how to make P.112

93

メガネ織りの
マフラー（オレンジ）
how to make P.112

94

ワッフル織りの
マフラー
how to make P.113

95

ワンポイント
オーバーショット
マフラー（グレー）
how to make P.113

96

ワンポイント
オーバーショット
マフラー（ピンク）
how to make P.113

97

シャドー織りの
モノトーンマフラー
how to make P.114

98

変口斜線織りの
モノトーンマフラーA
how to make P.115

99

変口斜線織りの
モノトーンマフラーB
how to make P.115

100

サマーアンド
ウインターストール
（ブルー）
how to make P.116

101

サマーアンド
ウインターストール
（ピンク）
how to make P.116

103

トンボ織りの
夏糸ストール（ピンク）
how to make P.116

102

トンボ織りの
夏糸ストール（水色）
how to make P.116

104

クラックル織りの
マフラー
how to make P.117

105

キャンバス織りの
マフラー

how to make P.117

106

モンクスベルト織りの
マフラー
how to make P.118

107

昼夜織りのストール
how to make P.118

108

吉野織りのストール
how to make P.119

109

畝網代織りのストール
（黄色）
how to make P.119

110

畝網代織りのストール
（オレンジ）
how to make P.119

86.87 草木染めの浮き織りマフラー

作品96ページ

無地のマフラーにワンポイントで柄を加えるシンプルな浮き織りデザインです。四枚綜絖で地織り部分は平織り、浮き糸部分は綾の踏み木、あるいは踏み木を同時に２本踏むことで浮き織りの開口になります。浮き糸は地糸に比べてやや太いほうが映えるので３本取りにしました。

図（87）

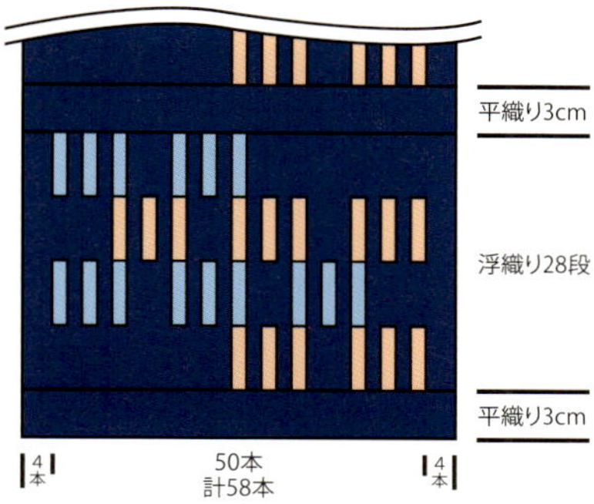

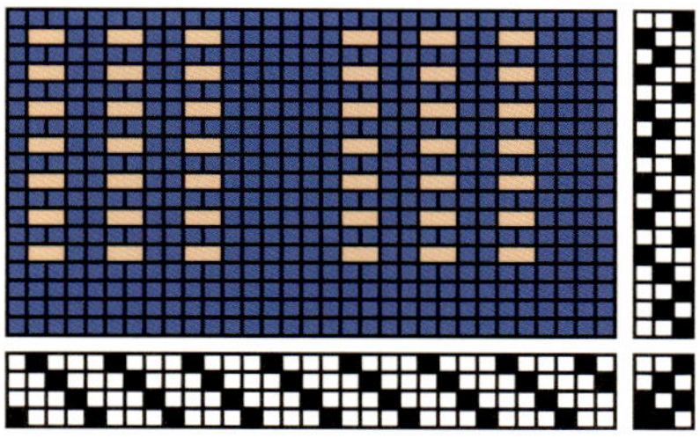

●よこ糸：浮き糸は３本取り

Process

1 四枚綜絖の時はたて糸２本ずつの開口にし、浮き糸を入れたいところだけ通します。

2 卓上織機の時はスティックで浮かせたいところを拾ってから浮き糸を通します。

Data

織りあがりの長さ：130㎝　整経長：180㎝
幅と本数：20㎝　58本　よこ糸密度とソウコウ：
３段／㎝　30羽　使用糸：86（エンジ）＝たて・よこ共／⑱
たて110m　よこ90m　浮き糸㉚㉛10m
87（紺）＝たて・よこ共／㉕　たて110m　よこ90m　浮き糸㉜㉝10m

88.89 花織りのマフラー

作品97ページ

表

裏

沖縄のミンサー織りなどでおなじみの花織り。多くの異なる柄を入れる場合は専用の糸ソウコウを設置しますが、ここで取り上げるシンプルなデザインの場合はソウコウ枠１．２を平織りとし、３．４を飾り糸用にすれば四枚綜絖をそのまま活用して織ることができます。卓上織機の場合は飾り糸と地糸を２本取りで通し、柄に合わせて飾り糸をすくいながら織ります。

Process

1 卓上の場合は無地部分は地糸だけ拾い、飾り糸は落としてよこ糸を通します。

2 柄織り部分は必要な飾り糸だけを拾ってよこ糸を通します。

Data

織りあがりの長さ：130㎝
整経長：180㎝　幅と本数：19㎝
91本（地糸79本、柄糸12本）
よこ糸密度とソウコウ：４段／㎝
40羽　使用糸：88（黒）＝たて／⑨
⑮165m　よこ／⑧　89（ピンク）＝
たて／①⑮165m　よこ／①　柄糸
（共通）⑫㉑110m

図 89

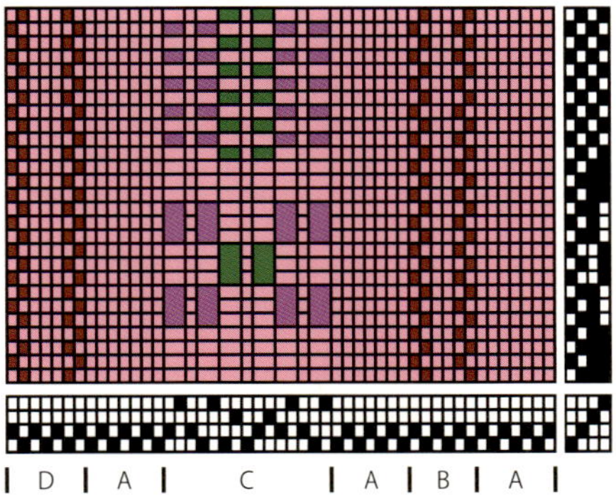

※組織図はイメージ図です

●たて糸：a＝中細・薄ピンク、b＝並太・茶、c＝並太・濃ピンク、d＝並太・黄緑
A＝a7本　B＝b２本＋a２本＋b２本　C＝ac２本取り＋a１本＋ac２本取り＋ad２本取り＋a１本＋ad２本取り＋ac２本取り＋a１本＋ac２本取り　D＝b２本＋a3本＋b２本
A＋B＋A＋C＋A＋D＋A＋C＋A＋B＋A
●よこ糸：柄と柄の平織りは奇数段にする。

90.91 変わり糸の花織りショール

作品98ページ

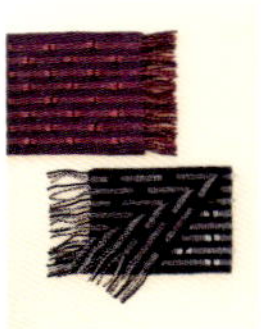

88・89（97ページ）の花織りのマフラーと技法的には同じです。88・89の飾り糸が並太毛糸なのに対し、ここでは太いナイロン混紡の変わり糸を飾り糸にしました。この変わり糸は切ってもほつれないタイプなので、飾り糸の浮き部分を長く取り、織りあげた後にははさみでカットして房をそのままデザインとして生かすことができます。

Process

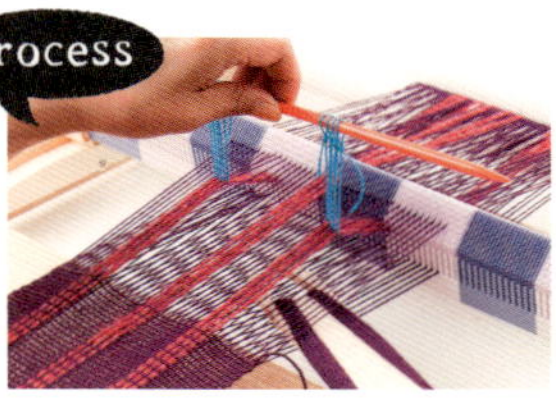

1　飾り糸は拾わなくても糸ソウコウ（『手織り大全』P.64参照）で織ることができます。

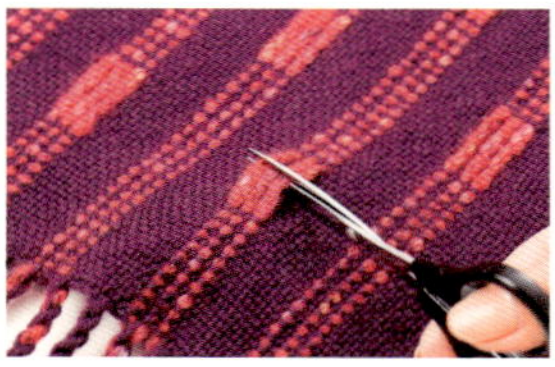

2　織りあげた後に房をはさみでカットします。

Data

織りあがりの長さ：160cm
整経長：210cm
幅と本数：29cm 172本
よこ糸密度とソウコウ：4段／cm 50羽
使用糸：90（紫）＝たて／④㉞365m　よこ／④205m
91（黒）＝たて／⑨㊲365m
よこ／⑨205m

● たて糸
a＝中細　b＝極太
A＝a 12本　B＝ab 2本取り＋a 1本＋ab 2本取り＋a 1本＋ab 2本取り
(A+B) × 8+A

図（90・91）

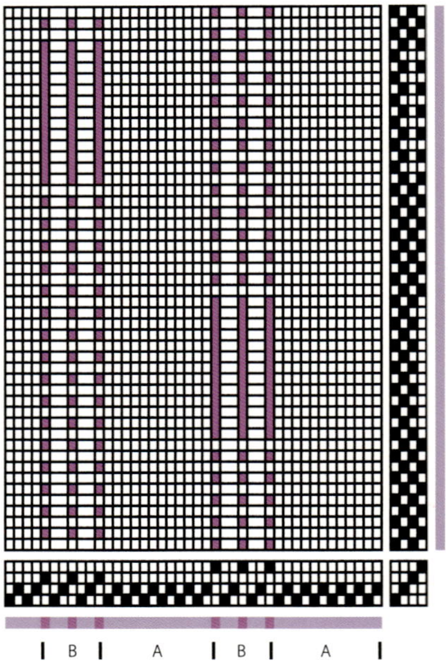

※組織図はイメージ図です

92.93 メガネ織りのマフラー

作品99ページ

表

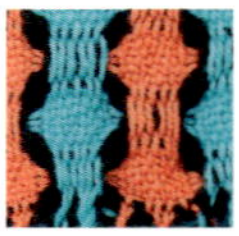

裏

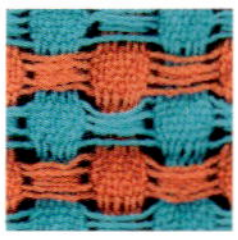

たて糸を飛ばして織った隙間に糸がより、メガネのレンズのような横によろけたアーモンド型になることからメガネ織りといいます。そのアーモンド形を強調するためにブロックの境目に太いよこ糸を入れますが、たての縞の境目にも太いたて糸を入れてユニークな表情のメガネ織りにしました。卓上織機で拾いながら織ってもいいでしょう。

Process

1　太糸と次の地糸は同じ開口に入っています。

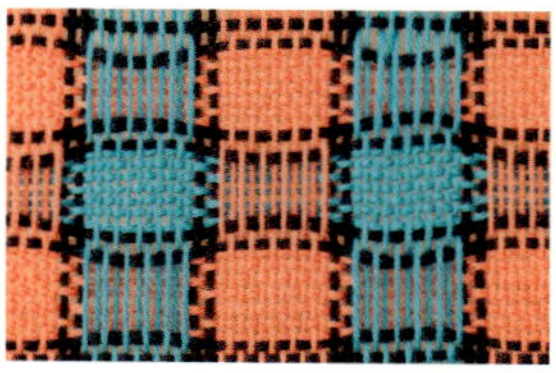

2　縮絨前は四角いブロックに織りあがります。

Data

織りあがりの長さ：130cm
整経長：180cm
幅と本数：20cm 101本
よこ糸密度とソウコウ：4段／cm 50羽
使用糸：92（ピンク）＝たて・よこ共／①③⑯　たて185m　よこ115m　93（オレンジ）＝たて・よこ共／②⑦㉘　たて185m　よこ115m

図（92）

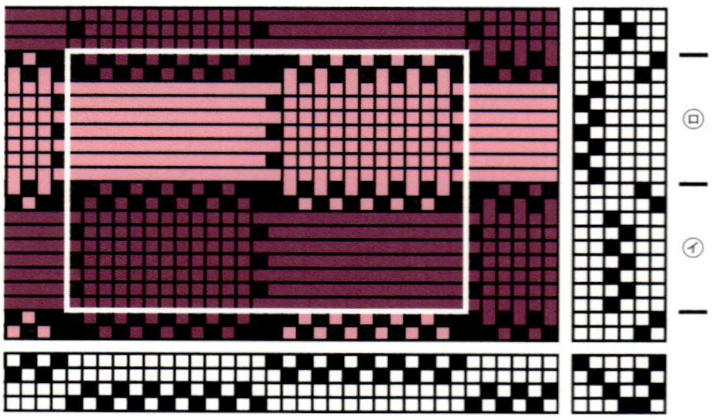

● たて糸：a＝中細・紫、b＝中細・薄ピンク、c＝並太・こげ茶
a5本＋（c2本＋b11本＋c2本＋a11本）×3＋c2本＋b11本＋a5本
● よこ糸：イ a7段＋c2段
ロ b7段＋c2段
イロイロの繰り返し。

94 ワッフル織りのマフラー

作品100ページ

ワッフル織りは、たて糸を飛ばしながら織る浮き織りの一種です。四角い柄に見えますが、実際にはひし形の模様で、ソウコウの枚数が多ければ多いほど立体感のあるワッフルになります。開口の仕方は５種類なので卓上織機で拾って織ることもでき、ここでは拾うときの目印として柄の中心となる糸を地糸と同系色の別糸にしました。

Process

1 卓上織機の時は目印の糸を基準に拾っていきます。

2 ワッフルの1ブロックは上下左右対称の織り地です。

Data

織りあがりの長さ：140cm
整経長：190cm
幅と本数：18cm　73本
よこ糸密度とソウコウ：
４段／cm　40羽
使用糸：たて／⑭㉙140m
よこ／㉙　120m

● たて糸
a＝並太・ベージュ
b＝並太・黄
a３本＋（b１本＋a５本）×11
＋b１本＋a３本
● よこ糸　a＝並太・ベージュ

図（94）

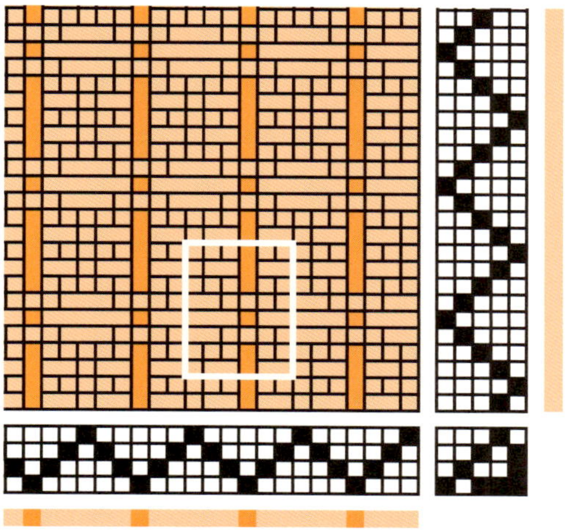

95.96 ワンポイントオーバーショットマフラー

作品101ページ

表

裏

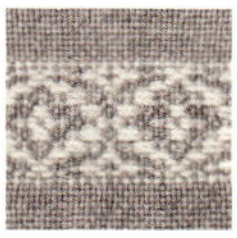

オーバーショットは浮き織りの一種です。織り図には書き込まれていませんが、大きく浮く糸をおさえるため浮き糸と交互に細い糸での平織り（タビーという）を加えています。卓上織機の場合は織り図を数字表に置き換えましょう。20段の柄部分の拾い方は①②③④⑤の５種類、各段のたて糸の拾い方は数字表を参照します。
数字表の中央の線はたて糸を表し、数字はたて糸の本数です。たとえば①の場合、たて糸を閉じた状態にして３本ダウン４本アップ１本ダウンと表の通りにすくいます。

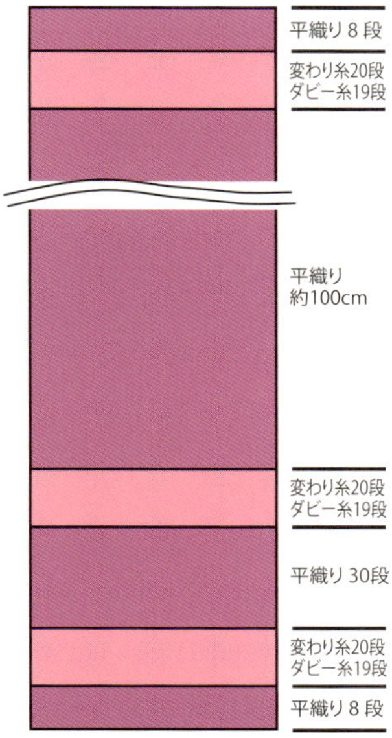

Process

卓上織機の場合は数字表を参考に毎段たて糸を拾っていきます。

図（96）

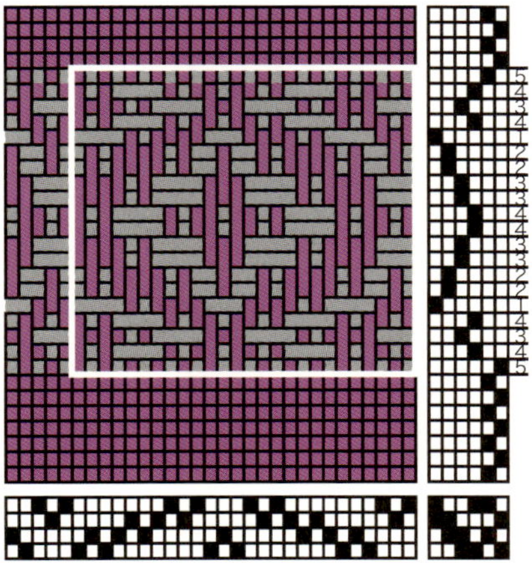

Data

織りあがりの長さ：
140cm　整経長：190cm
幅と本数：19cm　55本
よこ糸密度とソウコウ：３段／cm　30羽
使用糸：95（グレー）＝たて／㉗110cm
よこ／⑧㉗80m　浮き糸㊲13m
96（ピンク）＝たて／⑪110m　よこ／⑤
⑪80m　浮き糸／㉟13m

【柄部分の数字表】

❶

	+		4		1		3		1		4	×2回
3		3		1		4		4		1		

❷

1		1	+	1		2		1		1		2		2		1		1		1	×2回
	1				1		1		4		1		1		1		4		1		

❸

3	+	3		1		4		4		1		×2回
			4		1		3		1		4	

❹

	1		+		1		1		4		1		1		1		4		1		×2回
1		1		1		2		1		1		2		2		1		1		1	

❺ 平織り

97 シャドー織りのモノトーンマフラー

作品102ページ

ちょっと見ると37ページの網代織りに似ているシャドー織り。網代織りは糸の順をａｂｂａと変えることで縦横のラインを出しますが、シャドー織りはブロックの境目の糸を２本あるいは２段同じ開口にすることで縦横のラインを出します。本来、四枚綜絖で織る組織織りですが、卓上織機の場合は１段の途中で開口を変えることで、この柄を織ることができます。

図(97)

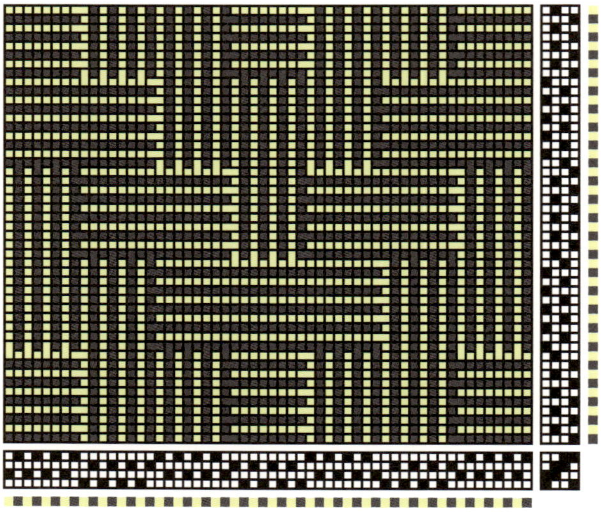

Data

織りあがりの長さ：130㎝
整経長：180㎝
幅と本数：19㎝　56本
よこ糸密度とソウコウ：3段／㎝　30羽
使用糸：たて・よこ共／⑩㉘　たて105m　よこ85m

●たて糸
a＝黒
b＝白
aとbを交互にかける。
●よこ糸
a＝黒、b＝白
aとbを交互に入れる。

98.99 変口斜線織りのモノトーンマフラーA・B

作品102ページ

このマフラーは四枚綜絖の組織織りではありませんが、97のシャドー織りと構造が同じためこの項目に入れました。変口斜線織りと同じような柄に177ページの斜線織りがあります。斜線織りは織り途中でたて糸を入れ替えてたて糸の色を変えますが、これは変口つまり1段の織り途中で開口を変えてたて糸の色を変化させます。糸をクロスさせない分、斜線のラインがきれいに出ます。

Process

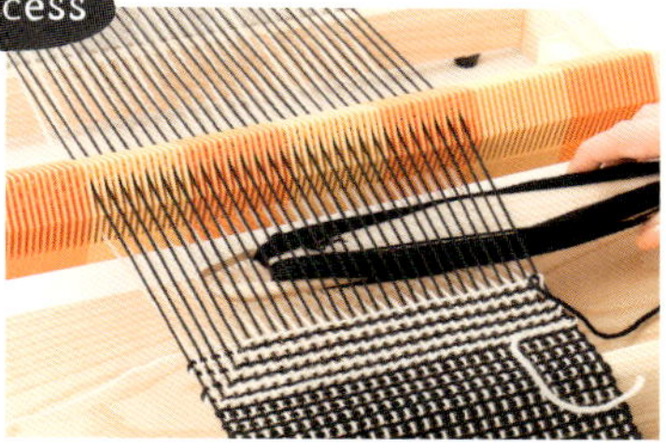

1 たて糸は色が1本交互なので、上糸は黒でよこ糸を入れます。

2 途中までシャトルを入れたら柄部分で開口を変え、上糸を白で織ります。

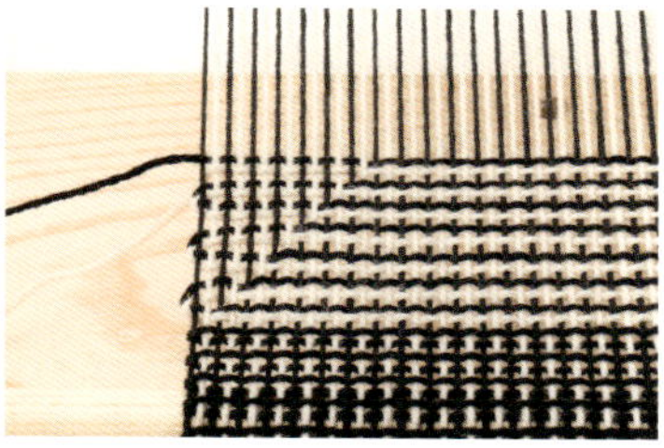

3 変口した部分は、たて糸2本の上（あるいは下）をよこ糸が渡っています。

図（98）

●たて糸
a＝黒、b＝白
aとbを交互にかける。

●よこ糸
a＝黒、b＝白
aとbを交互に織る。

図（99）

●たて糸
a＝黒　b＝白
aとbを交互にかける。

●よこ糸
a＝黒、b＝白
①a 7段
②1段目
　たて糸の上糸が黒の状態で
　よこ糸は黒。
　2段目
　変口するたて糸位置を1本ずつずらす。
③平織り3段
④②と逆方向で変口するたて糸位置を
　1本ずつずらす。

Data

織りあがりの長さ：
140cm　整経長：190cm
幅と本数：98＝18cm　54本
99＝20cm　57本
よこ糸密度とソウコウ：3段／cm　30羽
使用糸：98＝たて・よこ共／⑩㉘
たて105m　よこ85m
99＝たて・よこ共／⑩㉘
たて115m　よこ95m

99の部分拡大

99表

99裏

100.101 サマーアンドウインターストール

作品103ページ

織り布の表裏で反転するように色の出る織り方がいくつかあり、サマーアンドウインターもその1つです。二重織りのようなはっきりと4層に分かれる構造ではありませんが、たて糸が表裏にわたって動くため丸羽、つまり1本の筬目にたて糸を2本ずつ入れる必要があります。平織りに比べ厚みのある暖かいマフラー地になります。

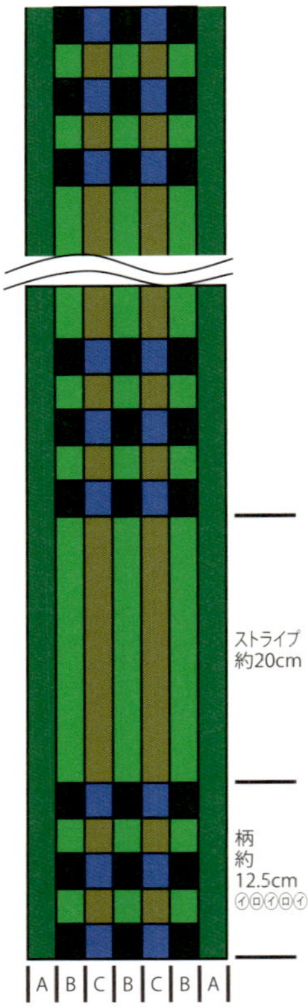

Data

織りあがりの長さ：120cm
整経長：180cm
幅と本数：19cm　112本
よこ糸密度とソウコウ：
3段／cm　30羽丸羽
使用糸：100（ブルー）＝たて／㉑㉒㉓㉔㉕195m　よこ／⑥80m
101（ピンク）＝たて／⑫⑬⑰⑱⑳195m　よこ／③80m

図 ⑩⑩

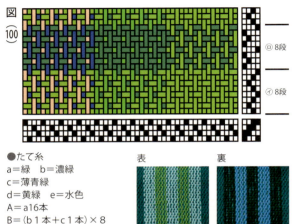

●たて糸
a＝緑　b＝濃緑
c＝薄青緑
d＝黄緑　e＝水色
A＝a16本
B＝（b１本＋c１本）×８
C＝（d１本＋e１本）×８

表

裏

102.103 トンボ織りの夏糸ストール

作品104ページ

四枚綜絖織機を使えば、織り図通りに織れば自然と出てくる柄ですが、卓上織機でも部分的にたて糸を拾って織ればできる効果的な柄です。色の組み合わせはお好みで自由自在、毛糸で織ることもできますが、ここでは夏糸を使って爽やかに仕上げました。地糸はプレーンな糸、それに加える柄糸は少し太めのスラブ調の糸を使うといいでしょう。

図 ⑩②

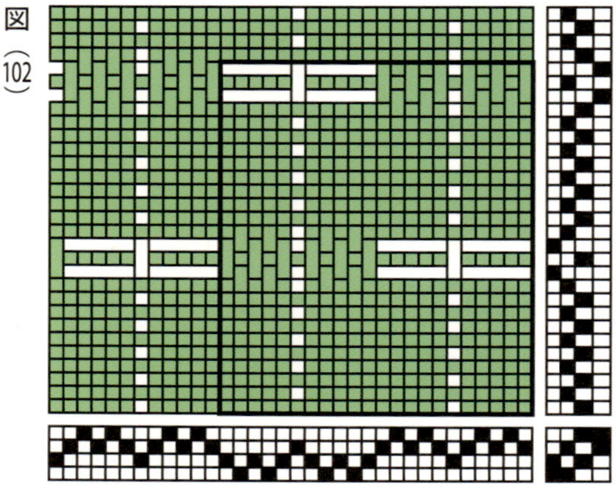

●たて糸：青80本、白7本（青10本＋白1本）×７＋青10本
●よこ糸：青8段＋白1段＋青1段＋白1段のくり返し。白糸は左右両端の白いたて糸から４本のところで折り返す

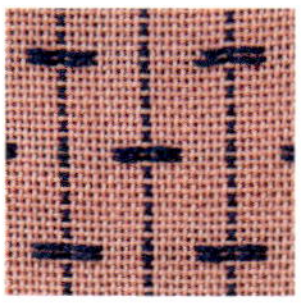

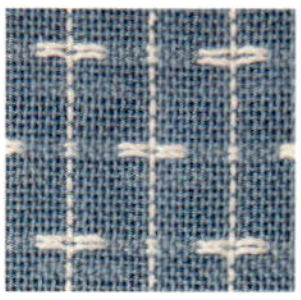

Data

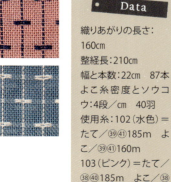

織りあがりの長さ：160cm
整経長：210cm
幅と本数：22cm　87本
よこ糸密度とソウコウ：4段／cm　40羽
使用糸：102（水色）＝たて／㊴㊶185m　よこ／㊴㊶160m
103（ピンク）＝たて／㊳㊵185m　よこ／㊳㊵160m

104 クラックル織りのマフラー

作品105ページ

昼夜織りとオーバーショットを足したような技法がクラックル織り。布の表裏で逆の色の出方をします。ここでは、たて糸に中細シルク、よこ糸は並太毛糸を使いましたが、たてよこ同じ太さの2色の糸でもクラックル織りはできます。ポイントはタビー糸で、地糸と比べてできるだけ細いものを使うこと。よこ糸と同色を選ぶと柔らかい柄になり、たて糸と同色を選ぶとくっきりとした柄になります。

表

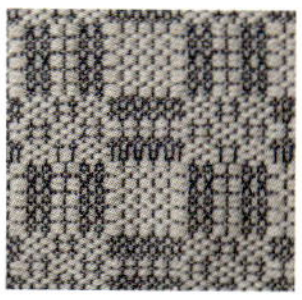

裏

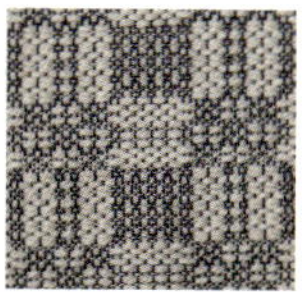

図(104)

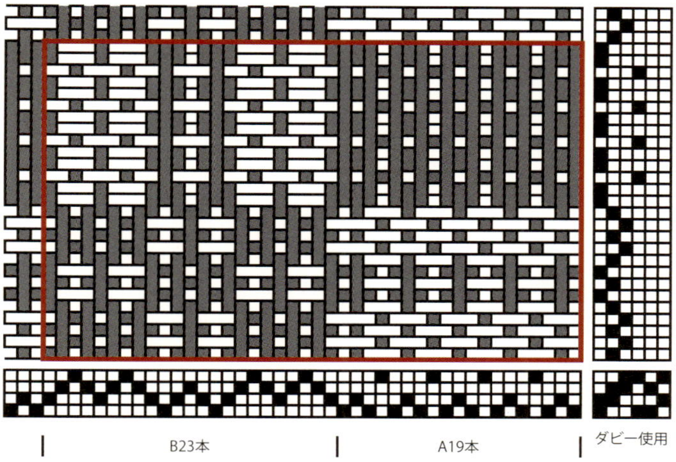

Data

織りあがりの長さ：150cm
整経長：200cm
幅と本数：21cm　103本
よこ糸密度とソウコウ：7段／cm
50羽
使用糸：たて／㊾210m　よこ／
㊼㊿245m

●たて糸：中細シルク・紺103本
(A+B)×2+A
●よこ糸：並太ウール・白、極細ウール・白

105 キャンバス織りのマフラー

作品106ページ

キャンバス織りの一番の特徴は混み刺しです。混み刺しとはたて糸を寄せた状態で筬通しをすることで、ここでは1目に4本を入れ、3目の空羽で通しました。そのことにより模紗織りのような隙間ができるのですが、ここでは並太毛糸を使い、混み刺し部分に立体感が出るように仕上げました。

図(105)

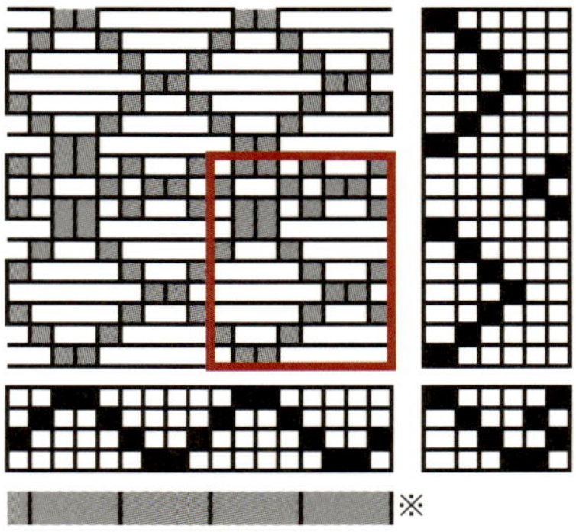

1つの筬目に4本入れて3目空けると、織り幅を保ちながら糸を寄せることができます。

表

裏

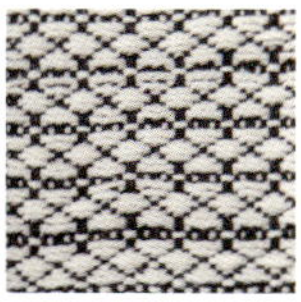

※筬通し：4本混み刺し＋空羽3羽の繰り返し
●たて糸：グレー48本
●よこ糸：白

Data

織りあがりの長さ：130cm
整経長：180cm
幅と本数：16cm　48本
よこ糸密度とソウコウ：3段／cm
30羽
使用糸：たて／㊷90m　よこ／
㊶70m

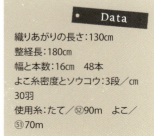

106 モンクスベルト織りのマフラー

作品107ページ

モンクスベルト織りは1段が平織りと浮き織りで成り立っており、1段置きにその位置を対称に変えることで安定した織り地を保たせる織り方です。従って基本的には市松デザインとなり、表裏で浮き織りと平織りが逆に出てきます。あまり浮かしすぎないのがポイントで、浮いた糸が引っかからないよう、ここではよこ糸にはモヘア糸を使いました。

図 106

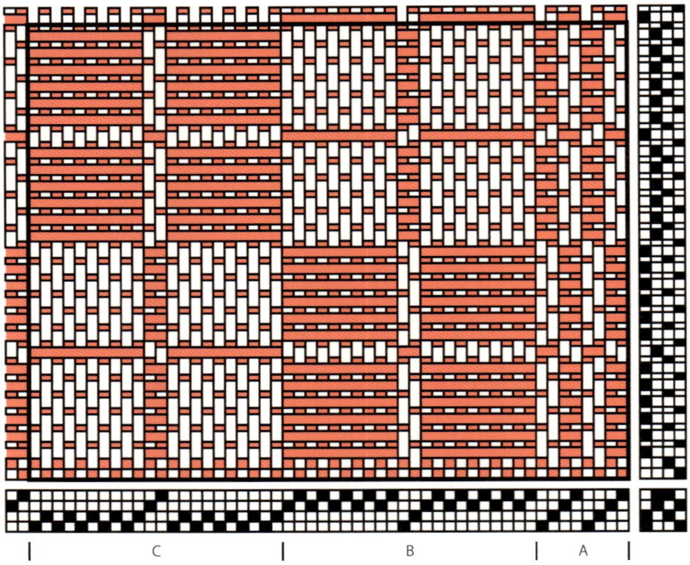

Data

織りあがりの長さ:130cm
整経長:180cm
幅と本数:20cm　82本
よこ糸密度とソウコウ:5段／cm
40羽
使用糸:たて／(51) 150m　よこ／(54)145m

●たて糸:白82本
A+B+C+B+A
●よこ糸:織り始めと織り終わりは平織り2段

107 昼夜織りのストール

作品108ページ

昼夜織りという言葉が示すように、織り地の表裏で逆の色が出る技法です。ここでは大小のブロックの組み合わせにしましたが、織り図のAの左から4本、Bの左から4本が相対の通し方なので、これの繰り返しで縞の幅は変わります。同じくよこ糸も4段で相対です。艶のある夏糸を使い、中央の大きなブロックが真四角になるようこの段数にしました。よこ糸4段を繰り返せば縞柄の昼夜織りになります。

図 (107)

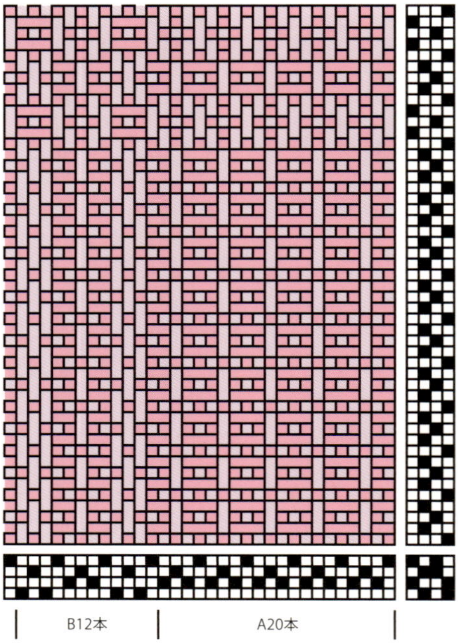

●たて糸:パープル117本
(A+B)×3+A+1本

表

裏

Data

織りあがりの長さ:140cm
整経長:190cm
幅と本数:29cm　117本
よこ糸密度とソウコウ:7段／cm
40羽
使用糸:たて／㊾225m　よこ／㊿310m

108 吉野織りのストール

作品109ページ

平織りと浮き織りの組み合わせで織りだす吉野織りは、エムズアンドオウスという呼び方もされます。ここでは艶のある夏糸をたてよこそれぞれ一色を使い、さりげないよこ吉野の地模様ストールに仕上げました。四枚綜絖の組織織りですが、拾い方は簡単なので卓上織機の方も楽しんで織れるでしょう。

図 108

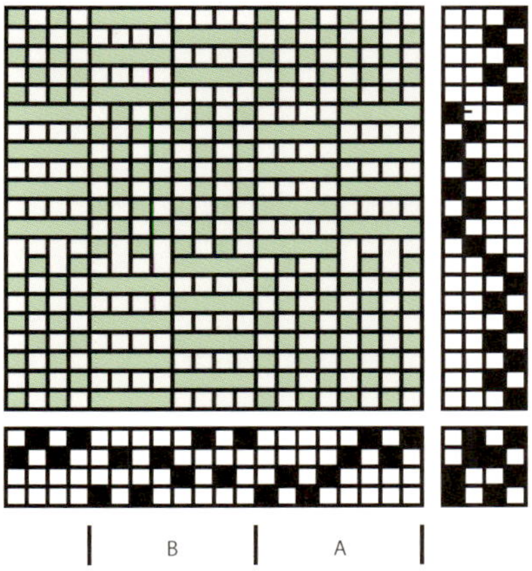

●たて糸：グレー120本
(A＋B)×7＋A

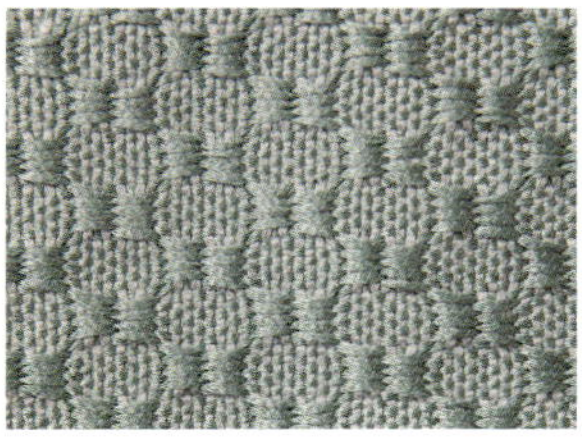

Data

織りあがりの長さ：160cm
整経長：210cm
幅と本数：30cm　120本
よこ糸密度とソウコウ：7段／cm　40羽
使用糸：たて／㊼255m　よこ／㊽370m

109.110 畝綱代織りのストール

作品110ページ

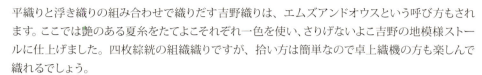

33（39ページ）と同じ畝綱代織りですが、こちらは四枚綜絖で織るシャドウ織りと言う組織の畝綱代です。部分的に同じ開口によこ糸が2段入ったり、あるいは部分的に並ぶ2本のたて糸が同じ動きをして、その陰で柄が浮かび上がります。いろいろなデザインが可能なので、一度試して糸の動きを理解するといいでしょう。

図 109

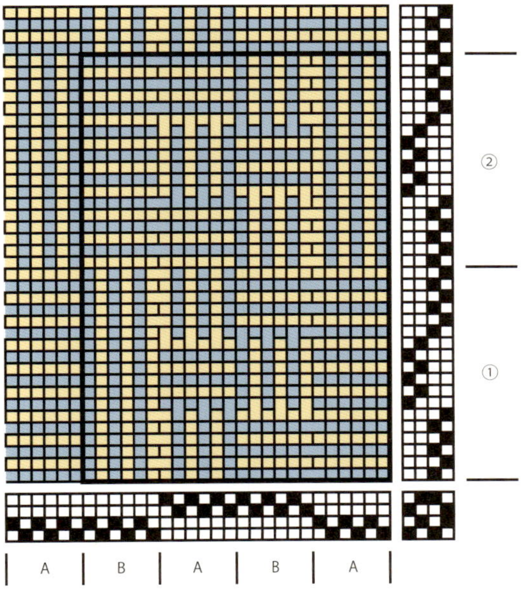

●たて糸：a=水色、b=黄色
A=（a1本＋b1本）×3　B=（b1本＋a1本）×3
(A＋B)×10
●よこ糸：a=水色、c=極細・黄色
①(a1段＋c1段)×9　②(c1段＋a1段)×9

Data

織りあがりの長さ：200cm
整経長：250cm
幅と本数：30cm　120本
よこ糸密度とソウコウ：5段／cm　40羽
使用糸：109（黄色）＝たて／㊷㊸320m　よこ／㊷㊺330m
110（オレンジ）＝たて／㊷㊹320m　よこ／㊷㊻330m

第5章　使用糸（作品86～111）

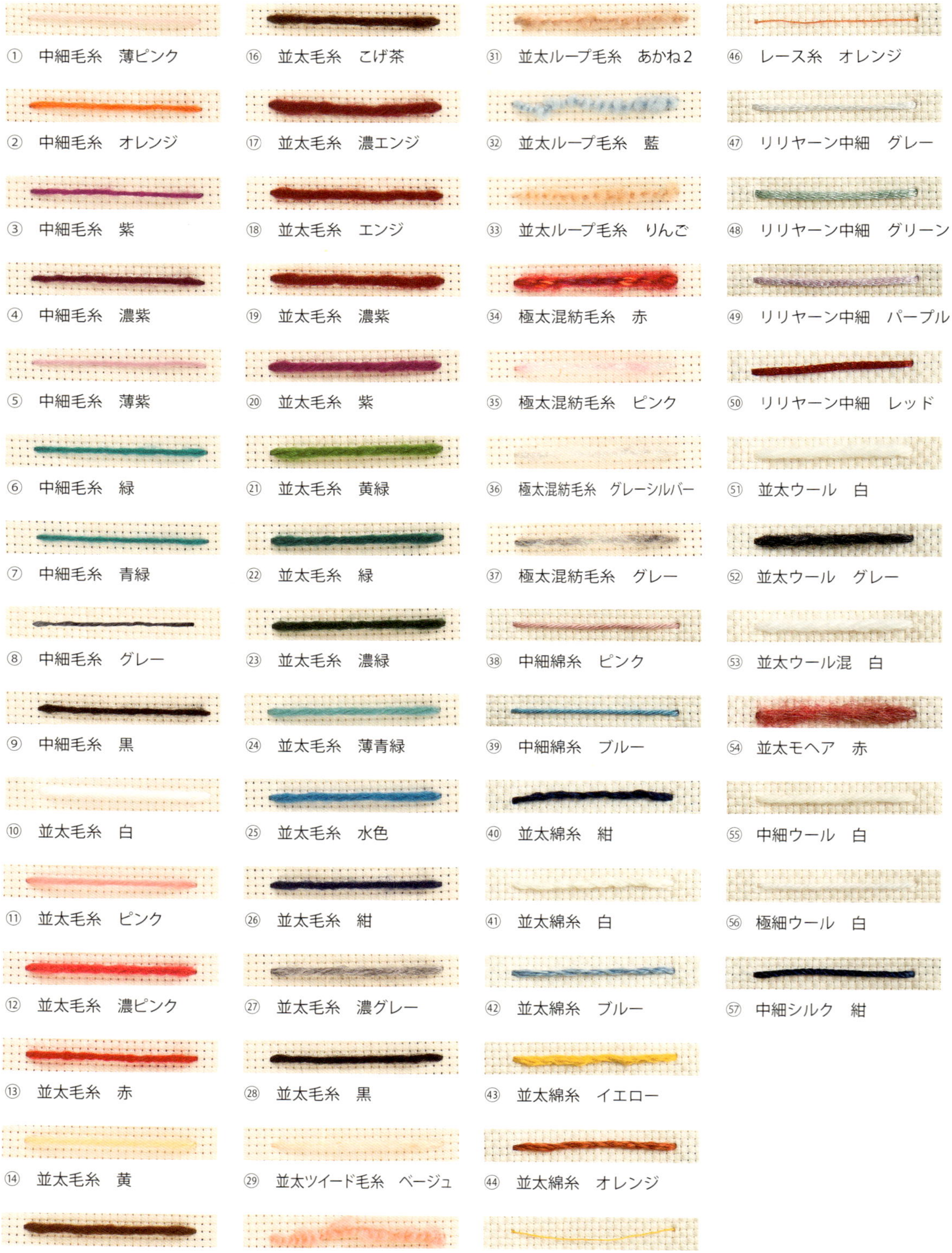

① 中細毛糸　薄ピンク
② 中細毛糸　オレンジ
③ 中細毛糸　紫
④ 中細毛糸　濃紫
⑤ 中細毛糸　薄紫
⑥ 中細毛糸　緑
⑦ 中細毛糸　青緑
⑧ 中細毛糸　グレー
⑨ 中細毛糸　黒
⑩ 並太毛糸　白
⑪ 並太毛糸　ピンク
⑫ 並太毛糸　濃ピンク
⑬ 並太毛糸　赤
⑭ 並太毛糸　黄
⑮ 並太毛糸　茶
⑯ 並太毛糸　こげ茶
⑰ 並太毛糸　濃エンジ
⑱ 並太毛糸　エンジ
⑲ 並太毛糸　濃紫
⑳ 並太毛糸　紫
㉑ 並太毛糸　黄緑
㉒ 並太毛糸　緑
㉓ 並太毛糸　濃緑
㉔ 並太毛糸　薄青緑
㉕ 並太毛糸　水色
㉖ 並太毛糸　紺
㉗ 並太毛糸　濃グレー
㉘ 並太毛糸　黒
㉙ 並太ツイード毛糸　ベージュ
㉚ 並太ループ毛糸　あかね1
㉛ 並太ループ毛糸　あかね2
㉜ 並太ループ毛糸　藍
㉝ 並太ループ毛糸　りんご
㉞ 極太混紡毛糸　赤
㉟ 極太混紡毛糸　ピンク
㊱ 極太混紡毛糸　グレーシルバー
㊲ 極太混紡毛糸　グレー
㊳ 中細綿糸　ピンク
㊴ 中細綿糸　ブルー
㊵ 並太綿糸　紺
㊶ 並太綿糸　白
㊷ 並太綿糸　ブルー
㊸ 並太綿糸　イエロー
㊹ 並太綿糸　オレンジ
㊺ レース糸　イエロー
㊻ レース糸　オレンジ
㊼ リリヤーン中細　グレー
㊽ リリヤーン中細　グリーン
㊾ リリヤーン中細　パープル
㊿ リリヤーン中細　レッド
(51) 並太ウール　白
(52) 並太ウール　グレー
(53) 並太ウール混　白
(54) 並太モヘア　赤
(55) 中細ウール　白
(56) 極細ウール　白
(57) 中細シルク　紺

ヘドルルーム

ヘドルルームは北欧ではよく見かける手のひらサイズの織機です。木製もありますが、ここでは安価なプラスチック製を使いました。糸の束をとめるところさえあれば場所を問わず気軽に手織りを楽しむことができます。おもにベルト織りで使われますが、10ｃm幅まで織れるので、段染めの夏糸でラリエッタ風マフラーに仕上げました。
密度は50羽なので、最大49本までのたて糸をかけることができます。たて糸は巻き取りを必要としないので、長さはいくらでも調節できます。たて糸がたるんでいるときれいに開口しないので、張りを保った状態で織るのが一番のポイントです。

111
ヘドルルームのラリエッタストール

Data

織りあがりの長さ：150cm
整経長：200cm
幅と本数：10cm　49本
よこ糸密度とソウコウ：4段/cm　50羽
使用糸：たて／段染綿糸98m
よこ／段染綿糸60m

Process

1 たて糸はドアノブあるいは万力などに束ねて結びつけます。ヘドルルームの穴と溝交互にダブルフックでたて糸を通します。

2 たて糸の張りを揃えてシャトル2枚の間に挟み、結び付けます。それを腰に着用したベルトあるいは紐などに引っかけてセットします。

3 ヘドルルームを持ち上げると溝の糸は一番下に下がり、穴の糸はそのままなのでヘドルルームの下半分で開口します。

4 ヘドルルームを下げると溝の一番上に糸が移動し、上半分で開口します。

5 ヘドルルームを持ち上げ、その開口によこ糸を入れ、両手で手前に引き寄せて打ち込みます。

6 次にヘドルルームを下げてできた開口によこ糸を入れて打ち込みます。この繰り返しです。

7 布が織れてきたらシャトルの結び目を解き、織り布は挟んでいたシャトルの手前に引っ張ります。たて糸の束を整えてから、その束を万力に留め直し、続きを織ります。

平織り＋
ステッチで飾って

とじ針やかぎ針、あるいはシャトル針で
飾りを入れて、いつもの手織りに一工夫。

112.113

小花を散らしたステッチマフラー

このマフラーは図の中のＢ部分は織りながらステッチをし、ＣＤの小花は織りあげた後にステッチしました。ＣＤの茎は引き返し織りで、たて糸の一部が緑になっています。たて糸１本に対し２カ所の引き返しはできないので両端で引き返した２本取りのたて糸は２つ並んでいます（たて引き返しは157ページ参照）。房は緑の毛糸を増毛してより合わせしました（217ページ参照）。

Data

織りあがりの長さ：150cm
整経長：200cm
幅と本数：18cm　88本（＋２本取り４カ所。92本）
よこ糸密度とソウコウ：５段／cm　50羽
使用糸：112（ピンク）＝たて／⑥⑧⑪190m　よこ／⑥150m
113（グリーン）＝たて／⑦⑧⑪190m　よこ／⑦150m
ステッチ糸112・113共＝⑲15m　⑰⑱各少々

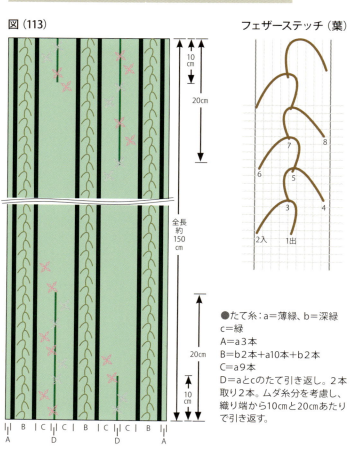

図（113）

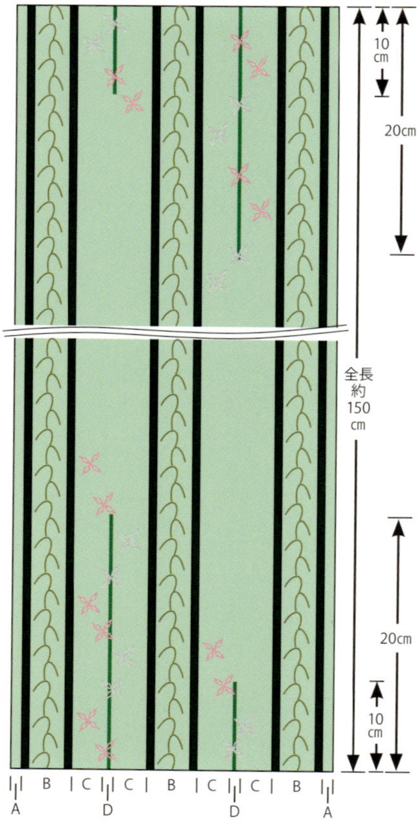

フェザーステッチ（葉）

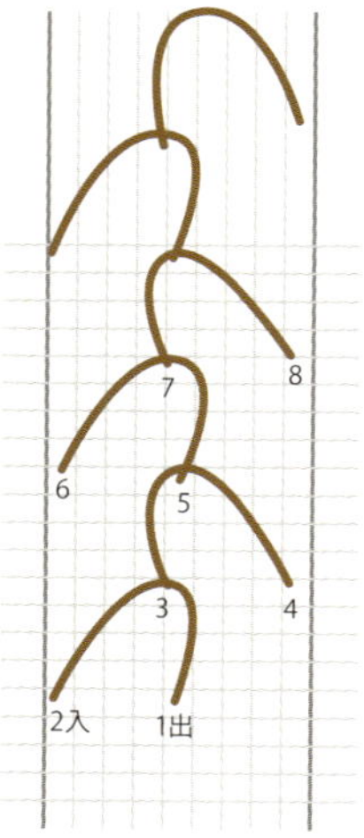

●たて糸：a＝薄緑、b＝深緑
c＝緑
A＝a３本
B＝b２本+a10本+b２本
C＝a９本
D＝aとcのたて引き返し。２本取り２本。ムダ糸分を考慮し、織り端から10cmと20cmあたりで引き返す。

花のステッチ

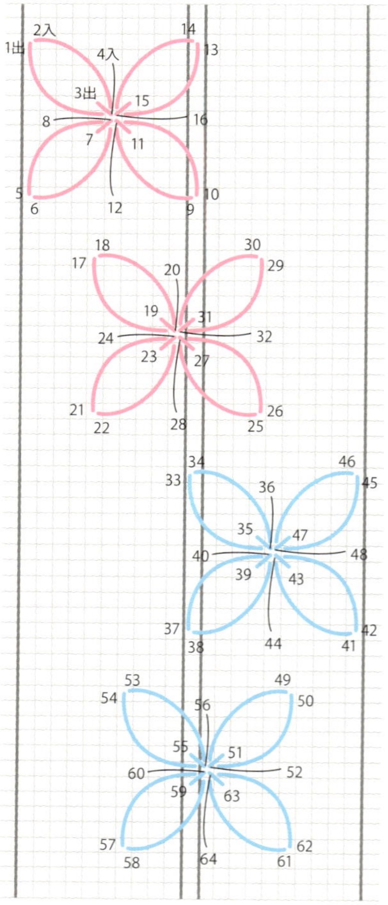

114.115

星のステッチマフラー

織りあげた格子のマフラーがさみしかったので星の形のステッチを加えました。ウールの織り地は縮絨によって縮むので、仕上げを済ませてからステッチしたほうがつれずにきれいに仕上がります。刺す回数の多いステッチですが、図を参考に3つ続けて刺しましょう。3つの星のステッチで約3mの糸が必要になります。

114　115

Data

織りあがりの長さ：140cm
整経長：190cm
幅と本数：19cm　58本
よこ糸密度とソウコウ：3段／cm　30羽
使用糸：114（ピンク）＝たて・よこ共／⑩⑬　たて115m　よこ80m　ステッチ糸⑳㉒各3m
115（ブルー）＝たて・よこ共／⑫⑬　たて115m　よこ80m　ステッチ糸㉑㉒各3m

星のステッチ

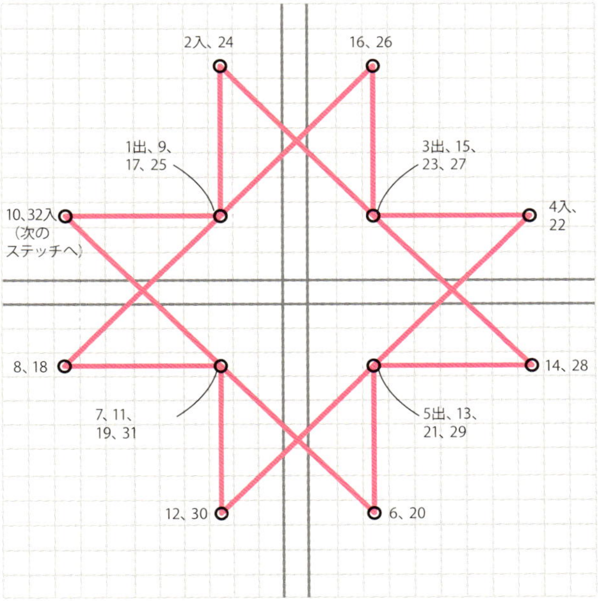

図
114

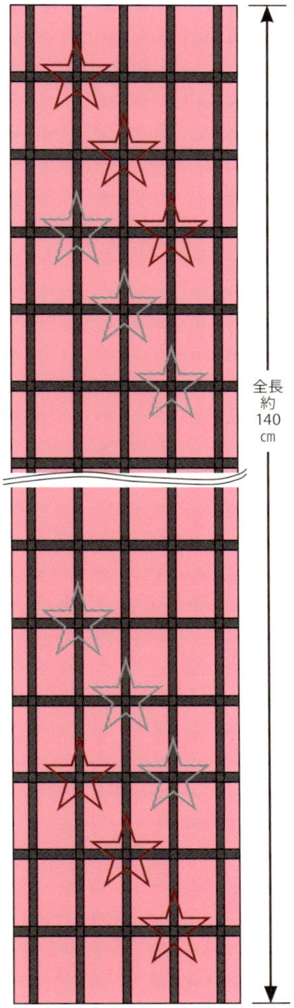

●たて糸：a＝ピンク、b＝グレー
a4本＋（b2本＋a10本）×4＋b2本＋a4本
●よこ糸：a14段＋b2段の繰り返し。織り終わりはa14段

116.117

巻結びで ショールベスト

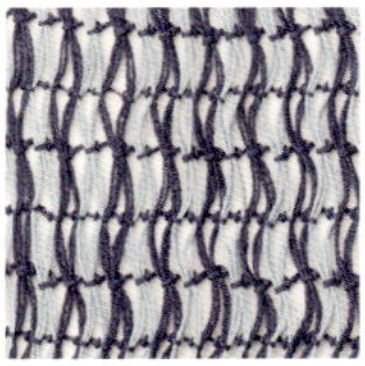

116

117

麻糸のたて糸を大胆な巻結びでとめて広幅のショールを織りました。織り布の耳に何カ所かボタンをつけ、織り地の隙間をそのままボタンホールに見立てればベストやマーガレットとしても使えます。布全体の巻結びは織機から外すと幅が縮むのでたっぷりの幅でかけましょう。房はたて糸の縞を生かして四つ編み仕上げです（217ページ参照）。

Data

織りあがりの長さ：160cm
整経長：210cm
幅と本数：116（白＆水色）／36cm　144本　117（紺＆水色）／39cm　156本
よこ糸密度とソウコウ：5段／10cm　40羽
使用糸：116（白＆水色）＝たて／③④305m　よこ／③80m
117（紺＆水色）＝たて／④⑤330m　よこ／⑤80m

Process

1 よこ糸で作った輪の中にシャトルを通して結びます。

2 よこ糸は緩まないように引っ張った状態で結びつけるのがポイントです。

図（116）

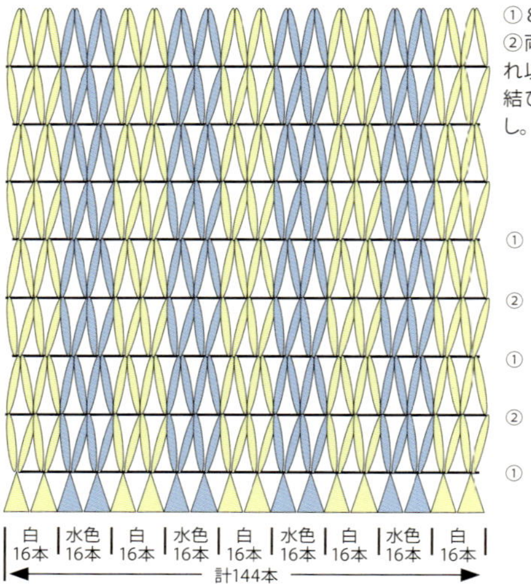

①8本ずつ巻結び。
②両端は4本ずつそれ以外は8本ずつ巻結び。①②の繰り返し。

ボタン位置（116・117共通）

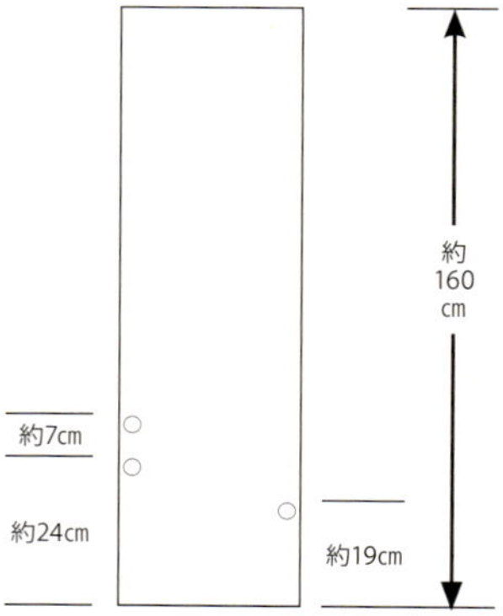

図（117）

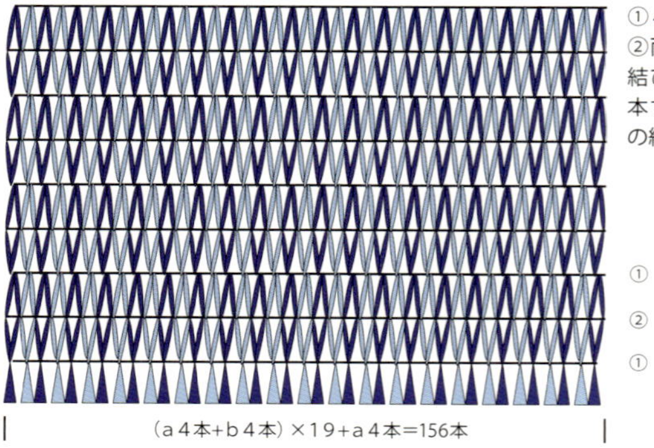

①4本ずつ巻結び。
②両端は2本ずつ巻結び。それ以外は4本ずつ巻結び。①②の繰り返し。

118.119

ダニッシュメダリオンとフェザーステッチのマフラー

このマフラーの緑の葉っぱ部分はフェザーステッチです。花の部分はダニッシュメダリオンという織り技法で、よこ糸をかぎ針で引き抜いてたてに糸を渡しています。花を織る前に全体図の本数の間に目印のリングをつけるとよいでしょう。房はステッチに使った糸でコイリング飾り（217ページ参照）をしました。

Data

織りあがりの長さ：125cm
整経長：175cm　幅と本数：17cm　53本
よこ糸密度とソウコウ：3段／cm　30羽
使用糸：118（グレー）＝たて・よこ共／⑬　たて95m　よこ75m
119（白）＝たて・よこ共／⑨　たて95m　よこ75m
ステッチ糸（118・119共通）＝⑭⑮⑯各4m

図（118.119）

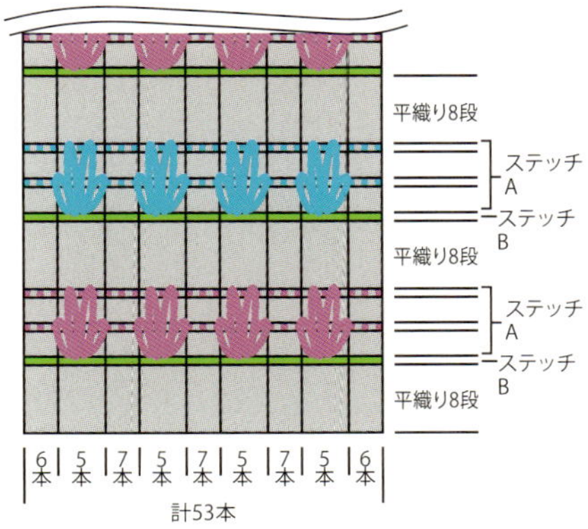

ステッチA

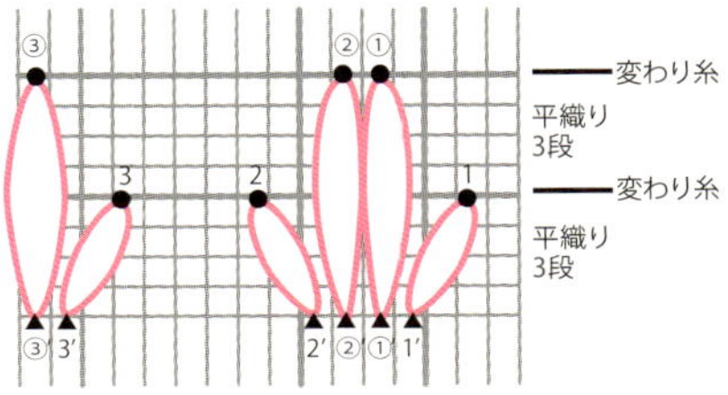

●ステッチAのはじめ：変わり糸は右端から1の位置まで平織りをして表に出します。かぎ針を1'から入れて1で出し、よこ糸を1'に引き抜きます。シャトルを引き抜いた輪に通してから2まで平織りして表に出します。

Process

1　ひとつめの最後の花びら部分。2に出したかぎ針でよこ糸を引き抜きます。

2　引き抜いた糸の輪にシャトルを通し、糸は2から3まで平織りします。

3　2つめの花の③からひとつめの花の②まで平織りし、②と②'で花びらを作り、①'からよこ糸を出します。

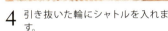

4　引き抜いた輪にシャトルを入れます。

ステッチB

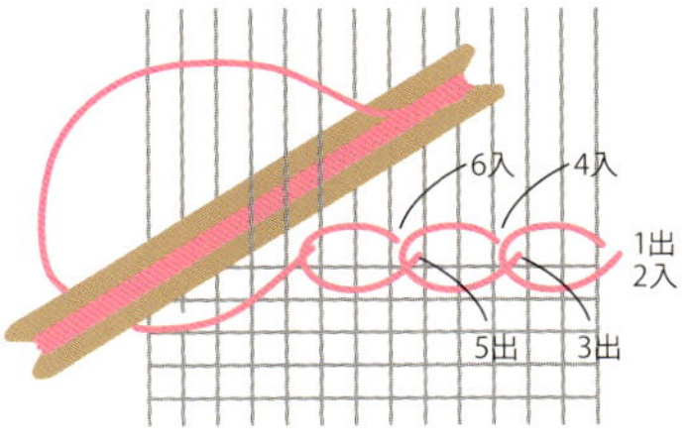

5　引き締めたら、次の花部分までよこ糸を通します。

120
アラカルトステッチショール

３種類のステッチを入れたショールです。図のたて線部分は厚紙を挟んで織らずに残します。ステッチＡＢは縁かがりのステッチなので、隙間を作ってもずれません。織り始めと織り終わりのよこ糸は糸端を１ｍ残し、それがステッチ糸になります。ステッチはたて糸が張られている状態で作業します。

図（120）

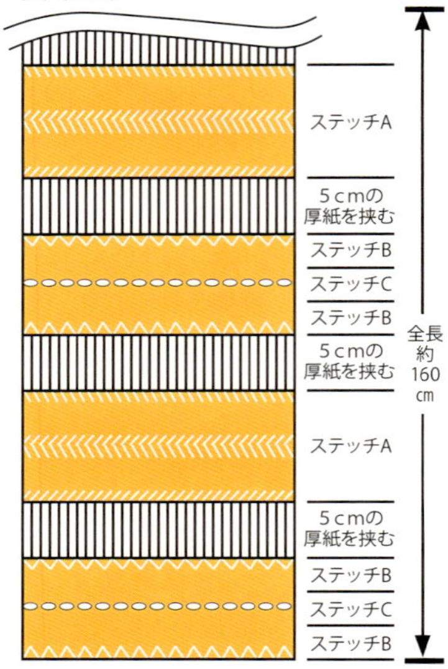

●よこ糸：ステッチＢ＋５㎝の厚紙を挟む＋ステッチＡ＋５㎝の厚紙を挟むの繰り返し。

ステッチA

ステッチB

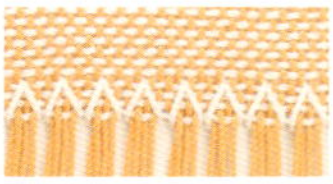

ステッチC

Process

1 ステッチＣのやり方。たて糸を３本ずつ飛ばして織る、平織りを３回繰り返します。

2 浮いた部分に別糸を上下に往復で通すと立体的なステッチ柄になります。

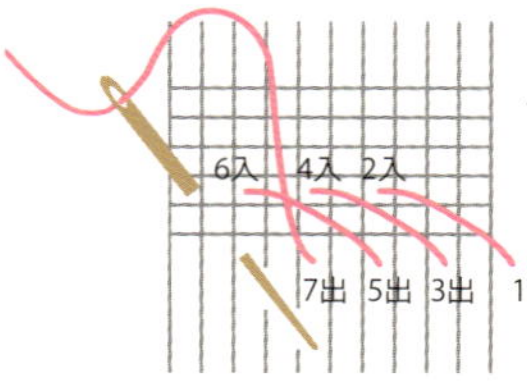

ステッチA 長く残しておいたよこ糸でステッチします。

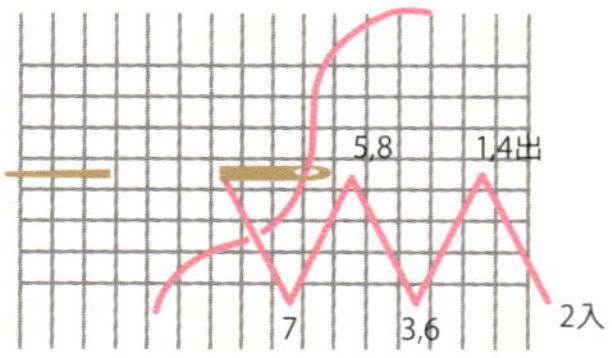

ステッチB １出から針を出し、上下たて糸４本ずつをすくいます。

Data

織りあがりの長さ：160㎝
整経長：210㎝
幅と本数：30㎝　120本
よこ糸密度とソウコウ：４段／㎝　40羽
使用糸：たて／①265m　よこ／②200m

平織り+ステッチで飾って　使用糸（作品112～120）

① 中細スーピマ綿糸　黄緑

② 中細スーピマ綿糸　白

③ 並太麻糸　白

④ 並太麻糸　水色

⑤ 並太麻糸　紺

⑥ 中細毛糸　薄ピンク

⑦ 中細毛糸　薄緑

⑧ 中　細毛糸　緑

⑨ 並太毛糸　白

⑩ 並太毛糸　ピンク

⑪ 並太毛糸　深緑

⑫ 並太毛糸　水色

⑬ 並太毛糸　グレー

⑭ 並太混紡毛糸　ピンク

⑮ 並太混紡毛糸　水色

⑯ 並太シルクモヘア　緑

⑰ 合太モヘア　白

⑱ 合太モヘア　ピンク

⑲ 合太モヘア　グレー

⑳ 極太混紡毛糸　ピンク

㉑ 極太混紡毛糸　青

㉒ 極太混紡毛糸　グレー

第6章

透かし柄

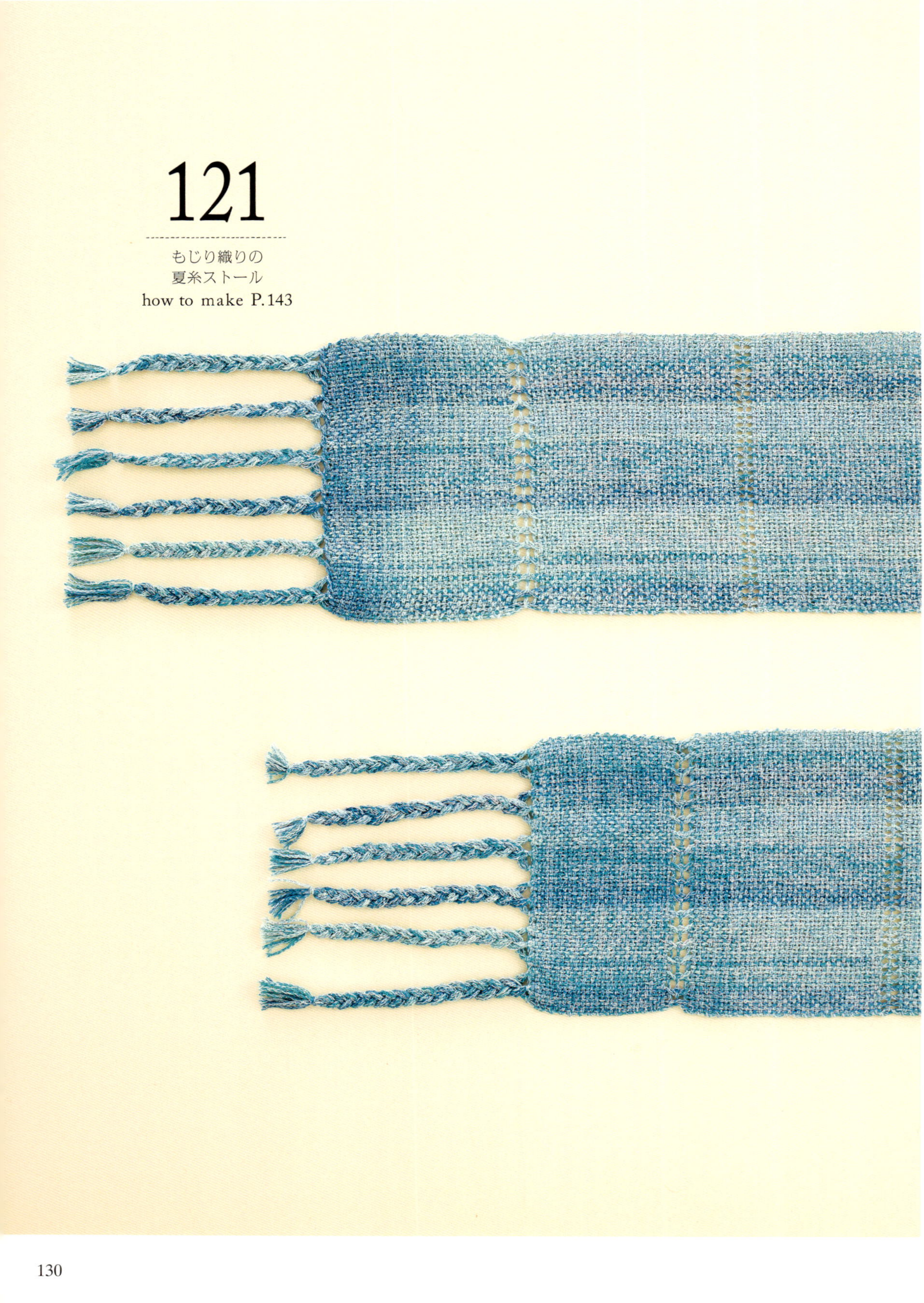

121

もじり織りの
夏糸ストール
how to make P.143

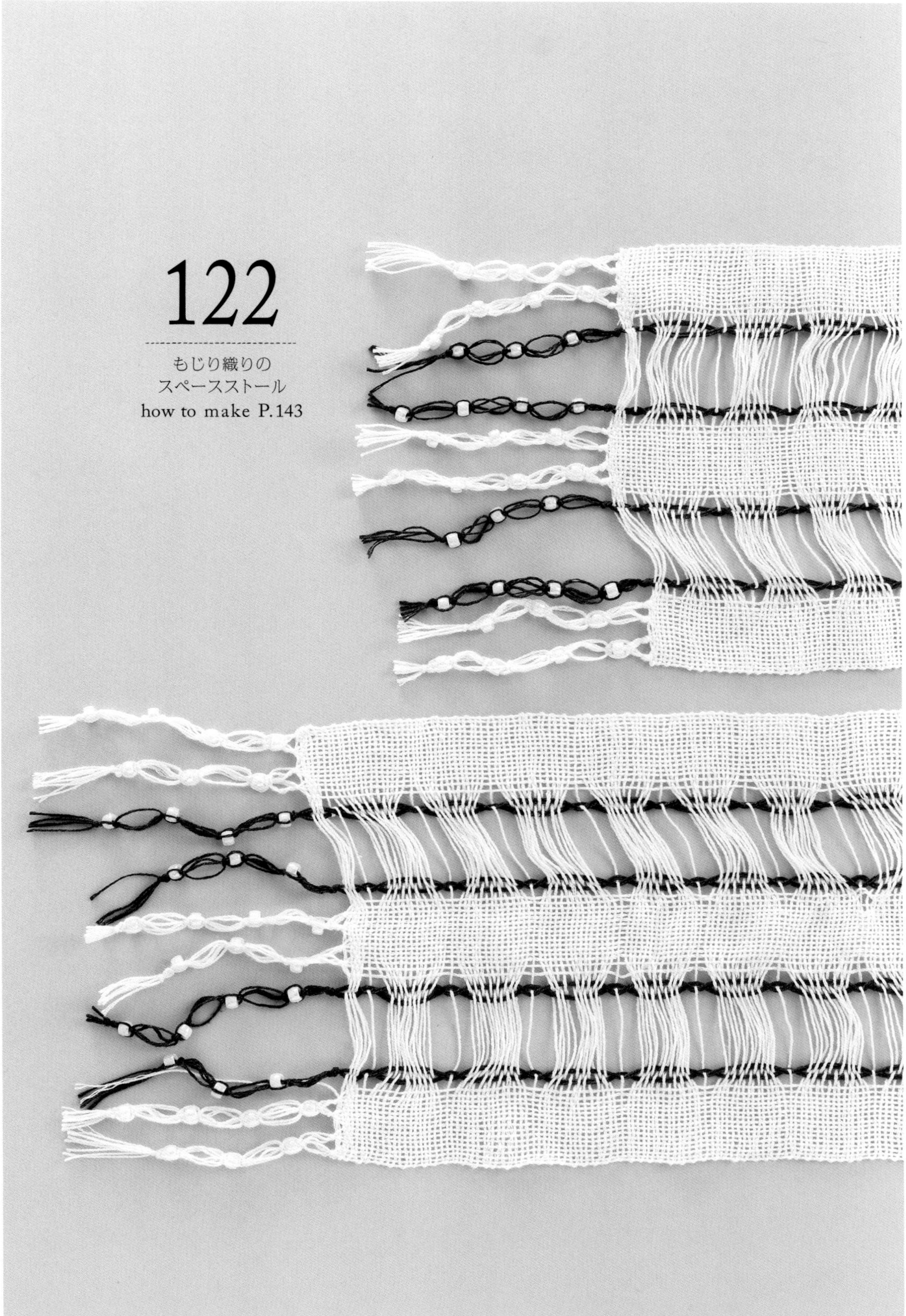

122

もじり織りの
スペースストール
how to make P.143

123

観音紗の
伸縮マフラー
how to make P.144

124

変わりもじりの
伸縮タイマフラー
how to make P.144

125

かごもじりの
ラメ入りショール
（ピンク）
how to make P.145

126

かごもじりの
ラメ入りショール
（グレー）
how to make P.145

127

かごもじりの
ラメ入りショール
（ブルー）
how to make P.145

128

ポイントもじりの
ネップショール（黒）
how to make P.145

129

ポイントもじりの
ネップショール（赤）
how to make P.145

130

六角もじりの
ショール＆ストール
（合太シルク）
how to make P.146

131

六角もじりの
ショール＆ストール
（スーピマ綿）
how to make P.146

133

スーピマ綿の
コインレース
ストール（黄）
how to make P.146

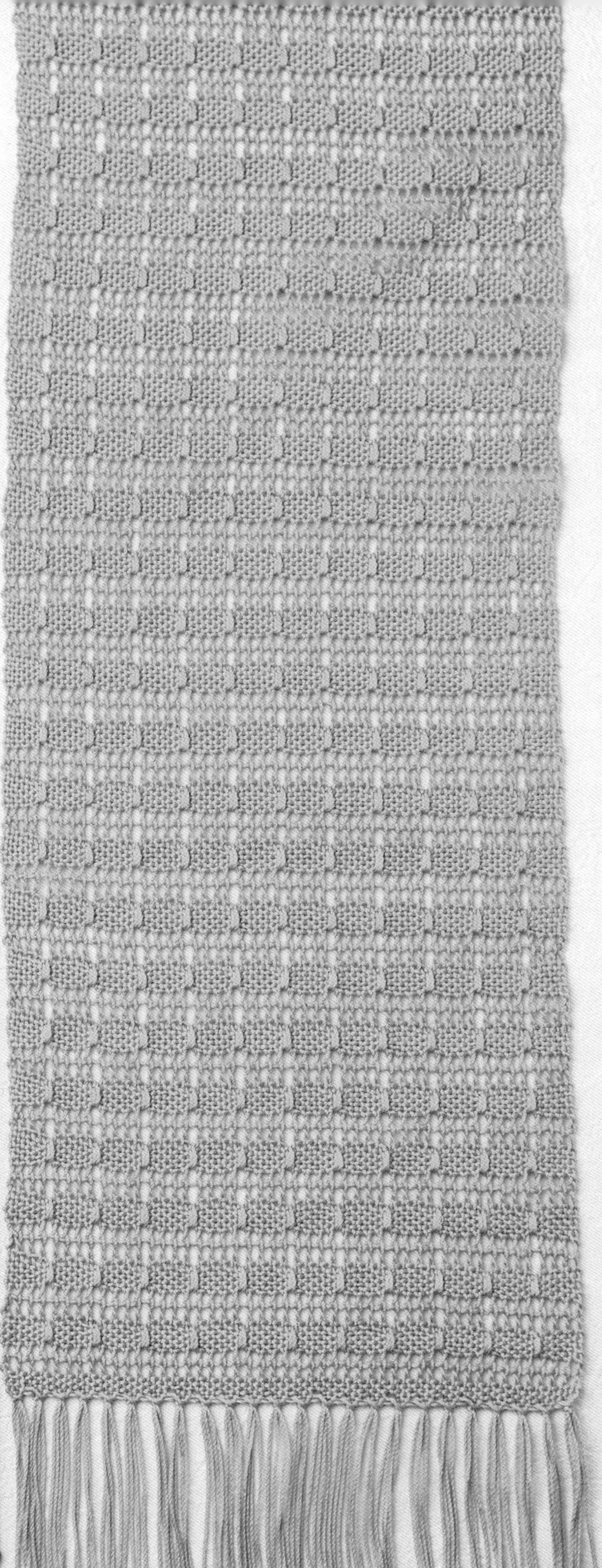

132

スーピマ綿の
コインレース
ストール（茶）
how to make P.146

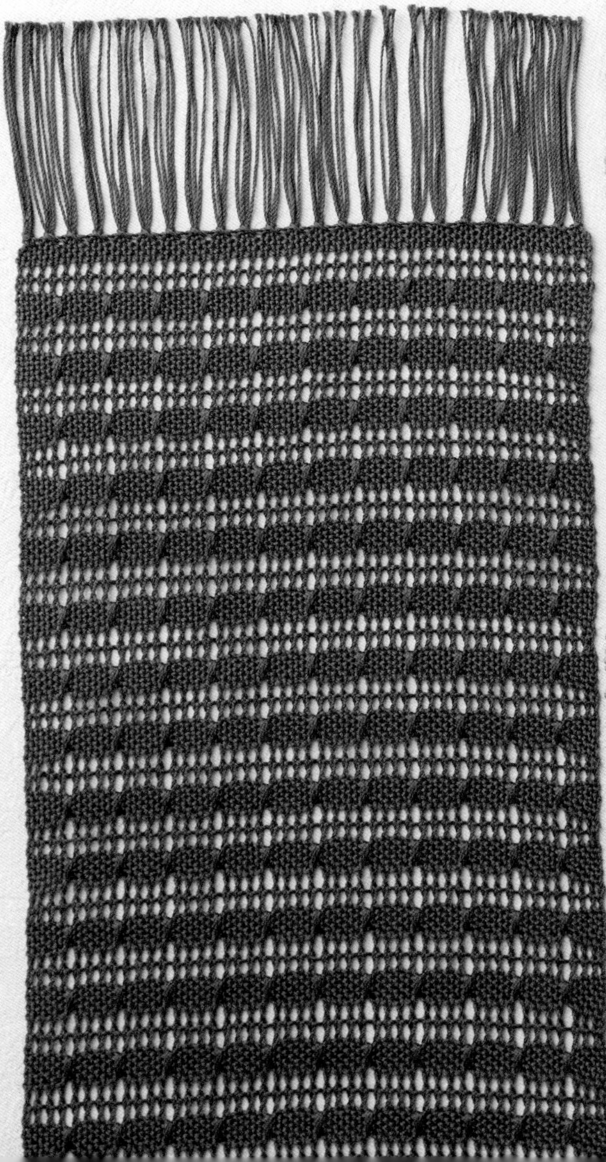

134

ハック織りの
ウールマフラー

how to make P.147

135

ハック織りの
スーピマ市松ストール
how to make P.148

136

大柄なハックレース
マフラー（黒）
how to make P.148

137

大柄なハックレース
マフラー（白）
how to make P.148

138

ウールとラメの
糸抜きショール
（グレー）
how to make P.149

139

ウールとラメの
糸抜きショール
（ピンク）
how to make P.149

140

綿とラメの
格子ショール
（シルバー）
how to make P.149

141

綿とラメの
格子ショール
（ブラック）
how to make P.149

121 もじり織りの夏糸ストール

作品130ページ

たて糸を絡めて隙間をつくるもじり織りのことを、紗(しゃ)あるいは平織りとの組み合わせによって絽(ろ)・羅(ら)などと言います。艶のある混紡綿糸にワンポイントのもじりを入れることで涼やかなストールに仕上げました。このストールには２種類のもじりが入っていますが、２本１組のもじりの場合、よこ糸の上にあるたて糸をもう１本のたて糸の下を通して上糸として拾い、もじり前後の平織りは同じ開口にするのがポイントです。

Process

1 透かし織り専用のもじりバーを使うと、速やかにたて糸を絡めることができます。

2 ２本ずつたて糸４本分を絡めると、透かし柄が大きくなります。

図 121

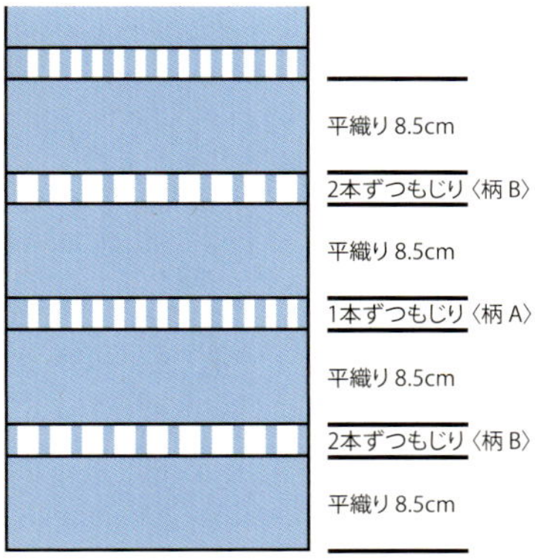

Data

織りあがりの長さ:160cm
整経長:210cm　幅と本数:
15cm　72本　よこ糸密度とソウコウ:
５段／cm　50羽　使用糸:たて・よこ共／⑱
たて155m　よこ120m

もじり方

〈柄 A〉

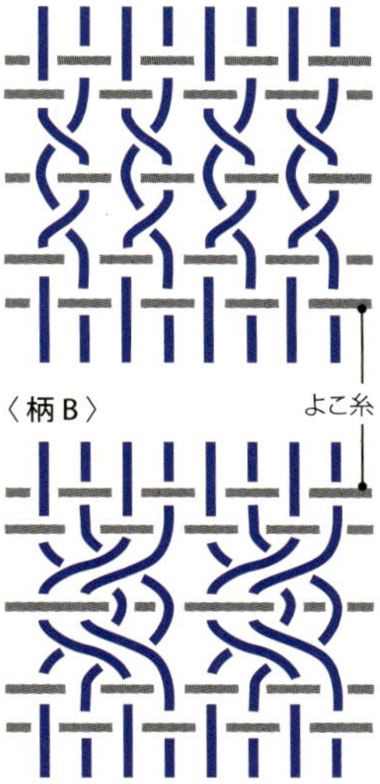

よこ糸はもじった上側の糸の上を渡っていく

〈柄 A〉

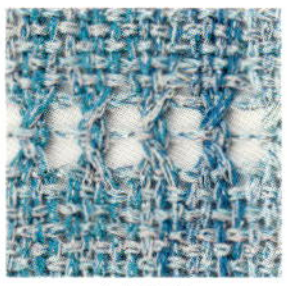

〈柄 B〉

122 もじり織りのスペースストール

作品131ページ

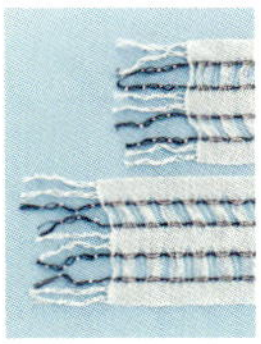

たて糸にスペースを空けて織る（空羽・あきは、あるいはあきばという）と、スペースの際の糸は隙間の方に寄ってきます。それを防ぐためと飾りを兼ねて紺の麻糸でもじり（121 の柄 A）を加えました。鎖のようなラインに丸みを出すため、紺の糸の間を２目空けています。少ないたて糸の房を飾るのにマクラメの平結び（217 ページ参照）をし、間にビーズをプラスしました。

Process

1 平織り 15 段の後、隙間の際のたて糸だけもじります。

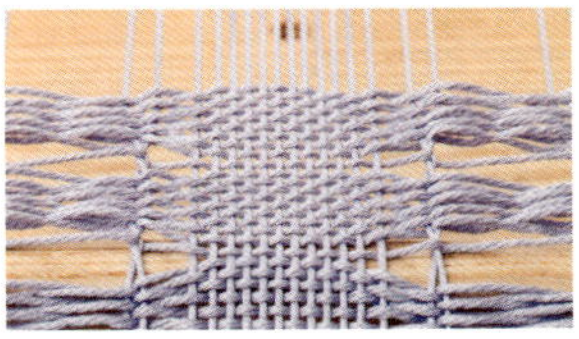

2 もじる２本の糸の間を２目空けると丸みのある飾り柄になります。

図（122）

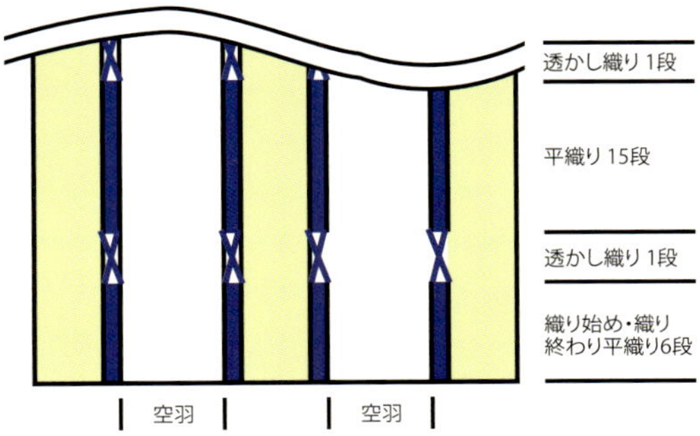

● たて糸

a ＝白、b ＝紺　a 16 本＋ b２本（２本取り）＋空羽 22 ＋ b２本（２本取り）＋ a 16 本＋ b２本（２本取り）＋空羽 22 ＋ b２本（２本取り）＋ a 16 本

Data

織りあがりの長さ:160cm
整経長:210cm
幅と本数:20cm　48本
よこ糸密度とソウコウ: ５段／cm　50羽
使用糸:たて／⑫⑳105m
よこ／⑫160m

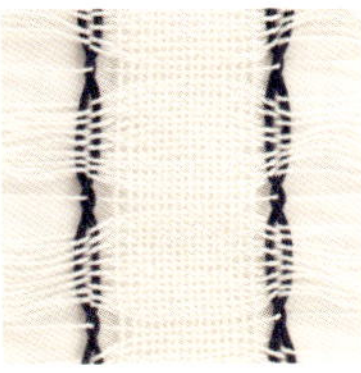

123 観音紗の伸縮マフラー

作品132ページ

表

裏

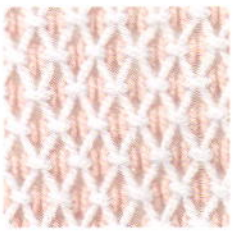

4本1組のそれぞれの2本の糸を扉の観音開きのように逆方向にもじるので観音紗。そのことにより編み地のように伸縮する織り地になるのが特徴です。たて糸2本ずつの平織りと図のもじりを交互に織るのでたて糸が2本ずつ動く変わり通し（214ページ）をします。高機の場合、筬はすべて通します。糸ソウコウの作り方を覚えておくとほかの織り方の時にも役立ちます。

Process

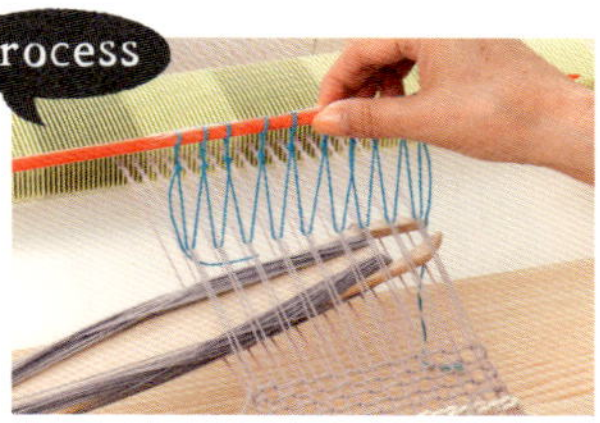

観音紗は2本ずつの平織りと、もじりを交互に繰り返して織るので、糸ソウコウを使うと便利。

Data

織りあがりの長さ：160cm
整経長：210cm
幅と本数：27cm　80本
よこ糸密度とソウコウ：1段／cm
33羽（40羽変わり通し）
使用糸：たて／⑩⑪170m　よこ／⑩45m

図（123）

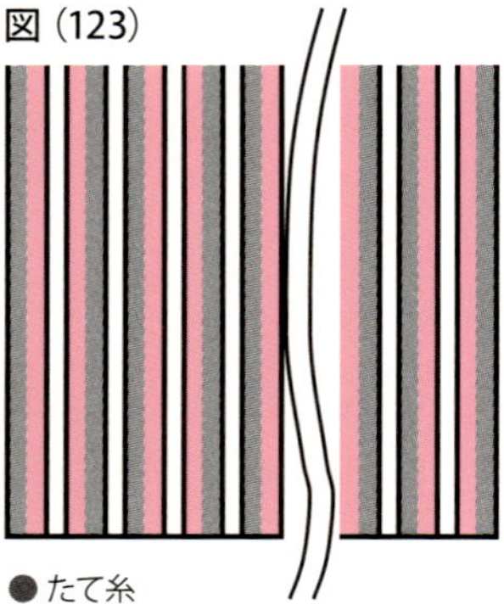

●たて糸
a＝ピンク、b＝水色
（a 1本＋b 1本＋空羽1＋b 1本＋a 1本＋空羽1）×19＋a 1本＋b 1本＋空羽1＋b 1本＋a 1本

もじり方

124 変わりもじりの伸縮タイマフラー

作品133ページ

表

裏

通常のもじりは絡み段と平織りの繰り返しですが、この変わりもじりは毎段絡めます。もじるのは、たて糸4本1組で開口した状態の上糸のみです。そのため織っているときの片面はたて糸だけが見え、観音紗のように伸縮する織り地になるのが特徴です。織り地が固くならないよう通常の3倍くらいの緩みを持たせてよこ糸を入れるのがポイントです。

Process

1 いちばん右端のたて糸が上糸の開口から始めます。4本ずつの縞なので、開口させると上糸は2本ずつの縞です。4本1組で3・4番目の糸を、1・2番目の糸の下を通して拾った隙間によこ糸を入れ、打ちこみます。

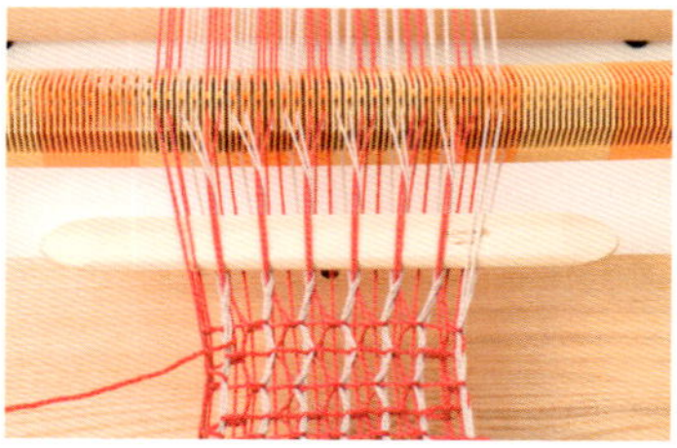

2 逆の開口にして、両端の2本は平織り。次の4本は1・2番目の糸を3・4番目の糸の下を通して拾った隙間によこ糸を入れて打ちこみます。プロセス1と2の繰り返しです。

Data

織りあがりの長さ：140cm
整経長：190cm
幅と本数：18cm　56本　よこ糸密度とソウコウ：1段／cm　30羽
使用糸：たて／㉔㉕110m　よこ／㉕30m

図（124）

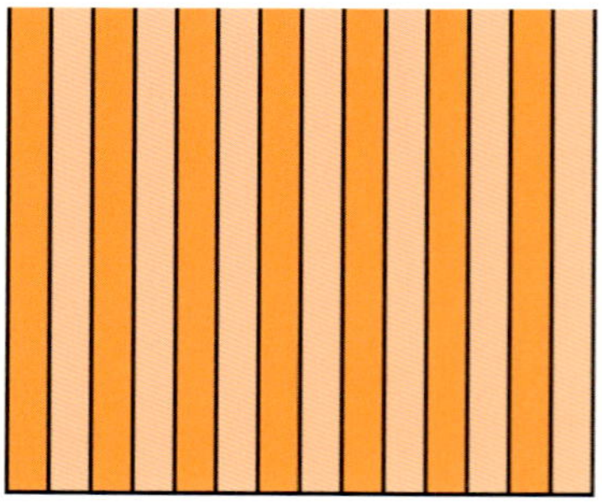

●たて糸
a＝オレンジ、b＝ベージュ
（a 4本＋b 4本）×7

125.126.127 かごもじりのラメ入りショール

作品134ページ

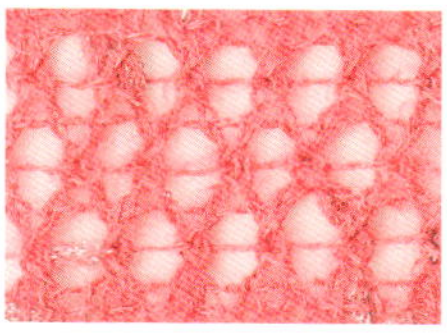

５本羅とも呼ばれるもじり技法です。４本１組のたて糸は段ごとに４本の組み合わせを変えていくため、もじりにしては縮みすぎません。モヘヤは絡むとほどけにくいので注意深く織りましょう。

Data

織りあがりの長さ：150cm
整経長：200cm
幅と本数：22cm　88本
よこ糸密度とソウコウ：４段／cm　40羽
使用糸：125（ピンク）たて・よこ共／⑤
126（グレー）たて・よこ共／⑦
127（ブルー）たて・よこ共／⑥
たて180m　よこ135m

図（125・126・127）

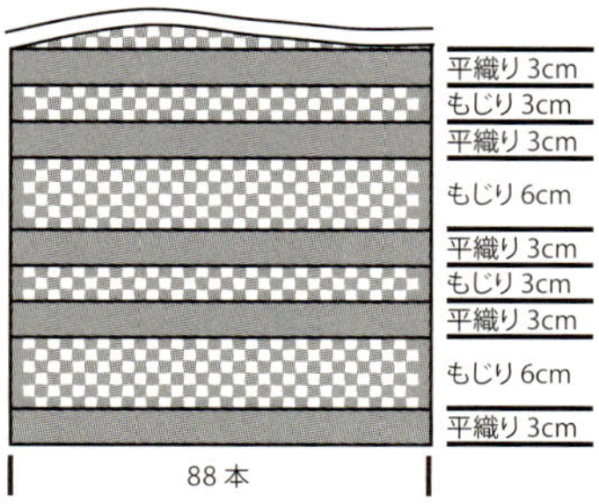

●平織り３cm＋もじり６cm＋平織り３cm＋もじり３cmの繰り返し。
織り終わりは平織り３cm。
もじり３cm＝㋑㋺㋑
もじり６cm＝㋑㋺㋑㋺㋑㋺㋑

もじり方

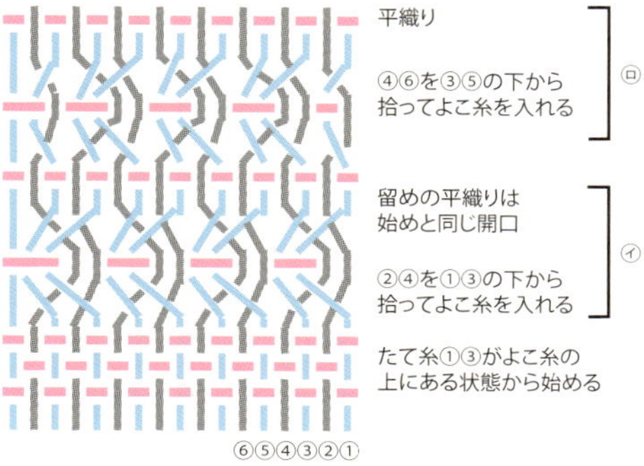

128.129 ポイントもじりのネップショール

作品135ページ

たて糸はプレーンな中細シルク、よこ糸はネップの入った綿とレーヨンの混紡変わり糸。そのまま織ってもおもしろい布ですが、もうひと捻りで、たて縞ラインのもじりを入れました。もじる白い糸が開口させたときに同じ動きをするよう、たての地糸の本数を間違えないように気をつけましょう。

Process

1 白い糸がすべて上糸の時に開口した状態でもじります。

2 開口した状態で白いたて糸までは平織りをします。

表

裏

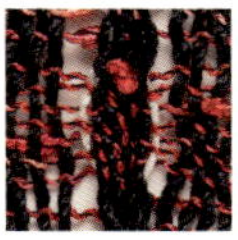

3 白い糸を絡めてその隙間からその間の糸を拾います。

Data

織りあがりの長さ：150cm
整経長：200cm
幅と本数：25cm　99本
よこ糸密度とソウコウ：４段／cm　40羽
使用糸：128（黒）たて／⑧⑲200m　よこ／⑧150m
129（赤）たて／⑨⑲200m　よこ／⑨150m

図 ⑫⑧

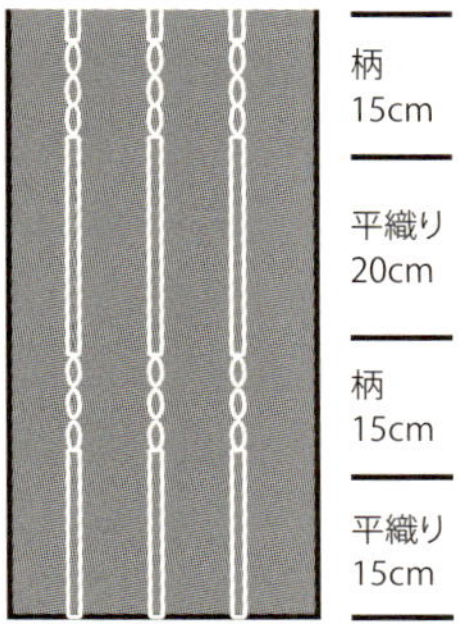

もじり部分

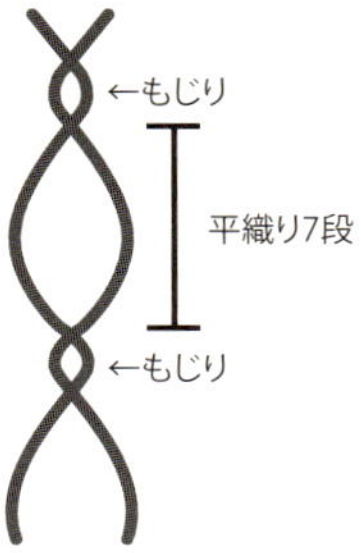

●たて糸
a＝黒、
b＝白
（a18本＋b１本＋a７本＋b１本）×３＋a18本

130.131 六角もじりのショール＆ストール

作品136ページ

同じ六角もじりを合太のシルク糸と中細のスーピマ綿で織り比べてみました。この織り方はたて糸は２本ずつの動きをする変わり通し（214 ページ参照）をしますが、たて糸の両端は 1 本です。その４本１組で２本１組のもじりを２回ずつ交互にします。織り途中はまっすぐのよこ糸ですが、緩めると３段同じ開口で織ったよこ糸が寄って、六角形の飾りもじり柄になります。

Process

1　４本１組おきのたて糸に観音もじりを２回します。

2　２回目の押さえの平織りは端糸をかけて同じ開口で３段織ります。

●たて糸
（2本+空羽1）の
くり返し+2本
高機の場合、
1+（2.2.1.1）の繰り返し
+1でソウコウに通す。

もじり方

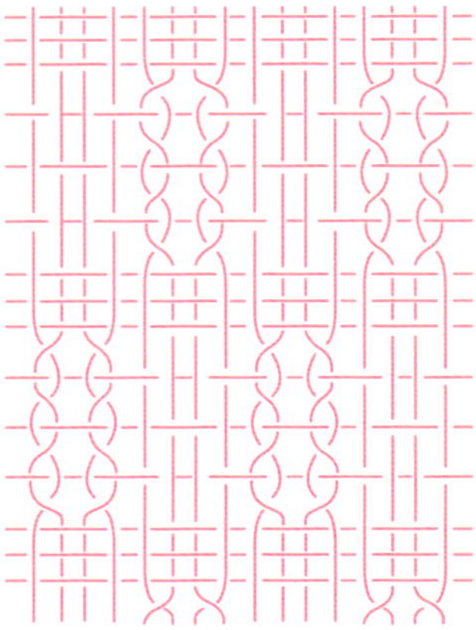

Data

織りあがりの長さ：150cm
整経長：200cm
幅と本数：130（グレー）＝31cm　84本　131（ピンク）＝20cm　68本
よこ糸密度とソウコウ：3.5段／cm
130（グレー）＝33羽（40羽変わり通し）　131（ピンク）36羽（50羽変わり通し）
使用糸：130（グレー）＝たて／⑰170m　よこ／⑰165m
131（ピンク）＝たて／⑮140m　よこ／⑮165m

132.133 スーピマ綿のコインレースストール

作品137ページ

かぎ針を使ってよこ糸を引っかけて丸みを出した織り地ともじり織りを組み合わせた、キュートな透かし柄です。

図（132・133）

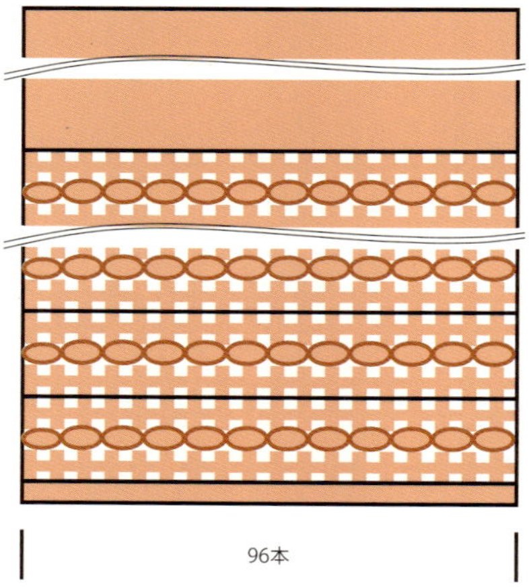

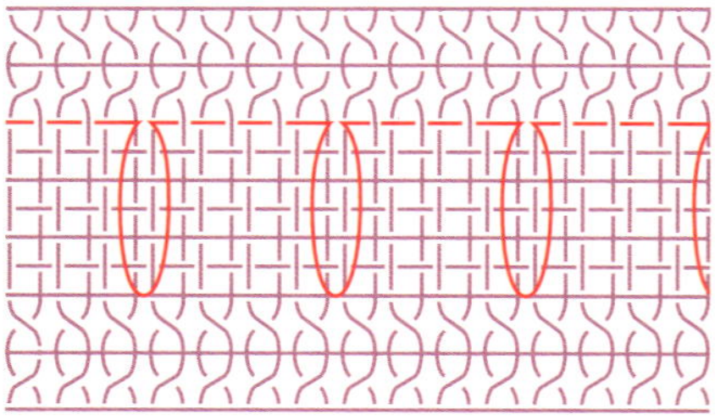

●たて糸：96本
●よこ糸：平織り6段＋（透かし織り＋コインレース）×30＋平織り約45cm

Data

織りあがりの長さ：120cm
整経長：170cm
幅と本数：24cm　96本
よこ糸密度とソウコウ：平織り=5段／cm　透かし織り＋コインレース＝約2.5cm　40羽
使用糸：132（茶）＝たて／㉖165m　よこ／㉖100m
133（黄）＝たて／㉗165m　よこ／㉗100m

Process

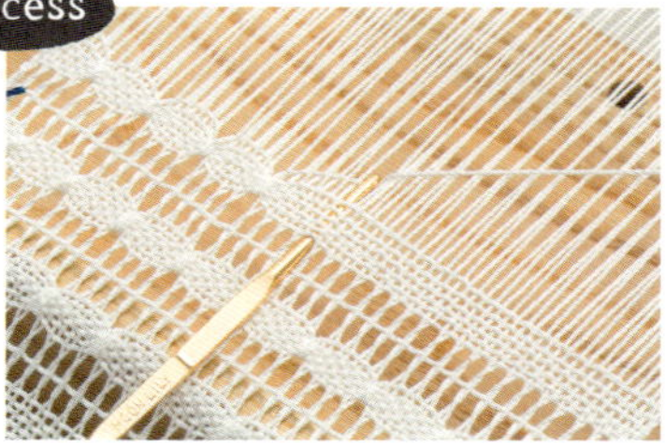

1 平織りを6段織り、7段目はたて糸8本分のよこ糸を通してシャトルを表に出します。

2 1段目の手前からかぎ針を入れ、よこ糸を引き抜きます。

3 よこ糸の輪の中にシャトルを通します。

4 よこ糸を引っ張り、またたて糸8本分のよこ糸を通すの繰り返しです。

5 コインレースが1段分終わったら、2本1組のもじり織りをします(143ページ、柄A参照)。

6 平織りを6段織り、コインレース・もじり織りの繰り返しです。

134 ハック織りのウールマフラー

作品138ページ

へちま織りともいう四枚綜絖技法です。たてよこの織り組織の組み合わせで、部分的に糸が寄って隙間ができる、つまり透かし柄になります。たて糸を絡めないで隙間を作ることからハックレースともいわれます。ここでは太さの違う2種類の毛糸を使って糸の寄る動きを強調してみました。

表

裏

Data

織りあがりの長さ:150cm
整経長:200cm
幅と本数:20cm　63本
よこ糸密度とソウコウ:4段/cm　40羽
使用糸:たて/④㉓130m
よこ/④120m

図(134)

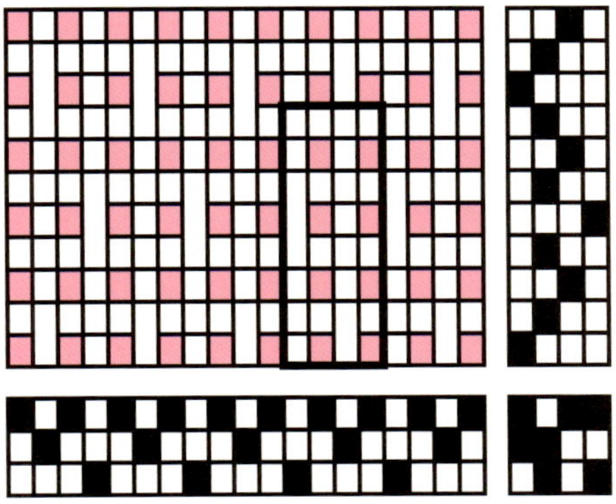

●たて糸　A=並太・ピンク、B=中細・白
(A1本+B1本)×30+A1本

135 ハック織りのスーピマ市松ストール

作品139ページ

隙間のできるハック織りが織り幅全体にある場合は、図のタイアップ通りに通すことで四枚綜絖の織機でできますが、このストールのように半分ずつにブロック分けされているデザインの場合は拾うことで織り進めていきます。ここでは2ブロックに分けましたが、3の倍数であれば3ブロックや4ブロックに変更することができます。

Process

ハック織り部分は3本ずつ拾う＋平織り2段の繰り返し。

Data

織りあがりの長さ：150cm
整経長：200cm　幅と本数：18cm　72本
よこ糸密度とソウコウ：4段／cm　40羽
使用糸：たて・よこ共／⑯　たて145m
よこ110m

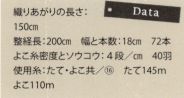

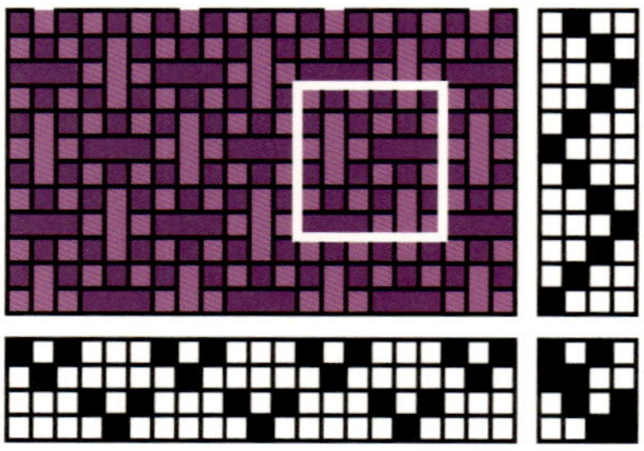

図（135）

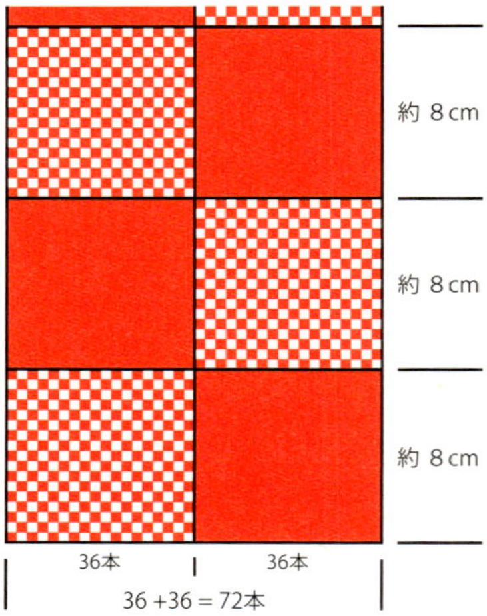

136.137 大柄なハックレースマフラー

作品140ページ

総柄であれば8枚のソウコウが必要なハックレースを、部分的にたて糸を飛ばして織りました。ふっくらとした並太毛糸で織ったので、透かし柄らしくはありませんが、たて糸10本単位で好きなところに入れられるので、無地で織るマフラーのワンポイントの柄としておすすめです。

図（136・137）

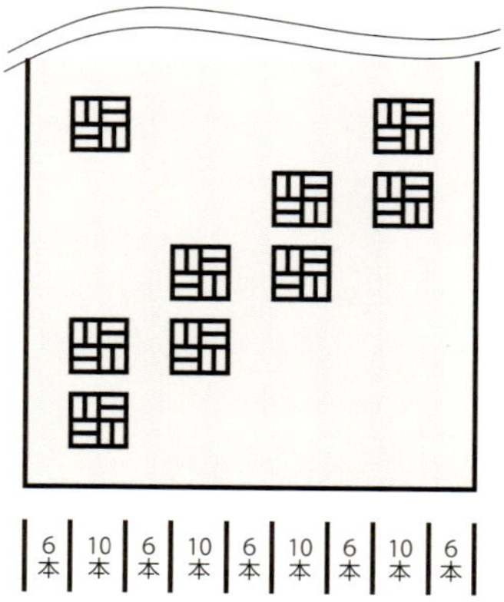

●よこ糸：ハックレース部分はハック柄8段＋平織り4段の繰り返し。

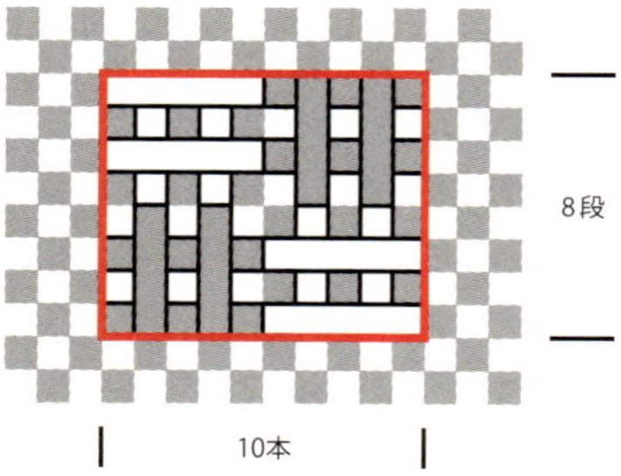

Data

織りあがりの長さ：150cm
整経長：200cm
幅と本数：23cm　70本
よこ糸密度とソウコウ：3段／cm
30羽
使用糸：136（黒）＝たて／㉙
140m　よこ／㉙110m
137（白）＝たて／㉘140m　よこ
／㉘110m

138.139 ウールとラメの糸抜きショール

作品141ページ

縮絨しやすい甘撚りの毛糸と綿糸を格子に織り、よく縮絨してから綿糸を引き抜くと、格子に隙間の空いた織り地になります。縮絨によって糸同士が絡み合うウールの特性を生かした透かし柄です。ポイントは 50℃程度の熱い湯の中に織り地をしばらく浸してから縮絨すること。ラメ糸も毛糸の間に挟めば一緒に止まります。二重織りの糸抜きショール（82 ページ）はこれの応用作品です。

Process

1 始めは綿糸をたてよこに入れて、チェックに織ります。

2 縮絨した後、綿糸を引き抜いて隙き間を空けます。

Data

織りあがりの長さ：160cm
整経長：210cm　幅と本数：38cm　152本
よこ糸密度とソウコウ：４段／cm　40羽
使用糸：138（グレー）＝たて・よこ共／②⑬㉒
たて320m　よこ245m
139（ピンク）＝たて・よこ共／③⑬㉑
たて320m　よこ245m

● たて糸
A＝変わり糸３本＋ラメ糸２本＋変わり糸３本、
B＝綿糸８本
（A＋B）×9＋A
● よこ糸
たて糸と同じ順に織る。

図（138・139）

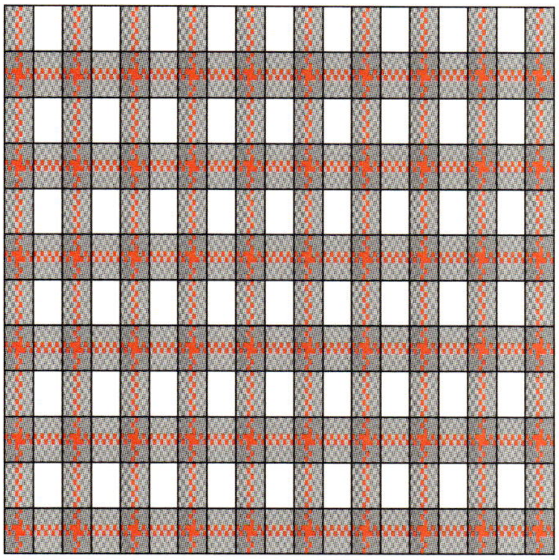

140.141 綿とラメの格子ショール

作品142ページ

太さの異なる２種類の糸をごく普通に平織りで格子に織りました。中細綿糸の平織りにちょうどいい 40 羽ですが、極細ラメを織るにはスカスカです。そんな糸の太さの違いでラメ部分が透かし柄に見えます。中細綿糸を、たて糸の両端に持ってくることと、織り始めと終わりのよこ糸も中細綿糸にすることがポイントです。

Data

織りあがりの長さ：160cm
整経長：210cm
幅と本数：36cm　144本
よこ糸密度とソウコウ：４段／cm　40羽
使用糸：140（シルバー）＝たて・よこ共／①⑬　たて305m　よこ235m
141（ブラック）＝たて・よこ共／③⑭　たて305m
よこ235m

● たて糸
a＝極細ラメ糸
b＝中細綿糸

図（140・141）

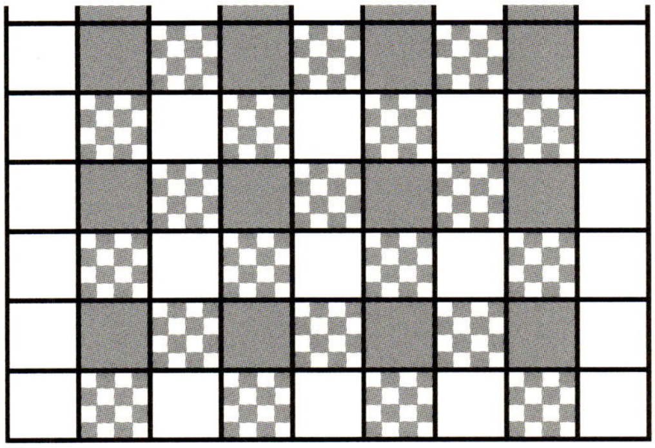

第6章　使用糸（作品121～141）

① 極細ラメ糸　白

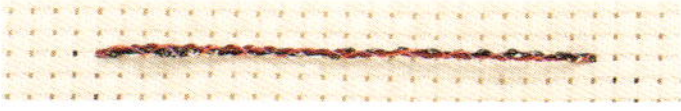
② 極細ラメ糸　赤

③ 極細ラメ糸　黒

④ 中細毛糸　白

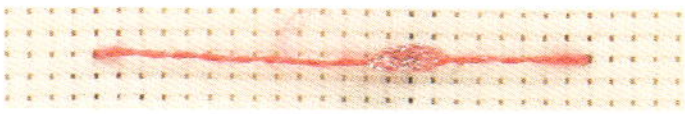
⑤ 中細モヘアヤーン　ピンク

⑥ 中細モヘアヤーン　青緑

⑦ 中細モヘアヤーン　グレー

⑧ 中細ネップヤーン　黒

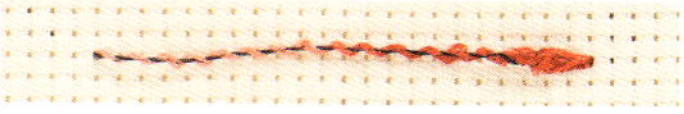
⑨ 中細ネップヤーン　赤

⑩ 中細コットンウール　水色

⑪ 中細コットンウール　ピンク

⑫ 中細綿糸　白

⑬ 中細綿糸　グレー

⑭ 中細綿糸　黒

⑮ 中細スーピマ綿糸　ピンク

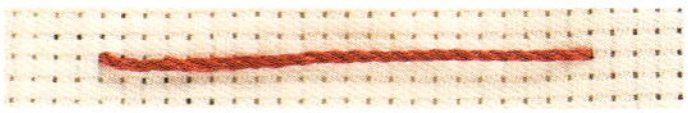
⑯ 中細スーピマ綿糸　赤

⑰ 合太シルク　淡グレー

⑱ 中細混紡綿糸　青

⑲ 中細シルク　黒

⑳ 中細麻糸　紺

㉑ 甘撚り変わり毛糸　赤

㉒ 甘撚り変わり毛糸　黒

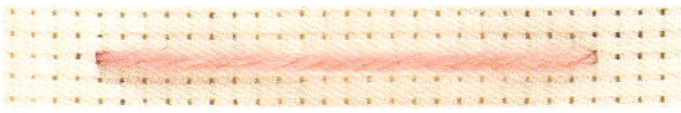
㉓ 並太毛糸　薄ピンク

㉔ 並太毛糸　ベージュ

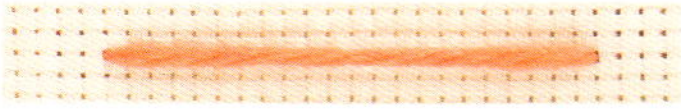
㉕ 並太毛糸　オレンジ

㉖ 中細スーピマ綿糸　茶

㉗ 中細スーピマ綿糸　黄

㉘ 並太毛糸　白

㉙ 並太毛糸　黒

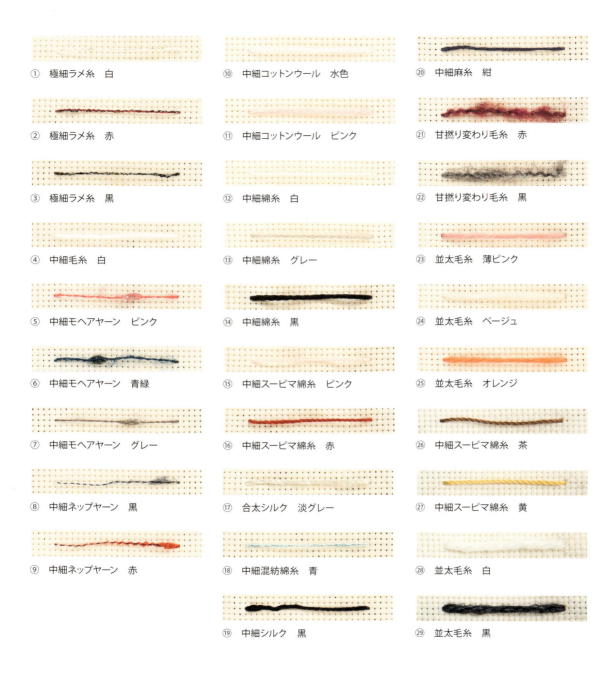

第7章

二枚綜絖の組織織り

142

スペース織りの
あったかマフラー
how to make P.158

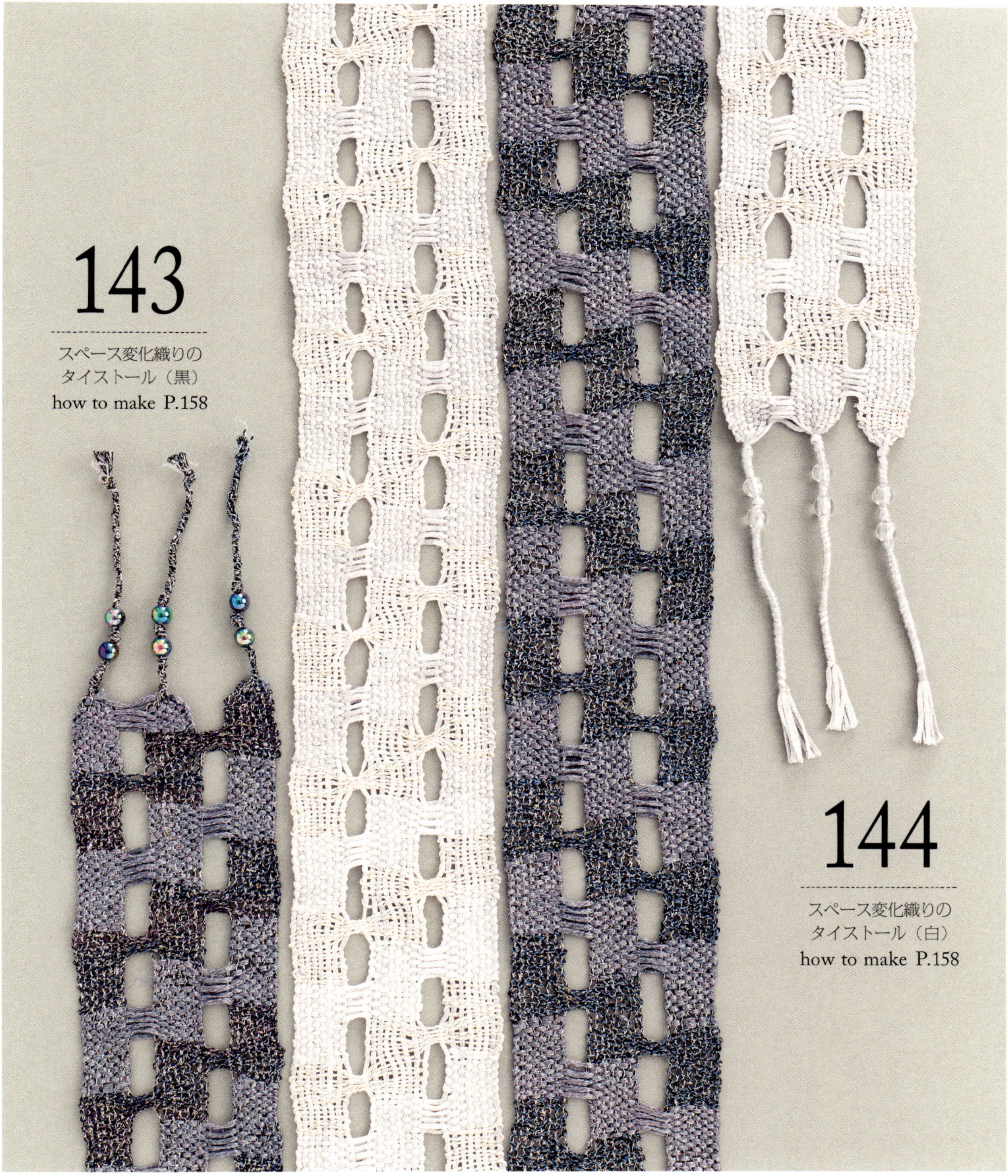

143

スペース変化織りの
タイストール（黒）
how to make P.158

144

スペース変化織りの
タイストール（白）
how to make P.158

146

ノット織りの
グラデーションマフラー
（紫）

how to make P.159

145

ノット織りの
グラデーションマフラー
（ピンク）

how to make P.159

147

ノット織りの
リボンヤーンマフラー
（ベージュ）
how to make P.159

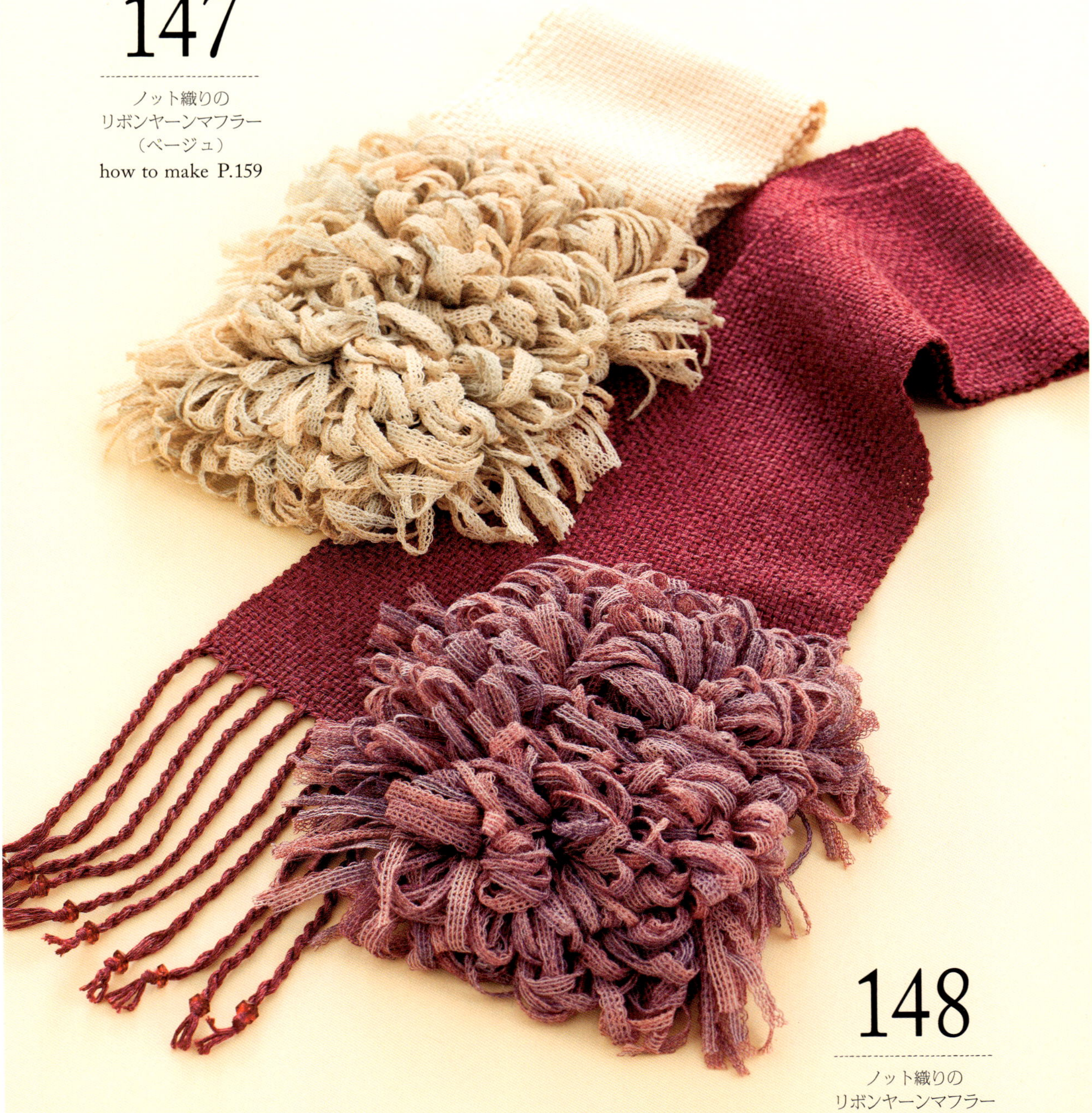

148

ノット織りの
リボンヤーンマフラー
（ワイン）
how to make P.159

149

よこ引き返し織りの
ショール（黒）
how to make P.160

150

よこ引き返し織りの
ショール（白）
how to make P.160

151

たて引き返し織りの
マフラー（茶）
how to make P.160

152

たて引き返し織りの
マフラー（黒）
how to make P.160

142 スペース織りのあったかマフラー

作品152ページ

たて糸に隙間を開けるからスペース織り、空羽ともいいます。よこ糸はピンクと茶のモヘア糸を交互に織りますが、空ける隙間の数で色の出方が変わります。ただ織り続けると隙間の際のたて糸が寄ってくるので、1ブロック織ったらピンクのモヘア糸でたて糸部分だけ引き返して織ります。この押さえの引き返し織りが奇数段のため次のブロックで色が変わります。

図(142)

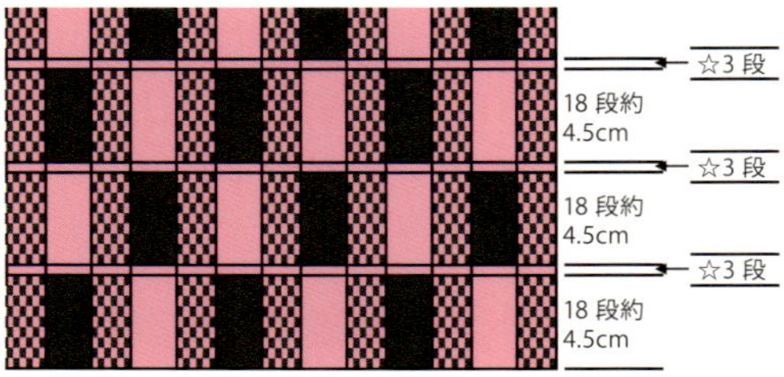

●たて糸:並太(6本+空羽7)×6+6本
●よこ糸:a=並太モヘア・茶、b=並太モヘア・ピンク
ab交互に18段+b引き返しの繰り返し。

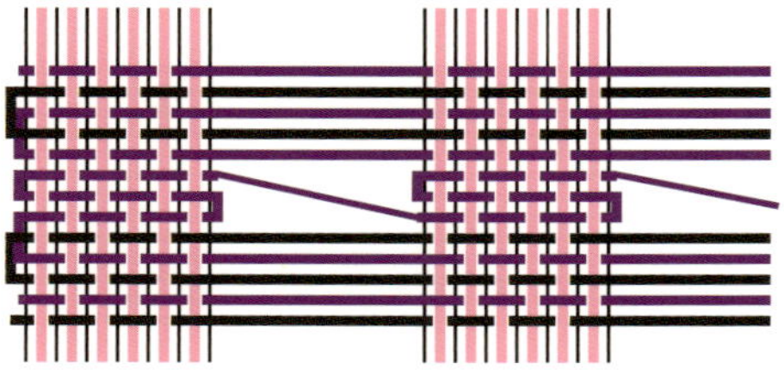

☆部分拡大図

Data

織りあがりの長さ:140cm
整経長:190cm
幅と本数:21cm　42本(空羽42)
よこ糸密度とソウコウ:4段/cm　40羽
使用糸:たて/⑨80m　よこ/⑩⑪130m

隙間を開けてたて糸をかけているのでよこ糸が浮いて見えます。

143.144 スペース変化織りのタイストール

作品153ページ

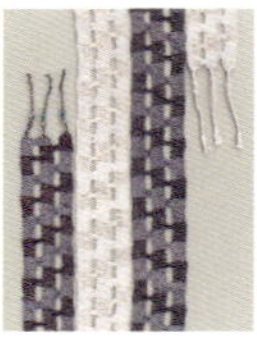

光るラメ系の夏糸でさらりと巻けるネクタイタイプのストールを織りました。シャトルを2本使い、ブロックごとに織る位置をずらしていきます。左側の縞から入れたよこ糸は右側の縞まで続けて織れるよう、シャトルを入れる方向に注意しましょう。房はビーズを通した1本のたて糸でコイリング仕上げ(217ページ)にしています。

図(143・144)

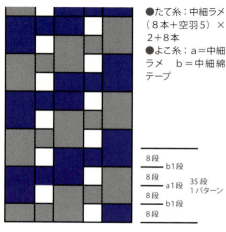

●たて糸:中細ラメ(8本+空羽5)×2+8本
●よこ糸:a=中細ラメ　b=中細綿テープ

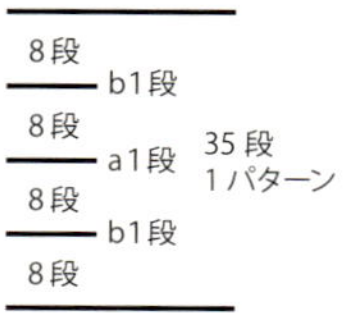

よこ糸の渡り方

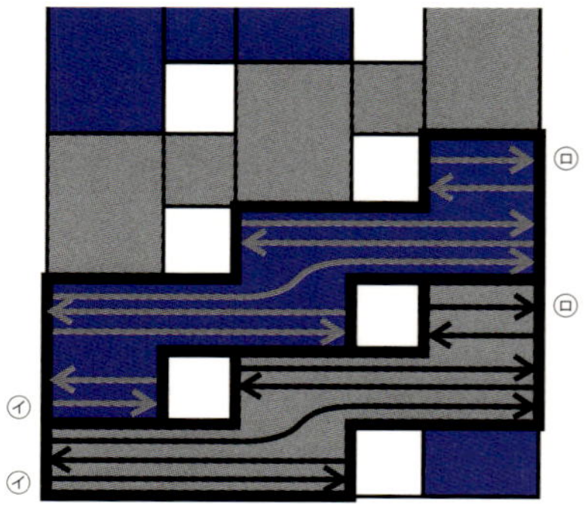

a糸、b糸それぞれ、太枠で囲まれた部分はつなげて織る。始まり位置はイ、終わり位置はロ。

Data

織りあがりの長さ:140cm
整経長:190cm
幅と本数:8cm　24本(空羽10)
よこ糸密度とソウコウ:4段/cm　40羽
使用糸:143(黒)=たて/⑥50m　よこ/⑥㉒　35m
144(白)=たて/⑤50m
よこ/⑤㉓　35m

145.146 ノット織りのグラデーションマフラー

作品154ページ

たて糸によこ糸を結びつけるように織っていくのがノット織り。よこ糸は中細スラブ糸ですが、地の平織り部分は1本取り、ノット部分は2本取りと2種類をのシャトルを用意します。幅2〜3㎝の板を用意してそれに巻きつけていきましょう。ノットの糸端はループと高さを揃えてそのまま、ノットのループも切らずに残します。房は織り目に沿って縫い込んで始末します（216ページ参照）。

ノットの糸の渡り方

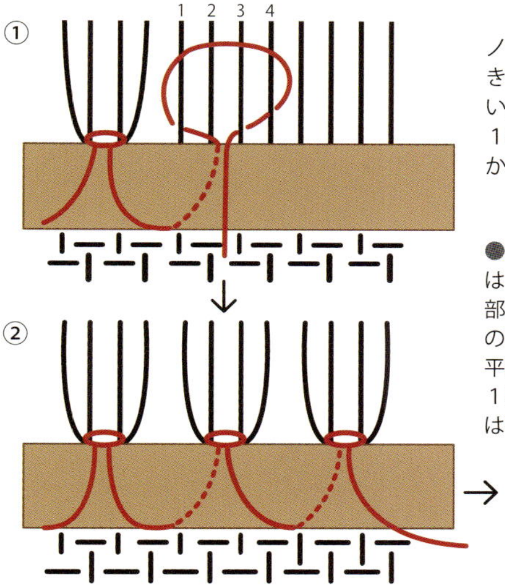

ノット織りは、4本1組で巻きつけています。厚紙に巻いた糸は2、3の間に入れ、1の左側に出て、4の右側から2、3の間に出します。

●よこ糸：平織り部分は1本取り。ノット織り部分は2本取り。ノットの高さ2.5㎝。
平織り7段＋ノット織り1段の繰り返し。最後は平織り7段で終わる。

表

裏

Data

織りあがりの長さ：140㎝
整経長：190㎝
幅と本数：14㎝　56本　よこ糸密度とソウコウ：4段／㎝　40羽
使用糸：145（ピンク）＝たて／①　よこ／⑦　146（紫）＝たて／④　よこ／⑧
たて110m　よこ165m

147.148 ノット織りのリボンヤーンマフラー

作品155ページ

片端にだけリボンヤーンでノット織りを入れ、巻き方がいろいろ楽しめるアンバランスなマフラーにしました。ボリュームたっぷりになるようリボンヤーンは3本取りで、高さ5㎝程度の板を用意して巻きつけます。片方の房は撚り合わせた後にビーズを入れ、結んでとめています。ノット織り側の房は織り地に沿って縫い込みました。

図（147・148）

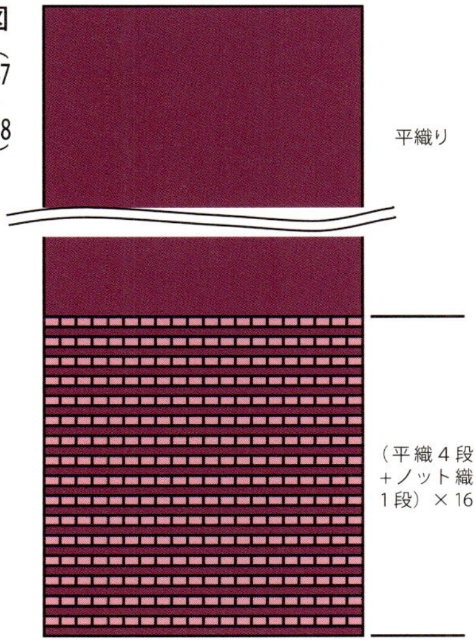

織り地に沿って縫い込んで処理したノット織り部分の裏側。

●よこ糸：平織り部分は1本取り。ノット織り部分は3本取り。ノットの高さ5㎝。

Data

織りあがりの長さ：130㎝
整経長：180㎝
幅と本数：10㎝　40本
よこ糸密度とソウコウ：4段／㎝　40羽
使用糸：147（ベージュ）＝たて／㉔75m　よこ／⑬㉔105m
148（ワイン）＝たて／㉕75m
よこ／⑫㉕105m

149. 150 よこ引き返し織りのショール

作品156ページ

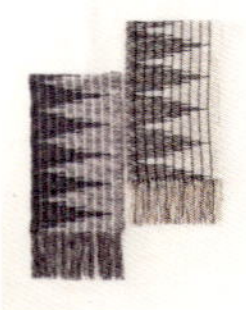

18ページのストールでも使用している、ひょうたんのようにくびれているテープ状綿糸をたて糸にして、艶のあるスーピマ綿でよこ引き返し織りをしました。色違い2枚はたて糸の変わり糸の色違いでよこ糸は同じ色のスーピマ綿を使います。よこ引き返し織りはランダムに入れるとバランスが悪くなるので前もって全体デザインを決めましょう。

Data

織りあがりの長さ：170cm
整経長：220cm
幅と本数：25cm　102本
よこ糸密度とソウコウ：4段／cm　40羽
使用糸：149（黒）＝たて／⑱㉑225m　よこ／⑱⑲190m
150（白）＝たて／⑲⑳225m　よこ／⑱⑲190m

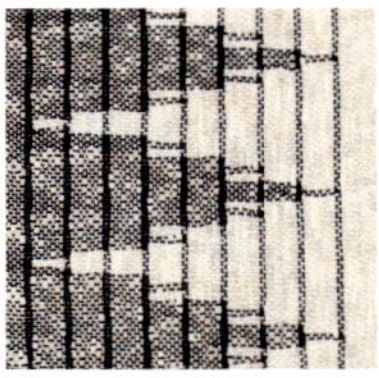

●たて糸：a＝スラブ綿テープ・黒　b＝中細スーピマ綿糸・白
a 10本＋（b 2本＋a 8本）×8＋b 2本＋a 10本
●よこ糸：b＝中細スーピマ綿糸・白、c＝中細スーピマ綿糸・黒
右からbを、左からcを入れる。たて糸のb糸を目安に2段ずつ、図のようにb2本のところで引き返す。

図（149）

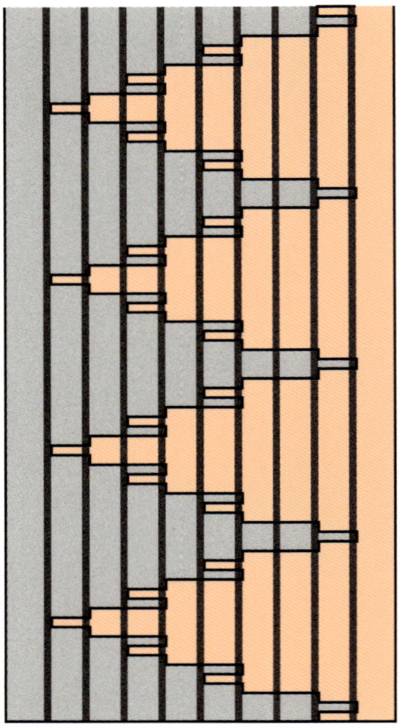

151.152 たて引き返し織りのマフラー

作品157ページ

整経作業は通常一方から糸をかけますが、たて引き返し織りの場合は両方向から糸を入れ、途中で2色の糸を交差させてUターンさせます。このマフラーは4縞のデザインで2縞ずつ手前と奥で引き返したので両端の房の色が異なりました。たて糸の交差位置はそれぞれの織機のムダ糸分を考慮して決めます。

図（151・152）

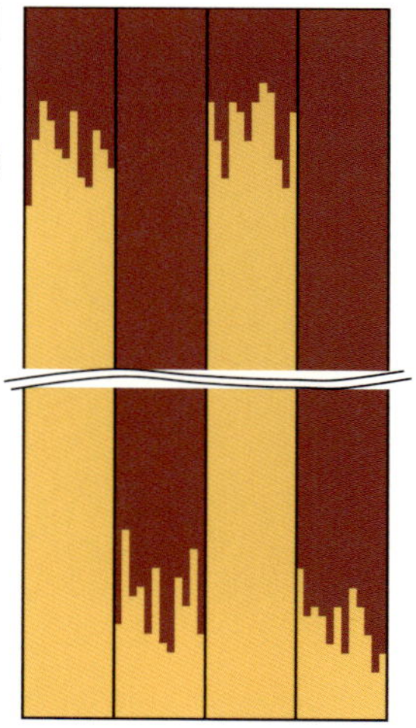

| 12本 | 12本 | 12本 | 12本 |

Process

1 整経途中でたて糸を交差してUターンさせます。

2 たて糸はすべて2本取りになります。

●たて糸：a＝合太ラメ・ベージュ、b＝合太ラメ・茶
1ブロックで両側でたて引き返し整経。

Data

織りあがりの長さ：120cm
整経長：170cm
幅と本数：16cm　96本（2本取り48本）
よこ糸密度とソウコウ：3段／cm　30羽
使用糸：151（茶）＝たて／⑭⑮165m　よこ／②65m
152（黒）＝たて／⑯⑰165m　よこ／③65m

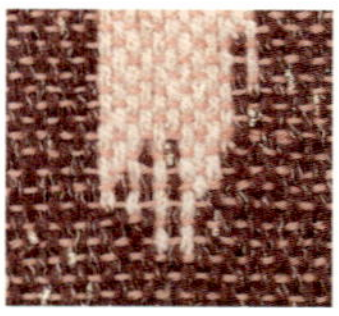

第7章　使用糸　（作品142～152）

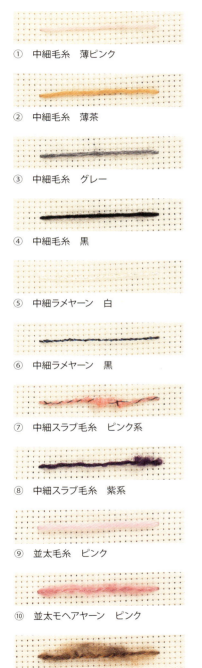

① 中細毛糸　薄ピンク

② 中細毛糸　薄茶

③ 中細毛糸　グレー

④ 中細毛糸　黒

⑤ 中細ラメヤーン　白

⑥ 中細ラメヤーン　黒

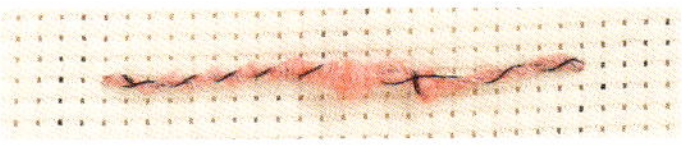
⑦ 中細スラブ毛糸　ピンク系

⑧ 中細スラブ毛糸　紫系

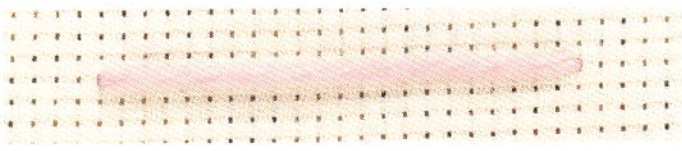
⑨ 並太毛糸　ピンク

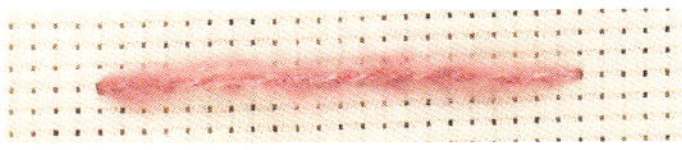
⑩ 並太モヘアヤーン　ピンク

⑪ 並太モヘアヤーン　茶

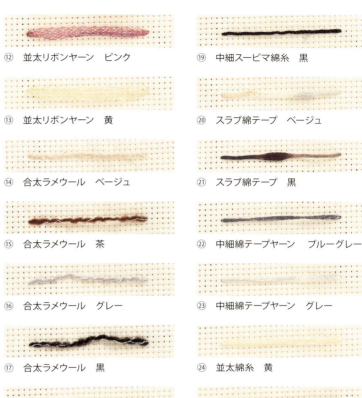

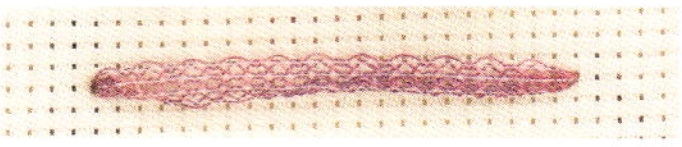
⑫ 並太リボンヤーン　ピンク

⑬ 並太リボンヤーン　黄

⑭ 合太ラメウール　ベージュ

⑮ 合太ラメウール　茶

⑯ 合太ラメウール　グレー

⑰ 合太ラメウール　黒

⑱ 中細スーピマ綿糸　白

⑲ 中細スーピマ綿糸　黒

⑳ スラブ綿テープ　ベージュ

㉑ スラブ綿テープ　黒

㉒ 中細綿テープヤーン　ブルーグレー

㉓ 中細綿テープヤーン　グレー

㉔ 並太綿糸　黄

㉕ 並太綿糸　赤紫

オフルーム（OFF LOOM）
～織機を使わない手織り～

手織りに興味はあるけれど織機がない……という人のために、織機を使わない手織りをいくつかご紹介します。ここで紹介するカード織り・ゆび織り・スプラングの起源は、まだ織機というものが存在しなかった紀元前にさかのぼります。

153

カード織りのタイマフラー

コースターサイズの厚紙に丸い穴の空いたカードを織機代わりに使うのがカード織りです。枚数を増やせば広幅の布を織ることもできますが、両手で持って扱いやすい20枚のカードを使ってタイマフラーを織りました。カード織りは主にベルト状の布を織るときに使う技法ですが、ここでの目的はマフラーなので1～2段/1cm程度を目安にやさしく打ち込むのがポイントです。

Data

織りあがりの長さ：100cm
整経長：200cm
幅と本数：6.5cm　80本
よこ糸密度とソウコウ：2段／cm
使用糸：たて／④⑤⑥160m　よこ／⑥20m

※カード織りのムダ糸は100cmです

ベージュ42本、オレンジ色19本、グレー19本

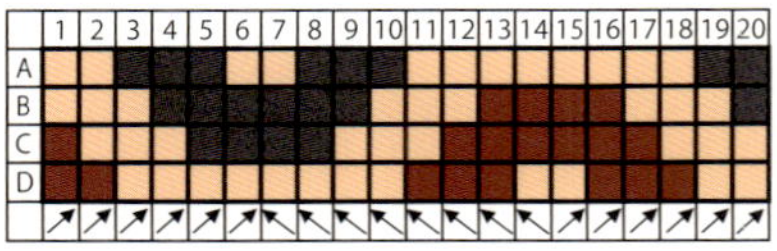

スタート時…AD
前転8、後転8

Process

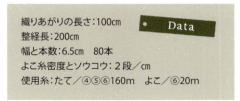

1 カードを束ねて四辺に異なる色のマジックで目印をつけます。それぞれのカードに1.2…と番号をつけます。

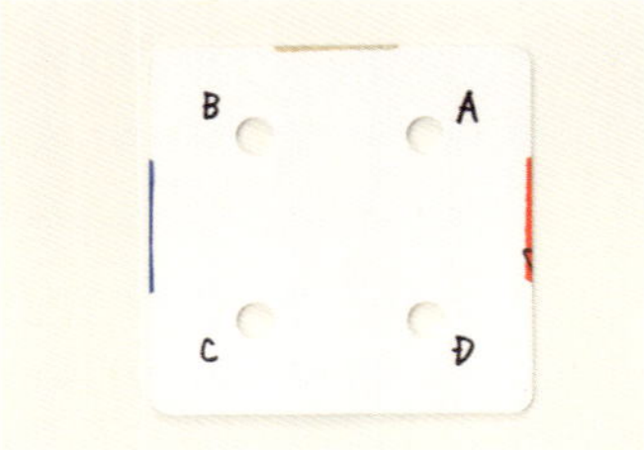

2 裏面にもA、B、C、Dと書き込むといいでしょう。

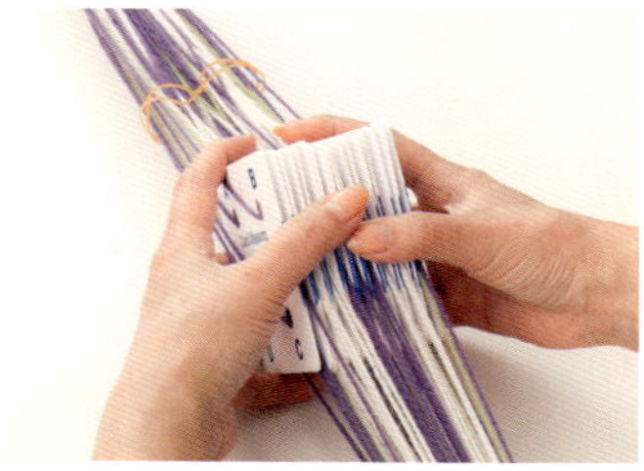

3 カード1枚1枚に、図の通りにたて糸を通します。セットしたたて糸は両手で回転させます。

4 穴と穴の間できる隙間をしっかり広げてよこ糸を入れ、次の回転をしたあと打ち込み、よこ糸を引きます。

織り図の見方と織り方

●図の左のA、B、C、Dはカードの表に書かれた穴の位置を示しています。
●図の上の1～20はそれぞれのカードを表し、ここでは20枚のカードを使います。
●図の下の矢印↗は糸をカードの表から裏に通し、↖はカードの裏から表に糸を通します。
●マス目は通す糸の色です。1枚目のカードは表からAとBの穴にはベージュ、CとDにはオレンジを通すというように見ていきます。
●スタート時ADは糸を通し終えたカードをセットしたときカードの上にAとDが見えている位置から始めるという意味です。
●前転8、後転8はカードの動かし方です。カード織りの一回転は90度なので上がADだったカードを前転1回させると上はDCになり、8回前転させるとADに戻ります。
●たて糸をカードにセットしたら片端はドアノブなどに縛り付けて固定し、もう片方は腰ひもに結んで体に固定します。
●織り方はよこ糸を入れる・回転させる・打ち込む・よこ糸を引くの繰り返しです。

154

カード織りの房つきマフラー

カード織りで織ったベルト状の布は片方に房飾りをつけることもできます。この房は後から取りつけるのではなく、よこ糸を入れる時に片側だけ15cm位残しながら織っていきます。そして仕上げの時に幅を整えながら、玉結びをします。房が貧弱にならないようによこ糸は3本取りにし、織り布が固くならないようにやさしく打ち込むのがポイントです。

Data

織りあがりの長さ:50cm
整経長:150cm
幅と本数:5cm　72本
よこ糸密度とソウコウ:1段／cm
使用糸:たて・よこ共／①②③　たて110m　よこ30m（よこ糸は3本取り）

淡緑30本、緑14本、紫28本

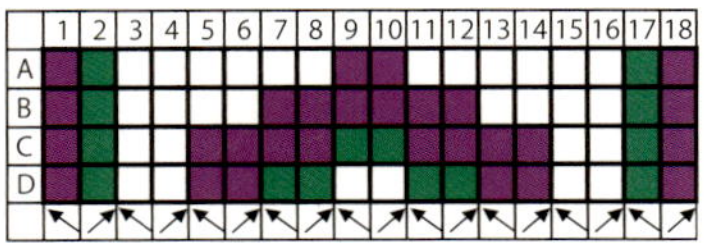

スタート時…AD
前転4、後転4

155.156.157

ゆび織りのマフラー

束ねたたて糸を留めておくところさえあればどこでも楽しめるのがゆび織り。ゆび編みと混同されますが、編みというのは1本の糸を絡めることでできる布地、織りはたて糸とよこ糸の組み合わせでできる布地です。基本技法はベーシック（155.157）、クロス（156）、リンク（158.159.160）の3種類があります。最も基本となるベーシックはたて糸の片側の端の1本の糸が常によこ糸となります。残りのたて糸を1本置きに拾って間に通し、2段織れたところでまたたて糸に戻す……の繰り返しです。クロスはたて糸の中央の2本がよこ糸となり、左右に振り分けて織っていきます。一段織れたら、糸を上下に広げて、上に押し上げるようにして打ち込みます。

155　156

Process

1 155の場合の作り方。たて糸を固定した棒に取り付けます。一番右端のたて糸をよこ糸とし、１本おきにたて糸を拾ってその隙間に通します。

2 ２段目は右端のたて糸をよこ糸とし、１段目と互い違いになるたて糸を拾ってその隙間に通します。

3 １段目のよこ糸は２段目のよこ糸と下を通って、また１本のたて糸となります。

4 これを繰り返し交互に平織りすると長いマフラーが出来上がります。

Data

155・156
織りあがりの長さ：100cm
整経長：400cm（２つ折り）
幅と本数：７cm　16本
よこ糸密度とソウコウ：0.5段／cm
使用糸：⑧⑨⑩⑪32m

157
織りあがりの長さ：100cm
整経長：400cm（２つ折り）
幅と本数：12cm　８本
よこ糸密度とソウコウ：３段／10cm
使用糸：⑯⑰16m

※ゆび織りのムダ糸は100cmです

157

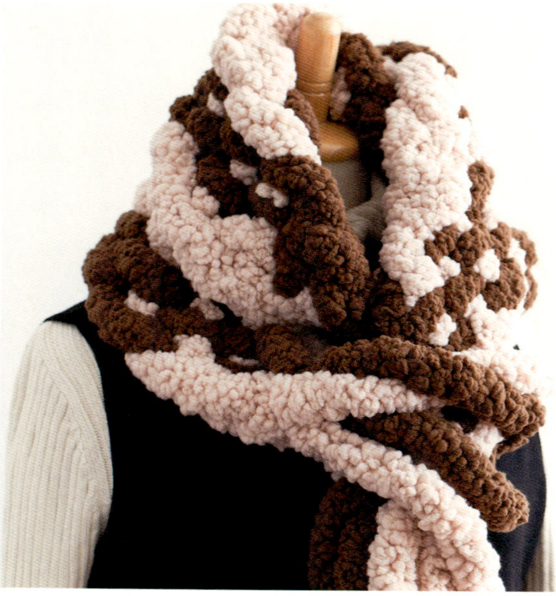

図（155.157）
ベーシック
技法

●たて糸（155）
淡ピンク４本・紫４本・エンジ４本・ピンク４本の順で計16本

●たて糸（157）
濃ピンク４本・エンジ4本・紫4本・淡ピンク4本で計16本

図（156）
クロス技法

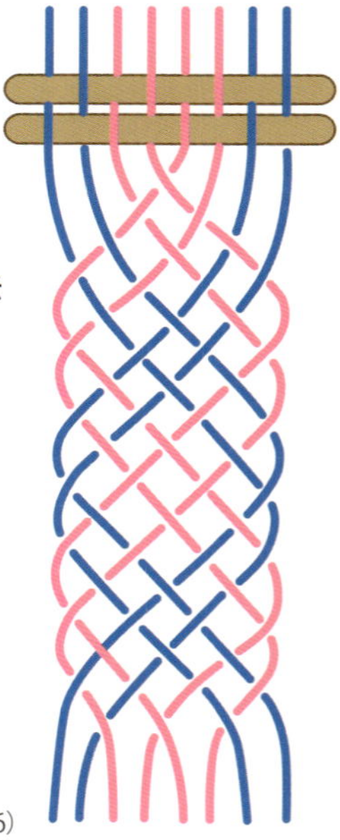

●たて糸（156）
ピンク２本・淡ピンク２本・紫２本・エンジ４本・紫２本・淡ピンク２本・ピンク２本の計16本

158.159.160

ゆび織りの リンク技法マフラー

ゆび織りでベーシックやクロスが明確なよこ糸があるのに対し、リンクはたて糸全体をさばきながら織り進めていきます。マフラー用の長いたて糸はさばきにくいので、端からではなくたて糸の中間付近を束ねて編み棒２本で綾を取り、そこから織り始めます。まず半分を織ったら、編み棒と束ねた結び目をほどいて広げ、たて糸を左右にさばいてから残り半分を織ります。ペットボトルなど重しを置いて作業するとよいでしょう。

Data

織りあがりの長さ：150㎝
整経長：250㎝
幅と本数：15㎝　16本
使用糸：158（茶）／⑱⑲20m
159（オレンジ）／⑲⑳20m
160（黒）／⑲㉑20m

●たて糸（158）

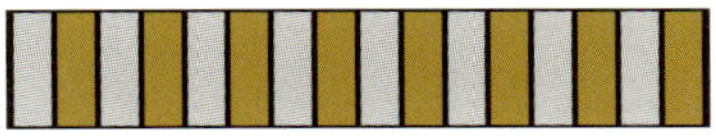

（グレー1本＋茶1本）×8

●たて糸（159）

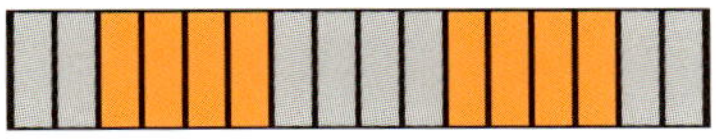

グレー2本＋オレンジ4本＋グレー4本＋オレンジ4本＋グレー2本

●たて糸（160）

グレー8本＋黒8本

図（158.159.160）リンク技法

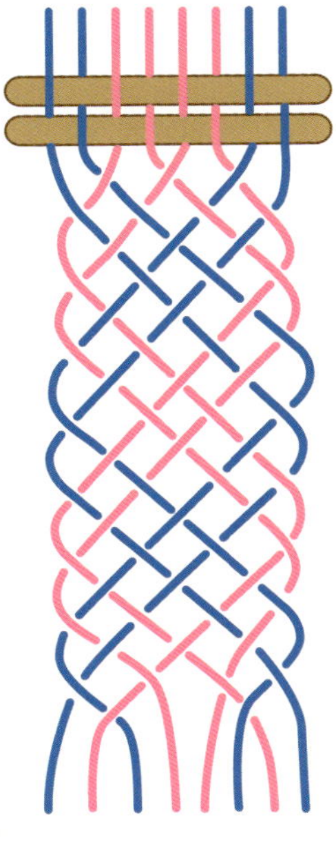

Process

1 長いマフラーは中央から織ります。糸を束ね、白と青の間に棒を入れます。白の間から青を拾って棒を入れ輪ゴムでとめます。２色の糸を左右で分けて織り始めのセットになります。

2 常に下の糸を拾います。青の間から白を拾って、織り目を整えた後、白を左、青を右にさばきます。

3 下側になった青を白の間から拾います。

4 ２段に１本ずつ白と青と上下の色が移動して柄ができます。半分織ったらたて糸の束は逆にして棒を抜くと同じように織ることができます。

161.162.163.164

スプラングのマフラー

たて糸の束の片側の端だけ固定するゆび織りと異なり、スプラングは両側を固定し、たて糸の中央から織り進めていきます。またスプラングは技法的にはもじり織りに似ていますが、よこ糸は使わず、もじる糸の組み合わせを変えることで布として成り立たせています。基本技法はそれほど多くありませんが、それを組み合わせることで広範囲の作品展開ができます。超極太モールヤーンを使った164のもこもこマフラーは161と同じ技法で織られています。プロセス画像は161と同じ技法での制作過程です。たて糸2色を1本おきにするとよこ縞柄になり、プロセスのように2本おきのたて糸にすると斜めのたて縞柄になります。

161　162　163

Data

161	162	163	164
織りあがりの長さ：100cm	織りあがりの長さ：100cm	織りあがりの長さ：100cm	織りあがりの長さ：100cm
整経長：150cm	整経長：150cm	整経長：150cm	整経長：150cm
幅と本数：13cm　24本	幅と本数：16cm　32本	幅と本数：13cm　24本	幅と本数：18cm　８本
よこ糸密度とソウコウ：５段／10cm	よこ糸密度とソウコウ：４段／10cm	よこ糸密度とソウコウ：８段／10cm	よこ糸密度とソウコウ：２段／10cm
使用糸：⑫⑭36m	使用糸：⑦48m	使用糸：⑨⑬36m	使用糸：⑮12m

●織り方（共通）：2段1組の繰り返しです。絡めて糸の順が変わっても、左端下が1、上が2と考えます。
●手順（161.164）：①2・4下、1上、6下、3上、8下、5・7上　②2下、1上、4下、3上、6下、5上、8下、7上
（162）：①2・4・6下、1上、8下、3・5・7上　②2下、1上、4下、3上、6下、5上、8下、7上
（163）：①2・4下、1上、6下、3上、8下、5・7上　②1は3の下を通って上、3下、5上、2下、7上、4下、8は6の下を通って上、6下

糸のかけ方

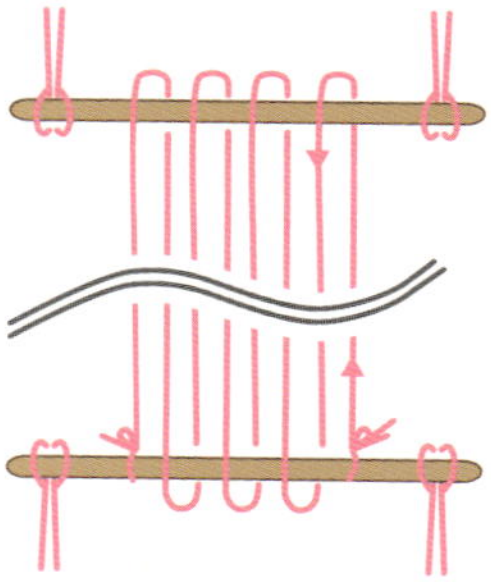

固定させた２本の棒に、8の字を描くようにたて糸をかけます。

図（161.164）

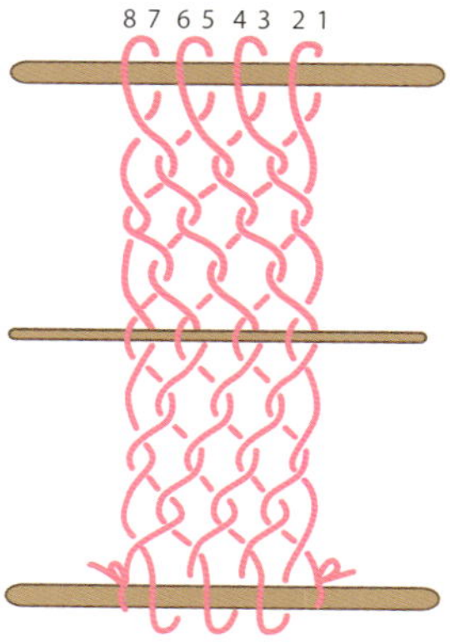

●たて糸（161）
ベージュと紺1本おきで24本
●たて糸（164）
白と水色のモールヤーン8本

図（162）

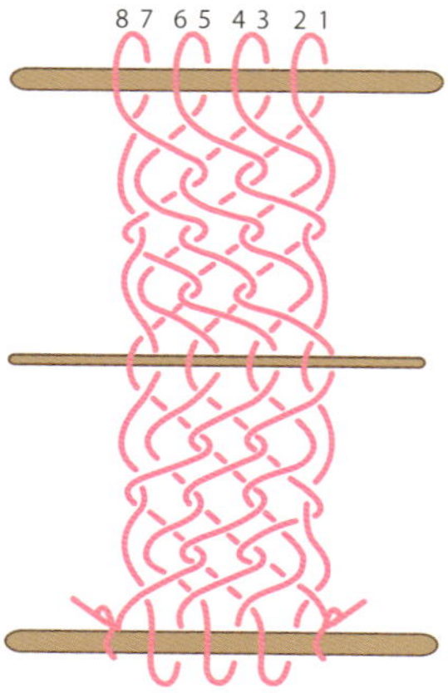

●たて糸（162）
白1色32本

図（163）

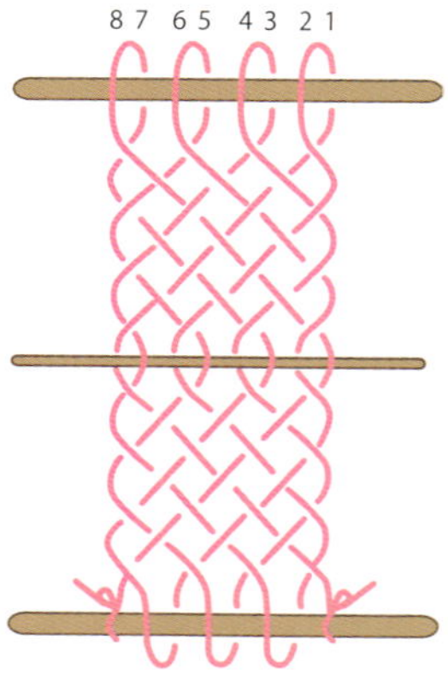

●たて糸（163）
ピンクと紺を1本おき　24本

Process

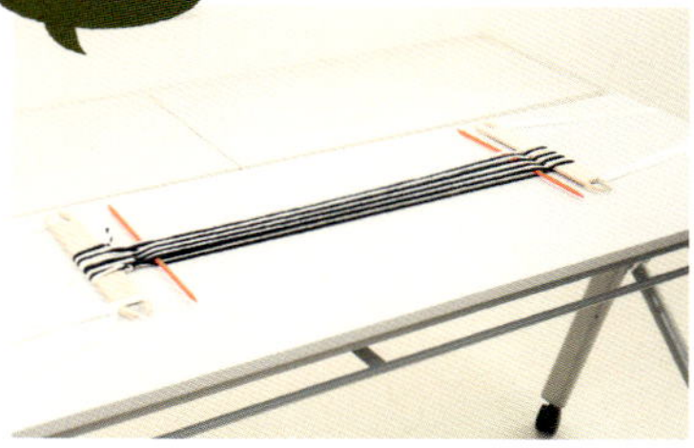

1 たて糸は両端で固定し、編み棒で糸を1本おきに拾います。

2 ここでは2本ずつの縞なので、1本おきに異なる色が上糸になります。

3 上下の糸を絡めたらその絡みをたて糸の両端に持っていきます。

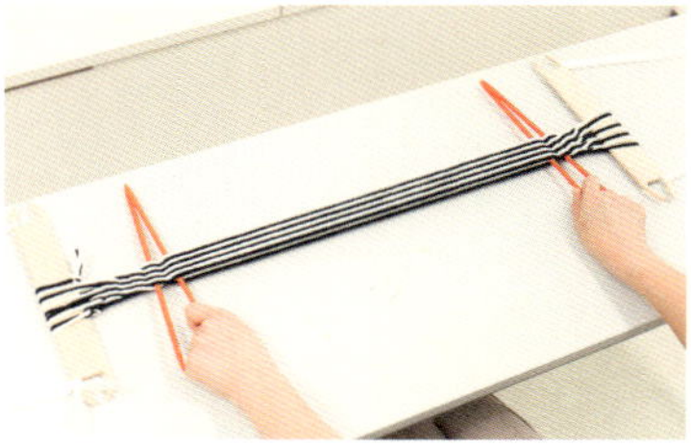

4 異なる上下の糸の組み合わせで絡め、その絡みを両端に持っていく……の繰り返しです。

5 最後は別糸を中央に通し、糸端は縫い込んで始末します。

6 両端もそのままだと絡みがほどけるので、別糸で縛ってから棒から外しましょう。

164

オフルーム使用糸（作品 153 ～ 164）

① 並太毛糸　クリーム

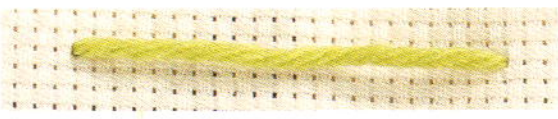

② 並太毛糸　黄緑

③ 並太毛糸　紫

④ 並太毛糸　ベージュ

⑤ 並太毛糸　オレンジ

⑥ 並太毛糸　グレー

⑦ 超極太甘撚り毛糸　白

⑧ 超極太甘撚り毛糸　淡ピンク

⑨ 超極太甘撚り毛糸　ピンク

⑩ 超極太甘撚り毛糸　エンジ

⑪ 超極太甘撚り毛糸　紫

⑫ 超極太甘撚り毛糸　ベージュ

⑬ 超極太甘撚り毛糸　青

⑭ 超極太甘撚り毛糸　紺

⑮ 超極太モールヤーン　白＆水色

⑯ 超極太モールヤーン　ピンク

⑰ 超極太モールヤーン　茶

⑱ 超極太ファンシーヤーン　茶

⑲ 超極太ファンシーヤーン　白

⑳ 超極太ファンシーヤーン　オレンジ

㉑ 超極太ファンシーヤーン　黒

第8章

飛ばして、ずらして模様織り

165

スキップ織りの
格子マフラー（黄）
how to make P.181

166

スキップ織りの
格子マフラー（ピンク）
how to make P.181

167

はさみ織りの
リボンストール
（ピンク）
how to make P.181

168

はさみ織りの
リボンストール
（紫）
how to make P.181

170

浮き織りの
花畑マフラー（白）
how to make P.182

169

浮き織りの
花畑マフラー（黒）
how to make P.182

171

風車柄のマフラー

how to make P.182

172

刺し子織りの
ストール
how to make P.183

173

たて飛びツイスト織りの
マフラー
how to make P.183

174

斜線織りの
ショール
how to make P.184

175

ダブルケーブル
織りのマフラー
（紺）
how to make P.185

176

ダブルケーブル
織りのマフラー
（ベージュ）
how to make P.185

177

ウインドミル
織りのマフラー
（白＆水色）
how to make P.186

178

ウインドミル
織りのマフラー
（水色）
how to make P.186

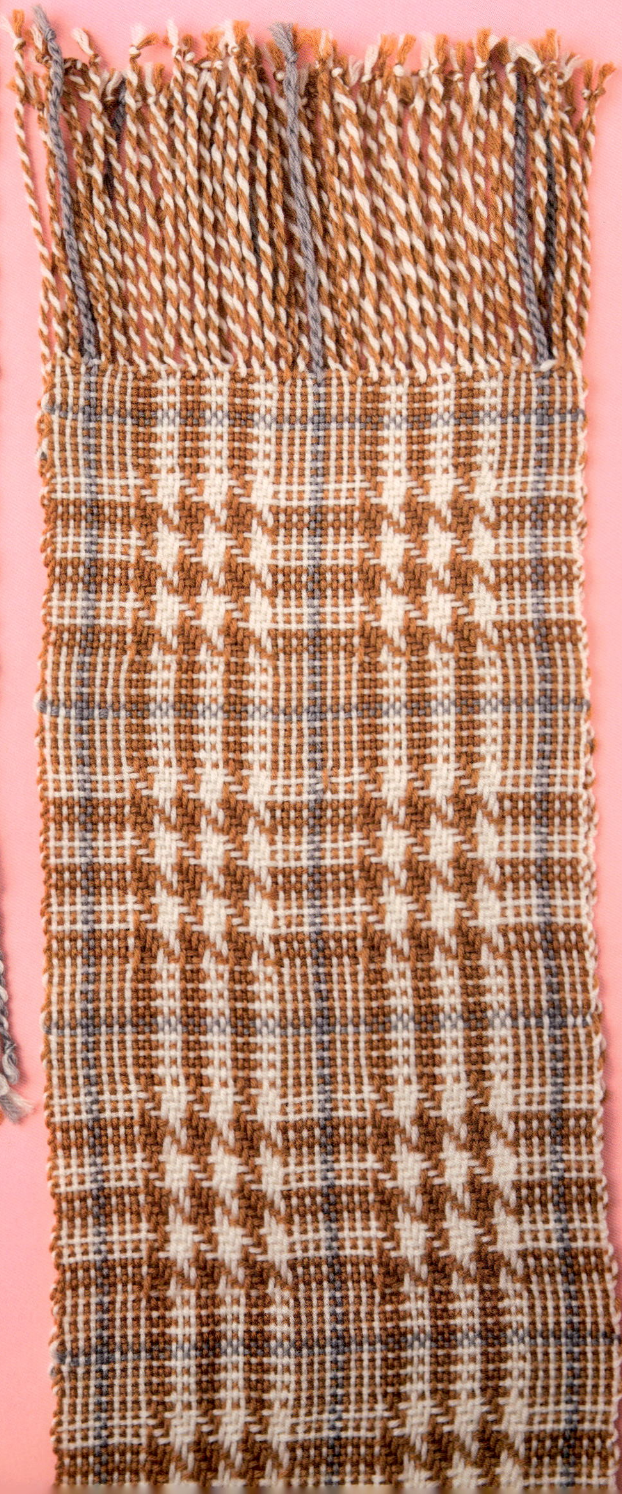

180

グレンチェックの
マフラー
（茶）

how to make P.186

179

グレンチェックの
マフラー
（グレー）

how to make P.186

165.166 スキップ織りの格子マフラー

作品172ページ

たて糸を飛ばしながら織るからスキップ織り。その飛ばす部分のたて糸に甘撚りのスラブ糸を使い、糸の表情がよく見えるように強調しました。スラブ糸の見えない部分は逆側で見えています。シンプルな織り方ですが、糸次第でとても個性的なデザインになります。

Data

織りあがりの長さ：150cm
整経長：200cm
幅と本数：165（黄）＝18cm 55本 166（ピンク）21cm 63本
よこ糸密度とソウコウ：3段／cm 30羽
使用糸：165（黄）＝たて／⑪⑬㉖110m よこ／⑪⑬90m
166（ピンク）＝たて／⑥⑧㉗130m よこ／⑥⑧105m

図（165）

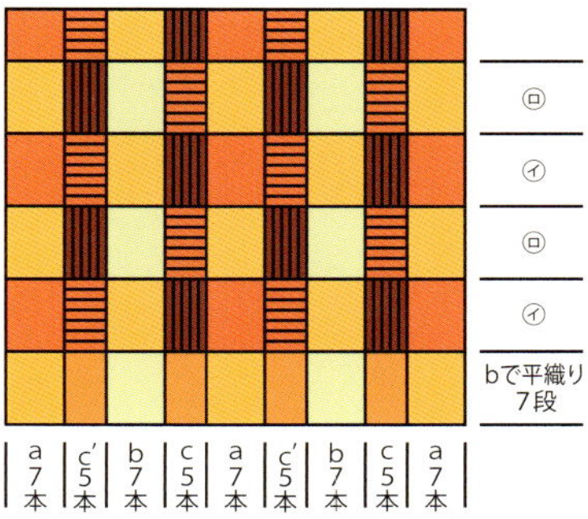

●たて糸：a＝並太・茶、b＝並太・黄、c＝極太スラブ毛糸・茶
●よこ糸：a＝並太・茶、b＝並太・黄
㋑aで7段　たて糸c部分はたて糸の下を、たて糸c'部分はたて糸の上を渡す。㋺bで7段　たて糸c部分はたて糸の上を、たて糸c'部分はたて糸の下を渡す。㋑㋺の繰り返し。織り始めと織り終わりは平織りを7段ずつ織る。

図（166）

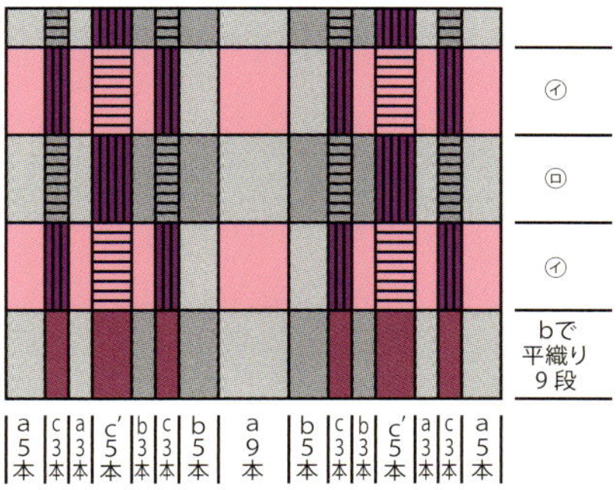

●たて糸：a＝並太・ピンク、b＝並太・薄ピンク、c＝極太スラブ毛糸・紫
●よこ糸：a＝並太・ピンク、b＝並太・薄ピンク
㋑aで9段　たて糸c部分はたて糸の上を、たて糸c'部分はたて糸の下を渡す。　㋺bで9段たて糸c部分はたて糸の下を、たて糸c'部分はたて糸の上を渡す。㋑㋺の繰り返し。織り始めと織り終わりは平織りを9段ずつ織る。

表

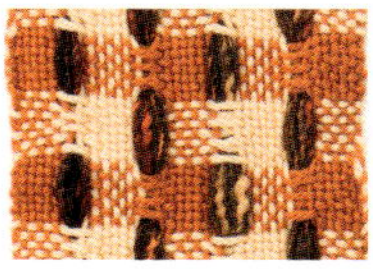
裏

167.168 はさみ織りのリボンストール

作品173ページ

平織りと同じ開口で飾り糸を挟んでいくのがはさみ織り。このマフラーは短く切った飾り糸を挟んでいるのではなく、両端の綿糸から綿糸までたて糸を飛ばしながら部分的に挟み、後から糸の渡った部分をカットしています。たて糸の下を渡ることで、四角く見えている部分が裏側をリボン柄にしています。98ページの花織りショールは、168と同じ糸の組み合わせで織りました。

図（167）

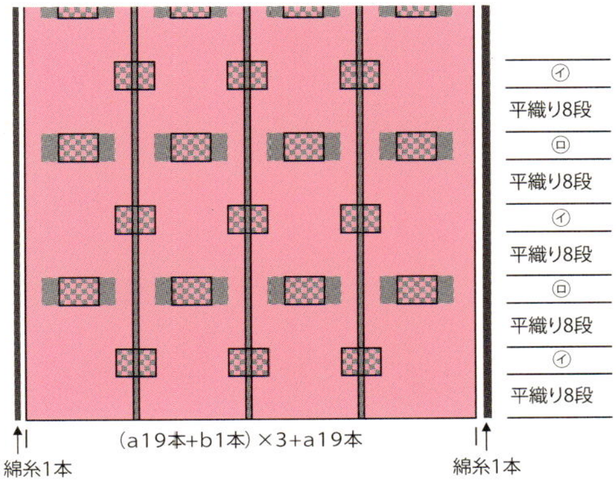

●たて糸：a＝中細・ピンク、b＝極太・グレー
両脇に綿糸を1本ずつ入れる。
●よこ糸：a＝中細・ピンク、b＝極太・グレー
はさみ織り部分は、たて糸7本分の幅でbを挟む。

※㋑は平織りの地糸5段と同じ開口にたて糸の下側でbを挟む。
㋺は平織りの地糸5段と同じ開口にたて糸の上側でbを挟む。

Data

織りあがりの長さ：140cm
整経長：190cm
幅と本数：17cm 79本
よこ糸密度とソウコウ：3段／cm 40羽
使用糸：167（ピンク）＝たて・よこ共／②㉙ たて155m よこ80m（柄糸㉙35m）
168（紫）＝たて・よこ共／③㉘ たて155m よこ80m（柄糸㉘35m）

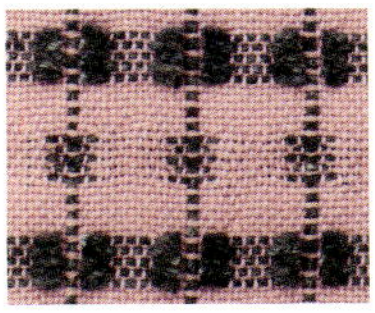
表

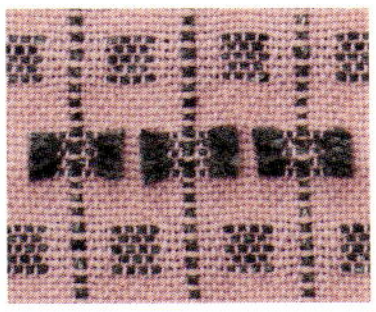
裏

169. 170 浮き織りの花畑マフラー

作品174ページ

無地のマフラーにワンポイントで浮き織りを入れ、共糸を房飾りにも使いました。房の始末はヘムステッチをした後コイリング仕上げしました（217ページ）。このランダムな浮き織り柄は、たて糸を閉じた状態で拾って織り出します。浮き織りの飾り糸は表に出ない部分で裏側に糸が飛ぶので、マフラーのように両面の見える作品はそれを考慮して裏の糸もあまり変わらないデザインにするといいでしょう。

表

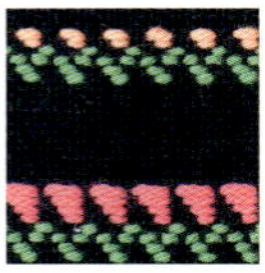

裏

Data

織りあがりの長さ：140cm　整経長：190cm
幅と本数：16cm　81本
よこ糸密度とソウコウ：4段／cm　50羽
使用糸：169（黒）＝たて・よこ共／④　たて155m　よこ100m　浮き糸⑨⑩⑲各4m
170（白）＝たて・よこ共／①　たて155m　よこ100m　浮き糸⑨⑩⑲各4m

浮き織り部分

A

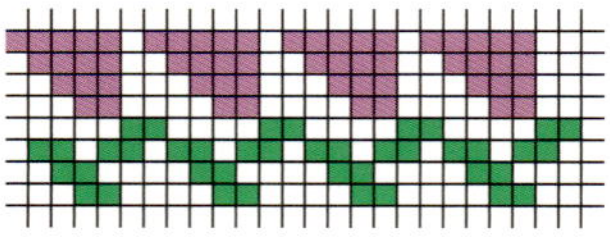

B

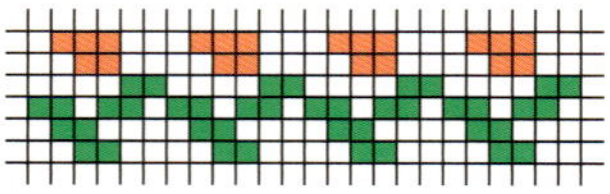

図（169・170）

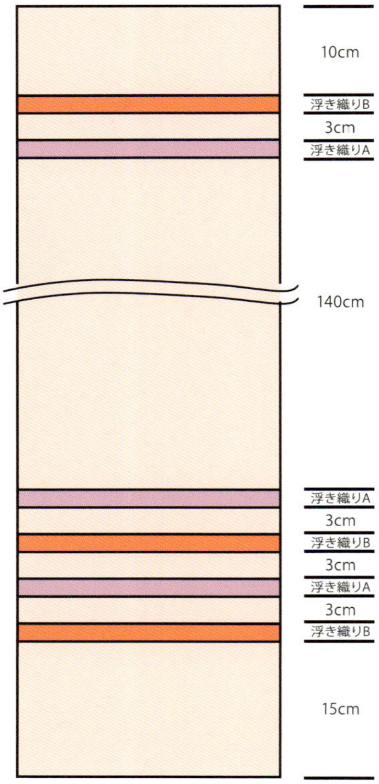

171 風車柄のマフラー

作品175ページ

右下の織り図と同じ風車柄を多綜絖織機で織る場合14枚のソウコウが必要になりますが、似たようなデザインは八枚綜絖で織ることができます（『手織り大全』44ページ参照）。毎段たて糸を拾う手間はありますが、織り図を基にすれば卓上織機でもこの柄を織ることはできます。はじめは迷いやすいですが、パターンがひとつ出来上がると、拾うコツが見えてきます。

図（171）

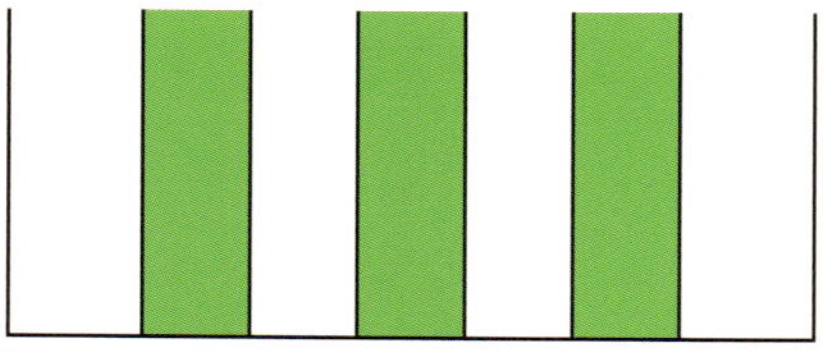

a10本+（b8本+a8本）×2+b8本+a10本

●たて糸：a＝白、b＝黄緑
●よこ糸：a＝白、b＝黄緑

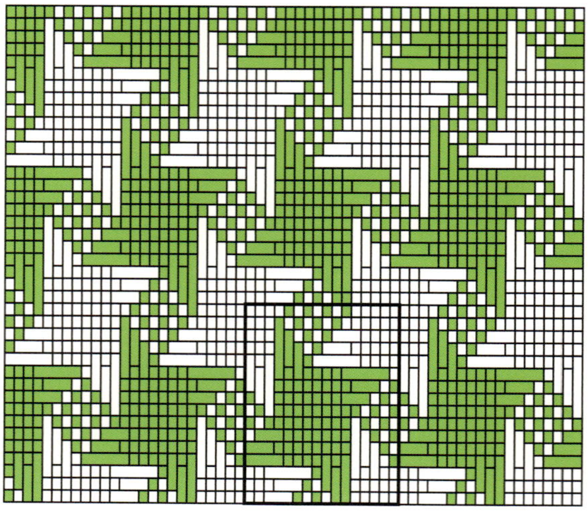

Data

織りあがりの長さ：150cm
整経長：200cm
幅と本数：20cm　60本
よこ糸密度とソウコウ：3段／cm　30羽
使用糸：たて・よこ共／⑤⑰　たて120m　よこ100m

172 刺し子織りのストール

作品176ページ

紺色の飾り糸でたてよこに刺し子のようなステッチをしてあるように見える刺し子織りですが、縦のラインはたて糸、横のラインはよこ糸で表しています。平織りをしながら、紺のたて糸を見せたくないときは落とし、見せたいときは拾う、とデザインに沿って織り進めます。房は部分的に使っている紺色を増毛（217ページ）してから撚り合わせました。表裏で柄が異なります。

Data

織りあがりの長さ：150cm
整経長：200cm
幅と本数：18cm　46本
よこ糸密度とソウコウ：3段／cm　40羽
使用糸：たて・よこ共／⑥㉑
たて95m　よこ90m　飾り糸33m

図（172）

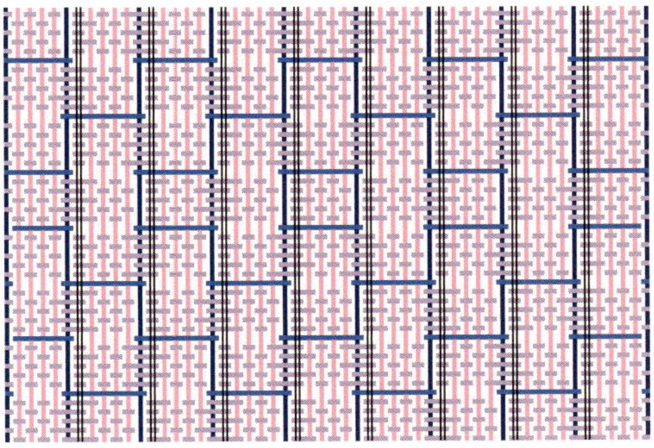

●たて糸：a＝ピンク、b＝紺

Process

1 飾り糸をよこ糸にする時は、飛ばしたい地糸も拾います。

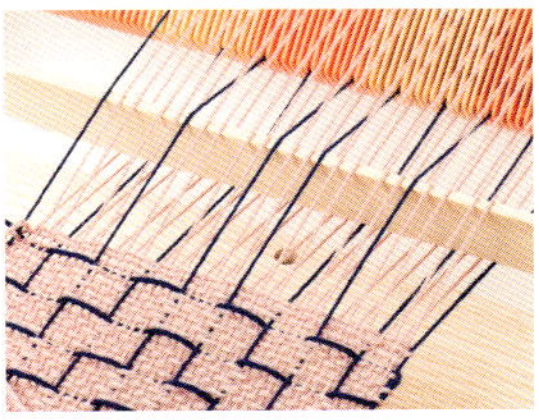

2 地糸を織る時は、柄に合わせて飾り糸を拾います。

表

裏

173 たて飛びツイスト織りのマフラー

裏

作品176ページ

タワーのように複雑に絡み合う柄は、たて糸のたて飛び織り（『手織り大全』204ページ）とよこ糸のツイスト織り（『手織り大全』58ページ）の組み合わせでできています。ちょっと一手間ですが、立体感のある柄になりました。

図 173

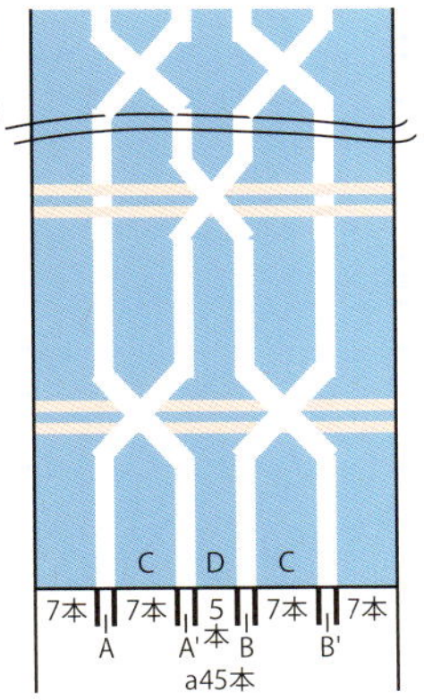

Data

織りあがりの長さ：140cm
整経長：190cm　幅と本数：15cm　57本
よこ糸密度とソウコウ：3段／cm　30羽
使用糸：たて／⑤⑳110m　よこ／⑤㉒70m

●たて糸：a＝水色、b＝白（柄糸）
bは3mを別に12本用意する。a 45本をかけて巻き取る。A、A′、B、B′（各たて糸3本分）部分に、bをプラスしてかけて2本取りにし、一緒にフロントビームにとめる。
●よこ糸：b＝白、c＝グレー
㋑cで12段。
㋺すべてのたて糸bをはずしてcで7段。
㋩C部分を飛ばしてbcではさみ織り3段。
㋥cで1段。
㋭次ページプロセス参照。
㋬AとA′、BとB′の柄糸を交換してソウコウに入れ、c5段。
㋣A′とBのたて糸bをはずしてc7段。
㋠Dを飛ばしてbcではさみ織り3段。
㋷次ページプロセス参照。
㋦A′とBの柄糸を交換してソウコウに入れ、平織り。
㋑㋬㋦の時は、bはバックビームにクリップで止める。

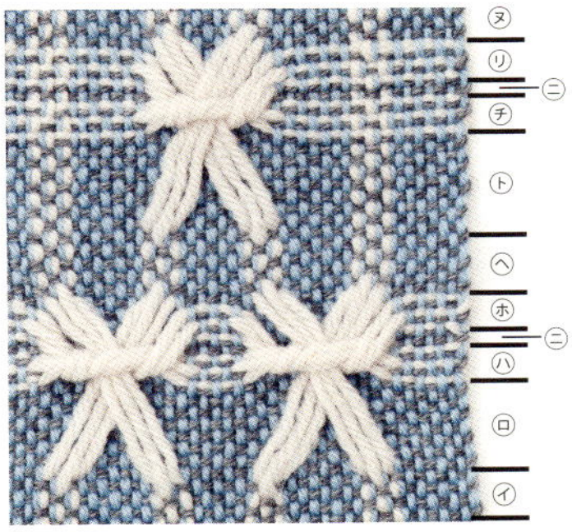

Process

1　1段目。はさみ織りしたbは㋩㋠で浮いたbに2回絡める。

2　2段目。はさみ織り後、浮いた糸に1回絡めて、たて糸Bの下を通る。

3　もう1回浮いた糸に絡め、右端まではさみ織りをする。

4　3段目。2～3を繰り返す。

5　外してあったたて柄糸を3本ずつ交差してソウコウに入れる。

ツイスト織りの部分図

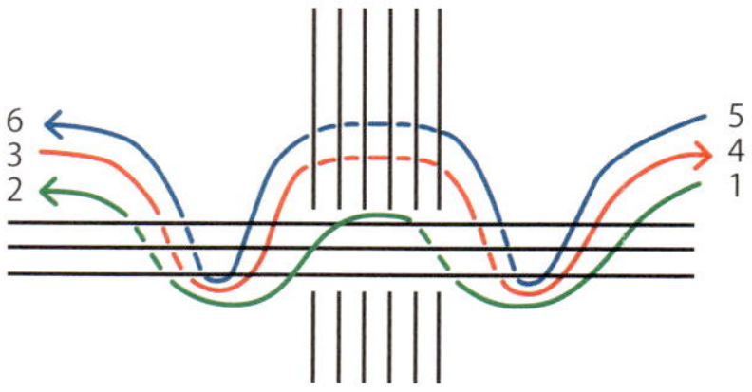

174 斜線織りのショール

作品177ページ

斜線織りの基本は太さの異なる糸を交互に織る畝織りです。たて糸は1本おきに色を変え、織っている最中にたて糸を外して入れ替えることでたて糸の色を変化させます。そのため今まではオープンリードの織機ならではの技法として紹介していましたが、115ページの変口斜線織り式で織れば織機を問わず同じ柄を出すことができます。

表

裏

Data

織りあがりの長さ：160cm　整経長：210cm
幅と本数：39cm　118本
よこ糸密度とソウコウ：5段／cm　30羽
使用糸：たて／⑦⑨⑩⑫⑭⑱250m　よこ／㉕㉚345m

図（174）

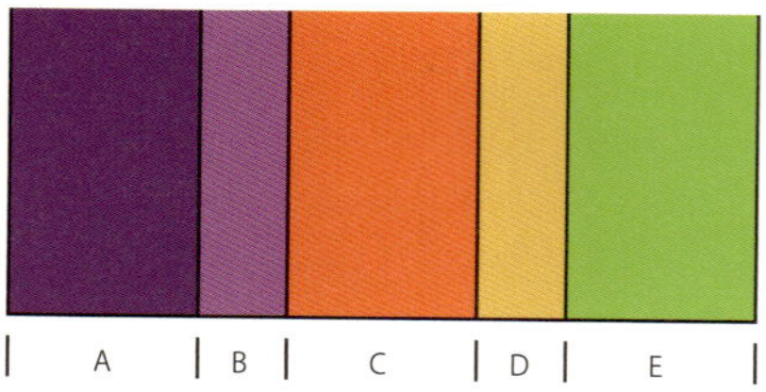

柄の出し方

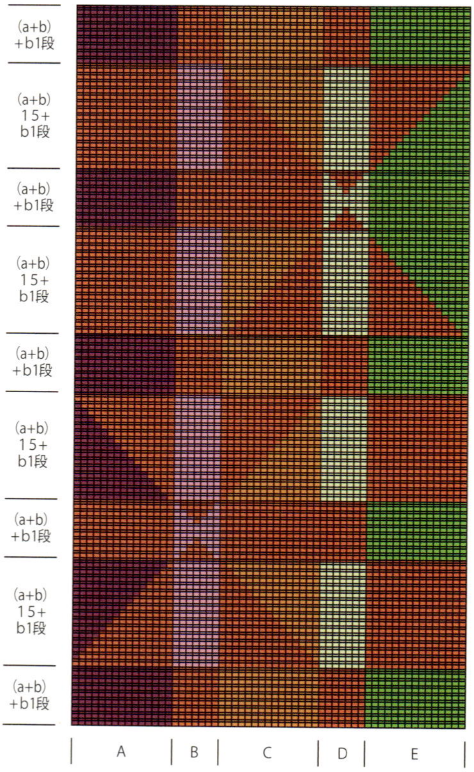

●たて糸：a＝濃茶、b＝濃ピンク、c＝淡ピンク、d＝オレンジ、e＝ベージュ、f＝もえぎ
A＝（a1本＋b1本）×15　B＝（c1本＋a1本）×7　C＝（a1本＋d1本）×15　D＝（e1本＋a1本）×7　E＝（a1本＋f1本）×15

175.176 ダブルケーブル織りのマフラー

作品178ページ

ケーブル織りは、平織りの途中でたて糸の位置を何本かまとめて取り替えることで立体感を出す織り方です。この取り替えるときの交差を左右対称にすると、編み物のダブルケーブルのような柄になります。ただ、たて糸を交差させるとソウコウの奥側もクロスするため、２度目は元のたて糸の状態に戻る方向にしかクロスすることはできません。たて糸を外せるタイプの織機ならではの織り方です。

Process

1 上の写真は実際の半分幅です。20段平織りしたら、図Ｂ部分のたて糸を外し脇に仮置きします。

2 Ａ部分の糸をＢのあった位置に移動させます。

3 仮置きしてあったＢの糸をＡのあった位置に入れます。

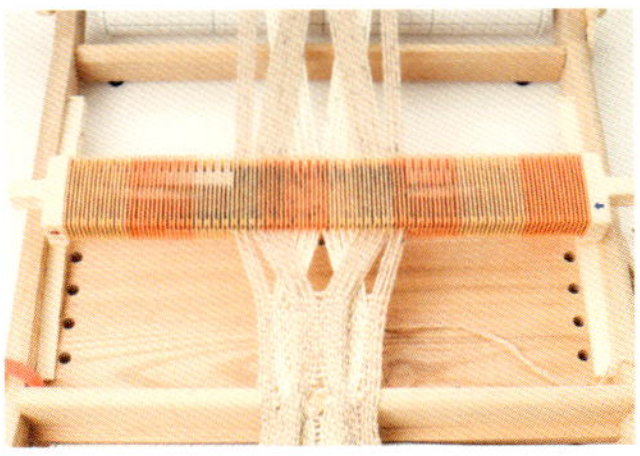

4 右半分もＣがＤの上を渡るようにクロスさせます。このまま20段平織りをします。

図（175・176）

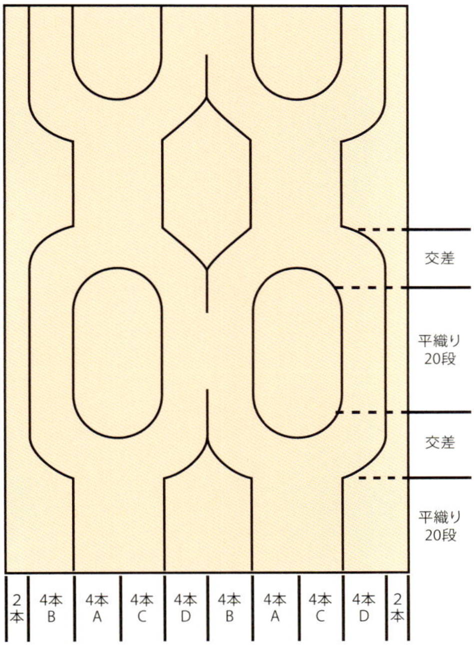

Data

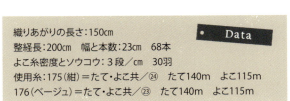

織りあがりの長さ：150㎝
整経長：200㎝　幅と本数：23㎝　68本
よこ糸密度とソウコウ：３段／㎝　30羽
使用糸：175（紺）＝たて・よこ共／㉔　たて140m　よこ115m
176（ベージュ）＝たて・よこ共／㉓　たて140m　よこ115m

177.178 ウインドミル織りのマフラー

作品179ページ

八枚綜絖で織る変化綾織りですが、この本では四枚綜絖の組織織りまでとしているため飛ばして柄を織る模様織りの章に入れました。色違いの２枚のマフラーは同じ織り方ですが、たてよこ共同じ色にした場合と、たてとよこを別の色にした場合とでこんなに柄の出方が異なります。色の組み合わせによって雰囲気の変わる技法です。

図
177

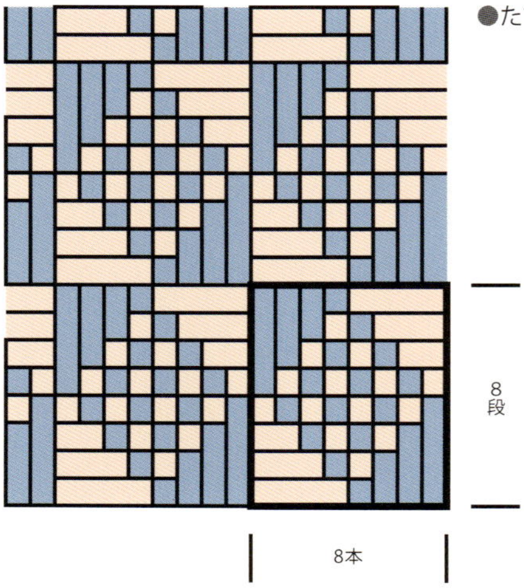

●たて糸：56本

Data

織りあがりの長さ：150㎝
整経長：200㎝
幅と本数：19㎝　56本
よこ糸密度とソウコウ：3段／㎝　30羽
使用糸：177（白＆水色）＝たて／㉜112m
よこ／㉛90m
178（水色）＝たて／㉜112m　よこ／㉜95m

179.180 グレンチェックのマフラー

作品180ページ

グレンチェックとは異色の格子を組み合わせて作った大きな格子柄のことです。卓上織機でも織りやすいように、たて糸４本、よこ糸４段の縞が交差する部分だけたて糸を飛ばして綾織りにしています。ところで、この２枚のマフラーの白糸の出方が多少異なるのがわかるでしょうか。これは、織り始めの開口の違いです。どの開口から織り始めるかで、柄は微妙に変化します。

図
180

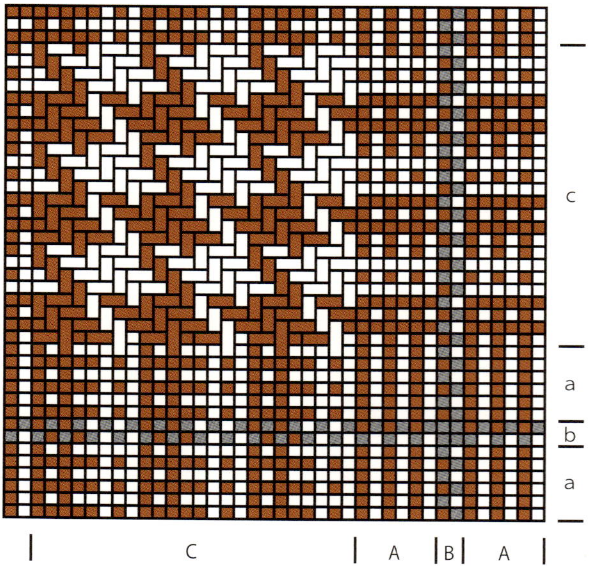

●たて糸＝①白42本　②茶42本　③グレー6本
A＝（①1本＋②1本）×3、B＝③2本、C＝（①4本＋②4本）×3
A+B+A+C+A+B+A+C+A+B+A
●よこ糸＝①白　②茶　③グレー
a＝（①1段＋②1段）×3、b＝③2段、c＝（②4段＋①4段）×3
（a＋b＋a＋c）×12＋a＋b＋a

Data

織りあがりの長さ：160㎝
整経長：210㎝
幅と本数：22㎝　90本
よこ糸密度とソウコウ：4段／㎝　40羽
使用糸：179（グレー）＝たて／㉝㉞㉟190m
よこ／㉝㉞㉟130m
180（茶）＝たて／㉝㉞㉟190m
よこ／㉝㉞㉟130m

第 8 章　使用糸（作品 165 ～ 180）

① 中細毛糸　白

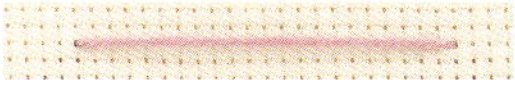
② 中細毛糸　薄紫

③ 中細毛糸　濃紫

④ 中細毛糸　黒

⑤ 並太毛糸　オフホワイト

⑥ 並太毛糸　薄ピンク

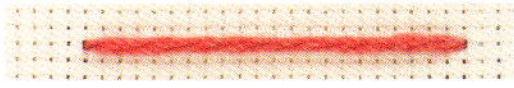
⑦ 並太毛糸　淡ピンク

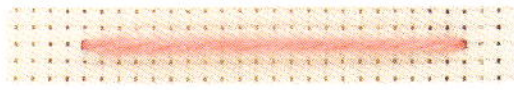
⑧ 並太毛糸　ピンク

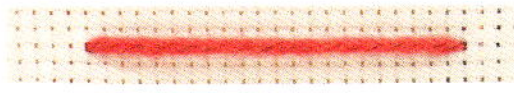
⑨ 並太毛糸　濃ピンク

⑩ 並太毛糸　オレンジ

⑪ 並太毛糸　黄

⑫ 並太毛糸　ベージュ

⑬ 並太毛糸　茶

⑭ 並太毛糸　濃茶

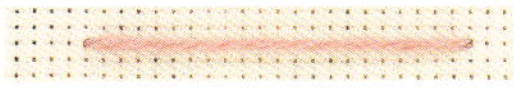
⑮ 並太毛糸　薄紫

⑯ 並太毛糸　濃紫

⑰ 並太毛糸　黄緑

⑱ 並太毛糸　もえぎ

⑲ 並太毛糸　緑

⑳ 並太毛糸　水色

㉑ 並太毛糸　紺

㉒ 並太毛糸　濃グレー

㉓ 並太ツイード毛糸　ベージュ

㉔ 並太ツイード毛糸　濃グレー

㉕ 極太毛糸　濃色

㉖ 極太甘撚りスラブ毛糸　茶

㉗ 極太甘撚りスラブ毛糸　紫

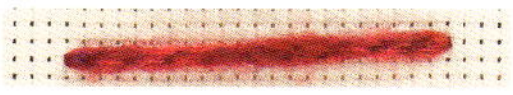
㉘ 極太混紡毛糸　赤

㉙ 極太混紡毛糸　グレー

㉚ 極細綿糸　紺

㉛ 並太毛糸　白

㉜ 並太毛糸　ブルー

㉝ 合太毛糸　白

㉞ 合太毛糸　グレー

㉟ 合太毛糸　茶

草木染めと絣

草木染めというとむずかしいって思う人もいるけれど、１玉の毛糸を染めるなら特別な道具はいりません。紅茶やミョウバンや電子レンジ、ここではキッチンで楽しむ草木染めと染めなくてもできる絣を紹介します。

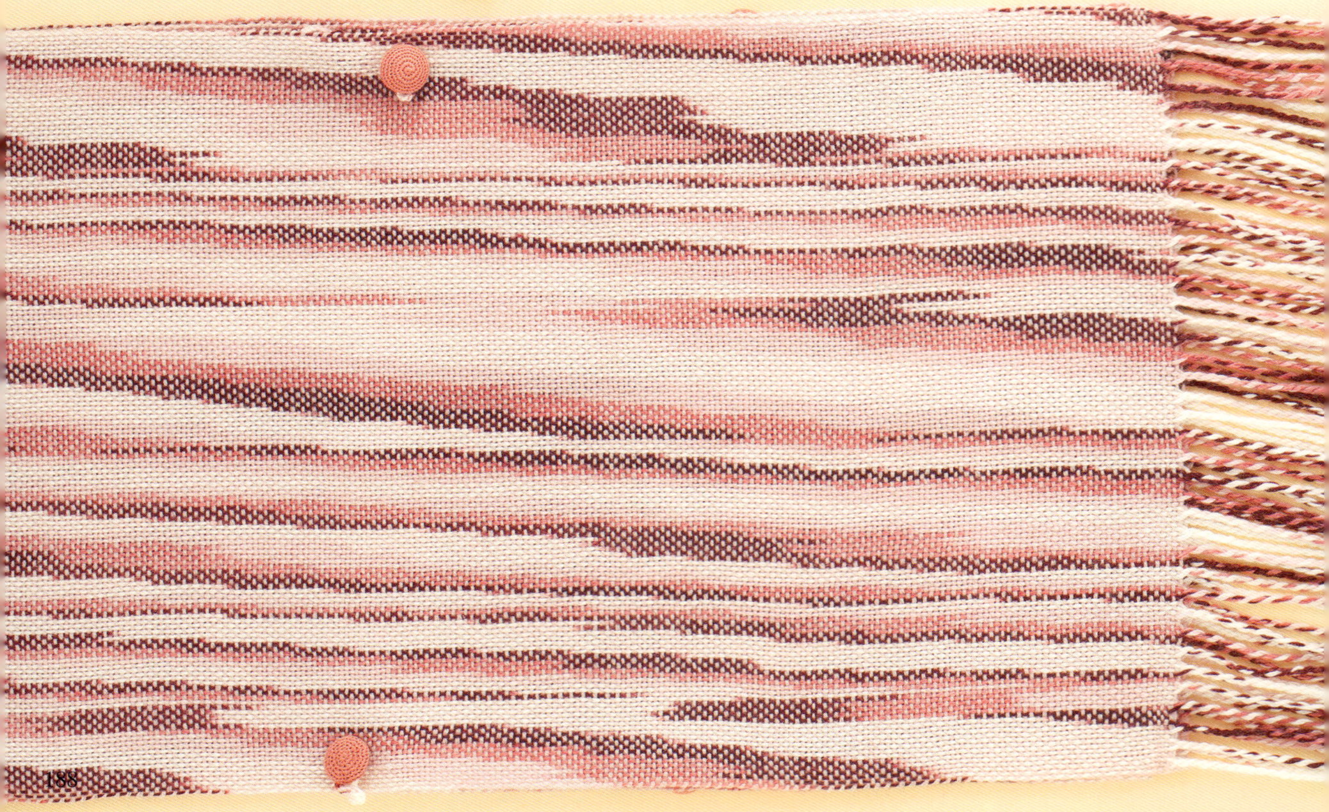

181.182

ループヤーンのアカネ（藍）染めマフラー

草木染めというと道具を揃えたりして大変！といったイメージもありますが、マフラー１本分の毛糸を染めるのであれば５Ｌのボウルで大丈夫。色止めと発色の役目をする媒染剤も手に入れやすいミョウバンにしました。糸染めの最初の作業は玉の糸をカセにすること。アクリルの入っている毛糸は草木染めには向かないので染めたい糸がウール100％であることを確認しましょう。染料店で購入したアカネを使いましたが、玉ねぎの皮やコーヒー、野の草花など染まる植物は身近にもあります。ここでは残液で濃淡に染め、生成りと合わせてチェックのマフラーに。藍染めは水に溶かすだけで藍染液になる粉末藍を使用しました。

181　182

Data

織りあがりの長さ：150cm
整経長：200cm
幅と本数：181（アカネ）＝20cm　59本　182（藍）＝20cm　60本
よこ糸密度とソウコウ：３段／cm　30羽
使用糸：181（アカネ）＝たて・よこ共／⑤　たて120m　よこ105m　182（藍）＝たて・よこ共／⑥　たて120m　よこ105m

図（181）

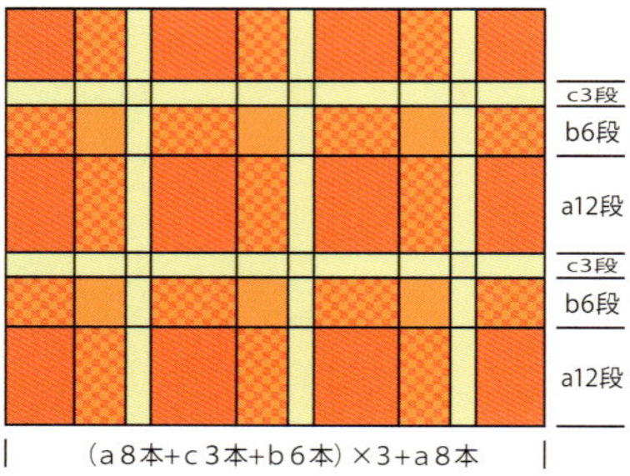

●たて糸：a＝濃色、b＝中色、c＝生成り
●よこ糸：a＝濃色、b＝中色、c＝生成り

図（182）

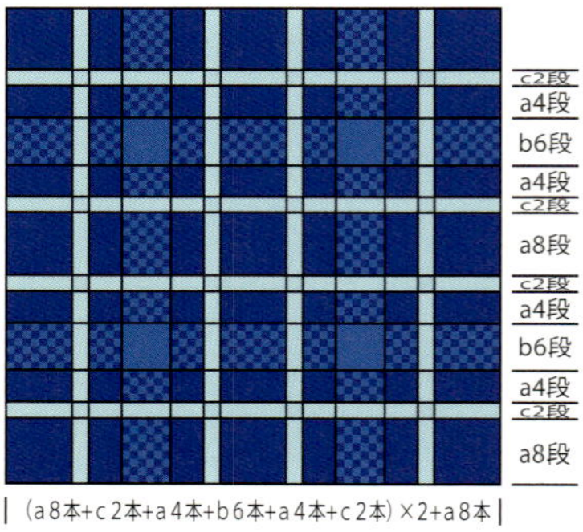

●たて糸：a＝濃色、b＝中色、c＝生成り
●よこ糸：a＝濃色、b＝中色、c＝生成り

材料と道具

並太ループ毛糸 50ｇ×２
インドアカネ 20ｇ　ミョウバン５ｇ
酒石酸３ｇ　５Ｌボウル　菜箸
不織布袋　輪ゴム

Process

1　不織布袋にインドアカネを入れて輪ゴムでしばったものと、水２Ｌをボウルに入れます。

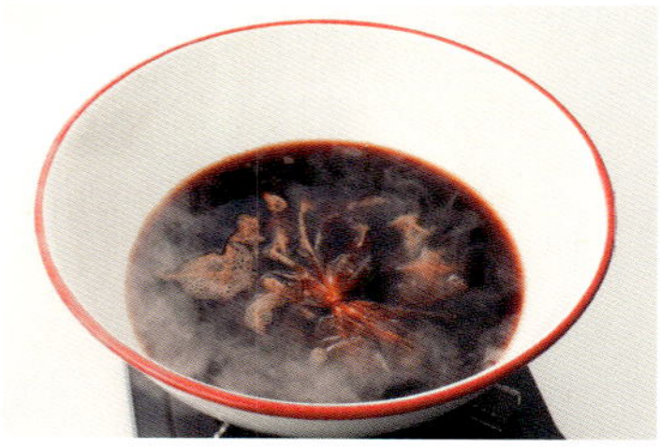

2　中火にかけ、沸騰したら弱火にして 10 分ほど煮込みます。

3 アカネを入れた袋を取り出し、水を2L加えて冷ました中に湿らせた毛糸を入れて、再度火をつけます。

4 沸騰したら弱火で10分煮た後、火を止めて冷めるまで放置します。

5 別のボウルに熱湯で溶かしたミョウバンと酒石酸を入れます。

6 その中に毛糸を入れ、火をつけて沸騰後10分煮て火を止めます。

7 ぬるま湯で洗った後、柔軟剤仕上げをしてから乾かすと柔らかい毛糸になります。

183.184

レンジで染める草木のレインボー染めマフラー

1本の毛糸の中に何色もの色が混ざる段染め糸は、糸のカセを部分的にしばって染まるところと染まらないところを作るなど前もっての準備が必要です。でもここでのレインボー染めは手間いらずでもっと大胆なぼかし染め。まずは濃く染まる植物を選び、濃いめに煮出した液を何種類か用意しておきます。色素を抽出した液体の植物染料も利用できます。ラップを敷いたカレー皿に毛糸を乗せて染色液を掛けていきますが、互いの色が混ざらないように中央に小皿を置くことと、媒染は先に済ませておくことがポイント。ここでは生成りと、淡い藍染め糸の2種類をアカネ、コガネバナ、クルミで染め、平織りのマフラーにしました。

183

184

材料と道具

並太ループ毛糸　アカネ　コガネバナ
クルミ　カレー皿　小皿　ラップ
毛糸　菜箸　ミョウバン　酒石酸

Process

1 カレー皿の中央に小皿を乗せ、その上に十文字でラップをかけます。

2 ミョウバン媒染済みの毛糸を湿らせ、カレー皿に丸く乗せます。

3 濃く設定した染色液をそれぞれコップに入れ、毛糸の好きな位置にかけます。

4 菜箸で抑えてなじませるようにします。白を残す時は水をかけます。

5 ラップで糸全体をくるみ、電子レンジに入れ、500 Wで 15 分加熱します。

6 そのまま自然に冷めるまで約 30 分放置し、ラップから外して洗います。

7 レインボーカラーの草木染め糸ができました！

※184（グリーン系）のマフラーは、藍で水色に染めた毛糸に、ミョウバン媒染をしてから上記と同じ作業をしました。

Data

織りあがりの長さ：150㎝
整経長：200㎝
幅と本数：20㎝　60本
よこ糸密度とソウコウ：3 段／㎝　30 羽
使用糸：183（オレンジ系）＝たて・よこ共／⑦　たて120m　よこ90m
184（グリーン系）＝たて・よこ共／⑧　たて120m　よこ90m

185
紅茶染め・やたら絣のストール

初めて絣にチャレンジするなら、やたら絣がおススメです。絣とはひもなどで部分的に括ってから染めることで、白い部分を残して柄とする織り技法のことです。たいていの場合は井桁など具体的な柄を考えた上で括りますが、やたら絣は全体にまんべんなく染め残した白い部分が散るようにするのが目的なので、ちょっとムラに染まっても大丈夫。また染め残しの白い部分があまり多いと織りあげたときくどい感じになるので、括る部分をあまり多くしないことがポイントです。ここでは総やたら絣にしましたが、無地の糸と組み合わせて縞にしてもいいでしょう。

Data

織りあがりの長さ:150cm
整経長:200cm
幅と本数:18cm　72本
よこ糸密度とソウコウ:3.5段／cm　40羽
使用糸:たて・よこ共／⑨⑩　たて145m　よこ105m

材料と道具

中細スラブ綿糸　紅茶　ミョウバン
濃染剤　ビニールひも　ボウル　菜箸
不織布袋　輪ゴム

括り方

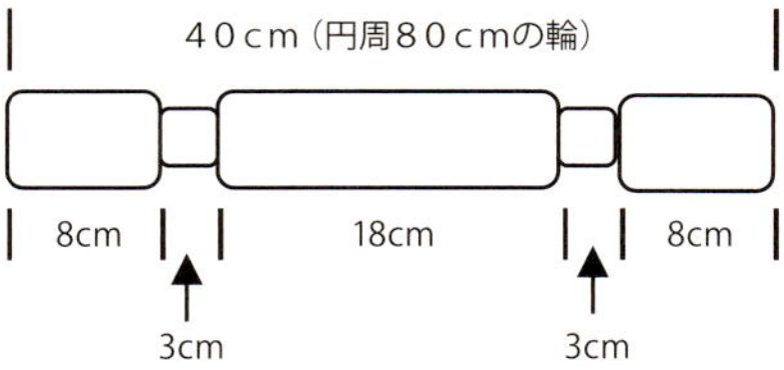

上の図のように3cmずつをしっかり括る

Process

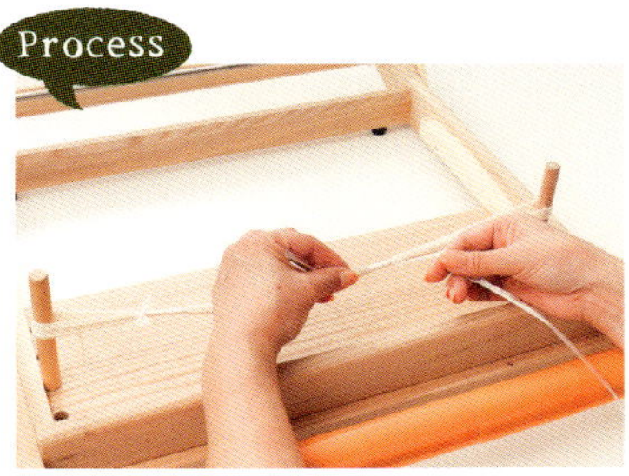

1 綿糸を20周程度輪にし、1cm幅に裂いたビニールひもできつく括ります。

2 括った糸は染める前に30分くらい水に浸し、ひもの中まで水を浸透させます。

3 木綿は染まりにくいので市販の濃染剤を使い、紅茶で染めました。ほどくと白い部分が残ります。

186

段染め糸の斜め絣マフラー

染めまではちょっと……という方でも市販の段染め糸を使えば絣織りをすることができます。一般的なかせの大きさは150㎝、それに段染めが施されてその後玉巻きして市販されています。その糸をもう一度150㎝プラスアルファの長さに輪っか状に整経すれば、斜めにずれたたて絣のたて糸ができます。あとは1色のよこ糸でサクサク織るだけの斜め絣にチャレンジしてみましょう。

Data

織りあがりの長さ：105㎝
整経長：155㎝
幅と本数：18㎝　72本
よこ糸密度とソウコウ：3.5段／㎝　40羽
使用糸：たて／④115m
よこ／②75m

Process

1　1周で155㎝程度になる位置に整経のピンを立てます。

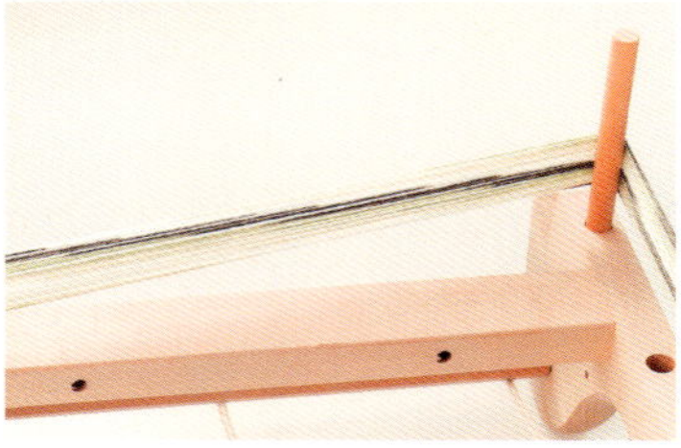

2　ぐるぐると輪っか状に整経していくと段染めの色が斜めにずれます。

3　糸の順が変わると斜めの柄が出ないので必ず綾を取りましょう。

4　綾の順にたて糸をセットしていきます。

5　斜め絣のたて糸がで出来ました。あとは巻き取って織るだけです。

187
斜め絣のショールベスト

たて糸の長さが150cmだと少し短めのマフラーになりますが、斜め絣はその倍300cmプラスマイナスサイズのたて糸にすることもできます。そのたっぷりした長さを利用して、ベスト仕立てのショールにしました。長い布の中心で60度に折り、両脇と背中中心にボタンをつけました。ボタンの位置は自分サイズにあわせてつけます。

Data

織りあがりの長さ：240cm
整経長：290cm
幅と本数：39cm　158本
よこ糸密度とソウコウ：4段／cm　40羽
使用糸：たて／③　460m　よこ／①　345m

ボタン・ループ付け位置

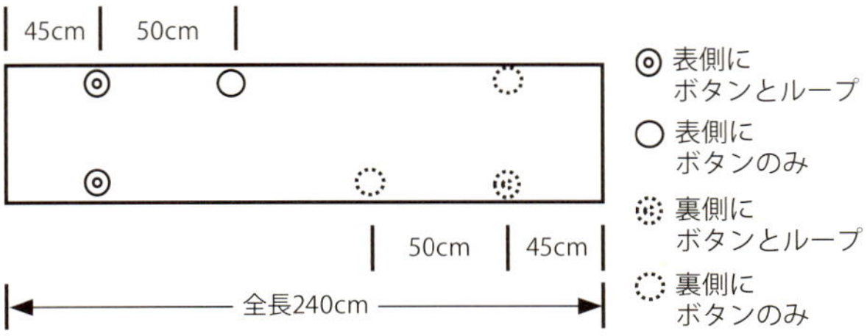

草木染めと絣　使用糸　（作品 181 ～ 187）

① 中細毛糸　薄ピンク

② 中細毛糸　薄緑

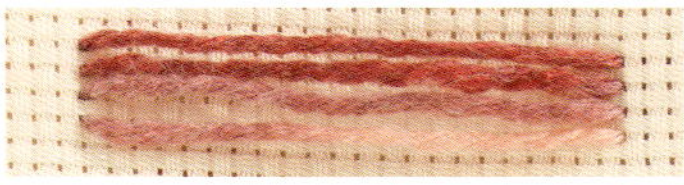
③ 中細段染め毛糸　ピンク

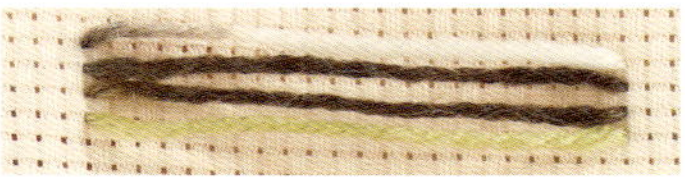
④ 中細段染め毛糸　グリーン

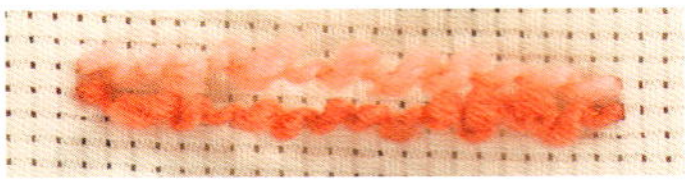
⑤ 並太ループ毛糸　アカネ

⑥ 並太ループ毛糸　藍

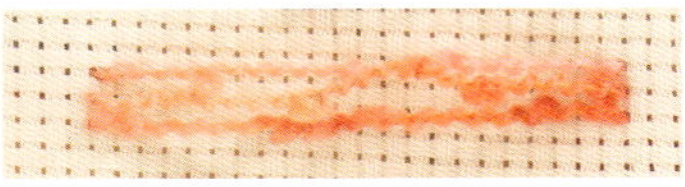
⑦ 並太ループ毛糸
レインボー染め・オレンジ系

⑧ 並太ループ毛糸
レインボー染め・グリーン系

⑨ 中細スラブ綿糸・生成り（染色前）

⑩ 中細スラブ綿糸・紅茶

第 9 章

裂き織り

裂き織りとは

細く紐状に裂いた布を織り込んだものを裂き織りといい、古くから世界各地で生活の知恵として生まれた織り技法です。たてよこに糸同士を組み合わせたような繊細な布にはならないけれど、元の布のフシもほつれも一緒に織り込むと趣のある布が生まれます。

「裂き織りでまきものはできないのか」というご質問をよく受けるので、この本では、マフラーやストールなどのまきものにするために、できるだけ仕上がりが柔らかくなるような布を選び、裂いて、やさしく打ち込んでみました。

裂き織りならではのテクニック

1. 布の裂き方

裂き織りは、布を裂いたものをよこ糸、あるいはたて糸にして使います。

A. 切れ込みを入れて裂く

裂ける布を使う場合の、最も基本の裂き方。
はさみで深めに切れ込みを入れるのがポイントです。1cm 程度の切れ込みでは布がちぎれることがあるので、約 3cm の切れ込みを入れます。

1
裂きたい幅のところに、はさみで 2 ～ 3cm の切り込みを入れます。

2
切り込みを入れた布を両手で持って、勢いよく裂きます。

3
布端まで来たら、裂き切らずに 1cm ほど残しておきます。

4
3 の横に切り込みを入れます。小さな布でも行ったり来たりすることで長い紐状にできます。

B. ロータリーカッターとテープカット定規を使う

手では裂けない布を使う場合は、道具を使います。裂ける布でも道具を使うと、ほつれも少なくきれいに仕上がります。

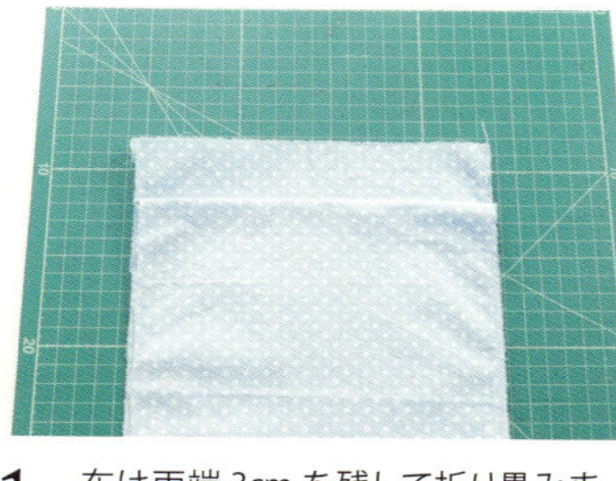

1　布は両端 3cm を残して折り畳みます。あまり長い布だと、折り畳むときにずれるので 50cm にくらいに切ってから作業します。

2　1 の上に中心に溝のあるテープカット定規をあて、布端 3cm を残して一定幅に切っていきます。

3　端がつながったまま一定幅に切られた布は、その両端を交互に切って長い紐状にします。

2. 裂き布のつなげ方

裂き布の長さには限りがあるので、織っている途中でつなげて使います。つなぎ目が目立たないように、織り幅の端のほうでつなぐとよいでしょう。

A. 重ねる

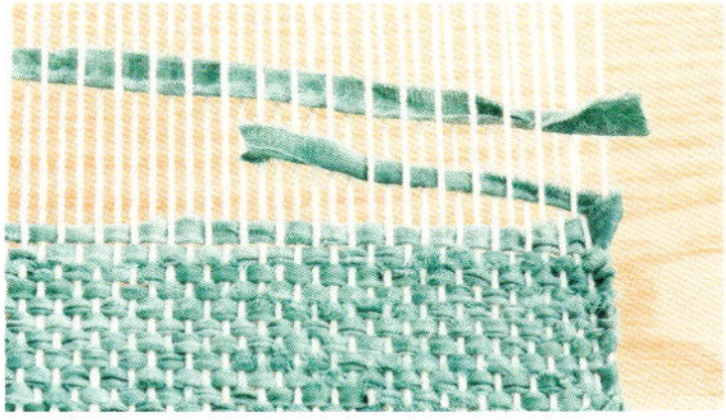

一番一般的な方法。たて糸 10 本分程度、端布どうしを重ねます。はみ出した裂き布は、織り進んでからカットします。

B. 斜めに切る

裂き幅が広い場合は布端を斜めに切ってから重ねて織ると、つなぎ目が目立ちません。

C. 絡めるように巻き込む

指先で裂き布の端どうしを絡めます。布端が隠れるので、よりつなぎ目が目立ちません。裂き布の色を変えるときにもよいでしょう。

3. 織り方のコツ

マフラーやストールなど「まきもの」を裂き織りで織るときのコツです。

A. 裂き布を湿らせる

裂き布を湿らせた状態で織ると、銘仙のような張りのある布もきれいに打ち込めます。水で湿らせたフキンで、裂いた布を湿らせながらシャトルに巻くとよいでしょう。

B. 柔らかく織る

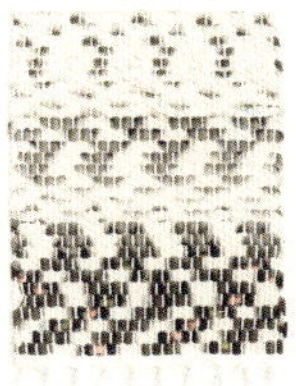

裂き織りは強く打ち込むイメージがありますが、柔らかく仕上げるために、挟むように入れます。挟んだだけの裂き布を安定させるために、毛糸と組み合わせる場合もあります。

C. 裂き布のとんがりの処理

行ったり来たりで裂いた布には折り返し部分にとんがりができます。布のとんがりが気になる場合、以下のような処理をします。切り返し部分がきたら、裂き切って重ねてつなげるというのもひとつの手です。

とんがりをカットする

切り返しの角が気になる場合は、はさみで角を切ってからシャトルに巻きます。

内側に折る

とんがり部分にきたら、指先で角を内側に折り込みます。

湿らせる

とんがり部分まできたら指先を水で湿らせ、角を揉んでから打ち込むと織りつぶれます。

188

シルクシフォンの
縫い取り風ストール
（ピンク）
how to make P.207

189

シルクシフォンの
縫い取り風ストール
（茶）
how to make P.207

190

リサイクルシルクの
ストール
how to make P.207

191

楊柳生地の
チュブロス織り
マフラー
how to make P.208

192

綿布の糸抜きマフラー

how to make P.208

193

フリースのオーバー
ショットマフラー
how to make P.209

194

藍染めの胴裏ショール
how to make P.209

195

よろけＳ縞ストール
（茶）
how to make P.210

196

よろけＳ縞ストール
（グリーン）
how to make P.210

197

縮緬布の
再生柄ストール
how to make P.211

198

楊柳生地の
十字架マフラー
how to make P.211

199

裏地使いの
リボンストール
how to make P.212

188.189 シルクシフォンの縫い取り風ストール

作品200ページ

縫い取りとは一種の浮き織りです。浮き糸はたて糸に引っ掛ける状態で織りこむため、裏にその糸は出ず、一見刺繍しているようにも見えます。ここでは部分的に２本取りにしたたて糸に裂き布を挟み、片面だけに裂き布が見える縫い取り風のデザインにしました。

Process

1　作品のたて糸は一色ですが、２本取りにした部分だけ色を変えました。

2　デザイン通りに２本取り糸の一本をすくい、裂き布を挟み込んでいきます。

Data

織りあがりの長さ：140cm
整経長：190cm
幅と本数：18cm　91本
よこ糸密度とソウコウ：4段／cm　40羽
使用糸：188（ピンク）＝たて／①175m　よこ／①115m　㉑1.5cm幅4m（縦方向に裂く）
189（茶）＝たて／②175m　よこ／②115m　㉑1.5cm幅4m（縦方向に裂く）

図（188）

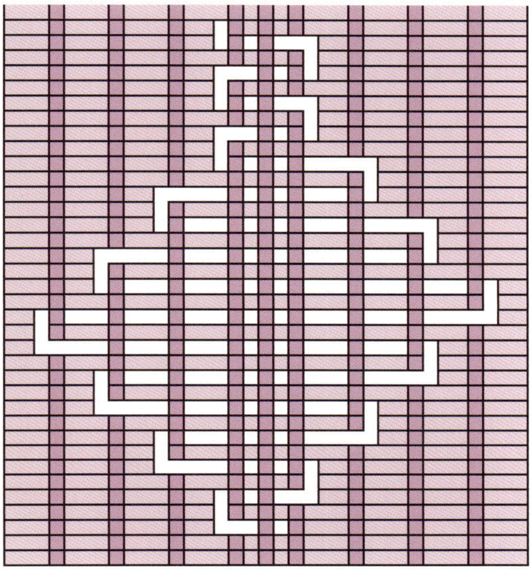

●たて糸：中細ラメ糸 91 本（73 本＋2 本取り 9 本）
22 本＋（2 本取り 1 本＋3 本）× 3 ＋（2 本取り 1 本＋1 本）× 2 ＋ 2 本取り 1 本＋（3 本＋2 本取り 1 本）× 3 ＋ 22 本
●よこ糸：中細ラメ糸、シルクシフォン 1.5cm 幅
柄部分で平織り1段おきに 2 本取りの 1 本のみをシルクシフォンで拾って織る

190 リサイクルシルクのストール

作品201ページ

衣装などをつなぎ合わせたリサイクルシルクの布素材を織りこみました。お手持ちの絹の端切れや胴裏をレンジでカラフルに染め（191 ページ参照）、よこ糸として利用できます。大胆な裂き布をマフラー素材とする場合は、柔らかい夏糸を地糸にシンプルに平織りをするのが一番効果的です。

図（190）

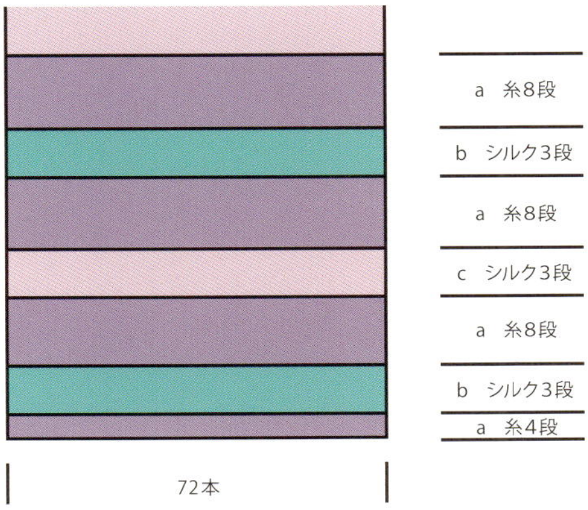

●よこ糸：a＝中細・紫　b＝リサイクルシルク・青　c＝リサイクルシルク・紫
a 4 段＋（b 3 段＋a 8 段＋c 3 段＋a 8 段）× 18 ＋b 3 段＋a 4 段

Data

織りあがりの長さ：150cm
整経長：200cm
幅と本数：18cm　72本
よこ糸密度とソウコウ：糸部分4段／cm　シルク部分3段/2cm　40羽
使用糸：たて／④145m　よこ／④㉒㉓75m

191 楊柳生地のチュブロス織りマフラー

作品201ページ

通常の袋織りは筬あるいは筬綜絖に２本ずつたて糸を通し、表裏を交互に織りますが、チュブロス織りは筬に入れるたて糸は１本、作り方１の写真のAが下層、Bが上層で袋織りとなり、上層２段下層２段の４段１組を繰り返します。２種類の裂き布を使い、たて糸すべて裂き布、よこ糸にウールループを入れてふわふわマフラーに。袋状なので房は内側に入れてかがって始末しました。

Process

1　1段目は左端の糸が上糸の開口で左端の１本と図のBの糸の間によこ糸を入れます。2段目は開口を変えてBの縞を織ります。

2　3、4段目は図のAの縞をたて糸の下で通して、開口を変えて２段織ります。織り間違いのないようスティックを使うといいでしょう。

3　この４段を繰り返すと布が袋状になります。

図(191)

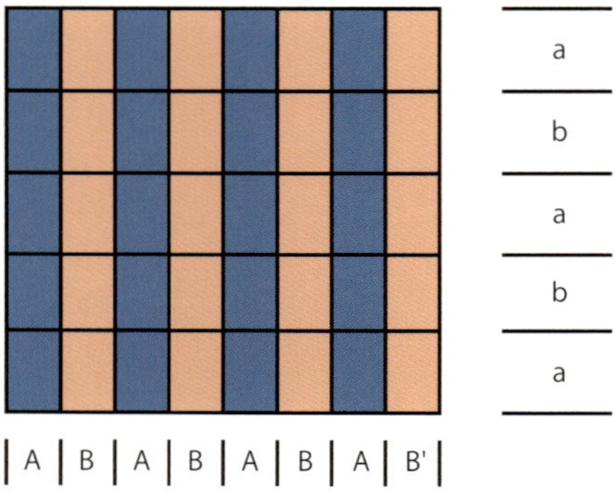

●たて糸：楊柳生地（ブルー24本、オレンジ25本）
（ブルー６本+オレンジ６本）×３+ブルー６本+オレンジ７本
A、B各６本、B'のみ７本
●よこ糸：a＝太モヘア・茶
b＝太モヘア・青
（a+b）×10+a

Data

織りあがりの長さ：160cm
整経長：210cm
幅と本数：16cm　49本
よこ糸密度とソウコウ：4段／cm（片面2段／cm）　30羽
使用糸：たて／㉕1cm幅2.1m×24本、㉔2.1m×25本
よこ／⑧⑨各63m

192 綿布の糸抜きマフラー

作品202ページ

図(192)

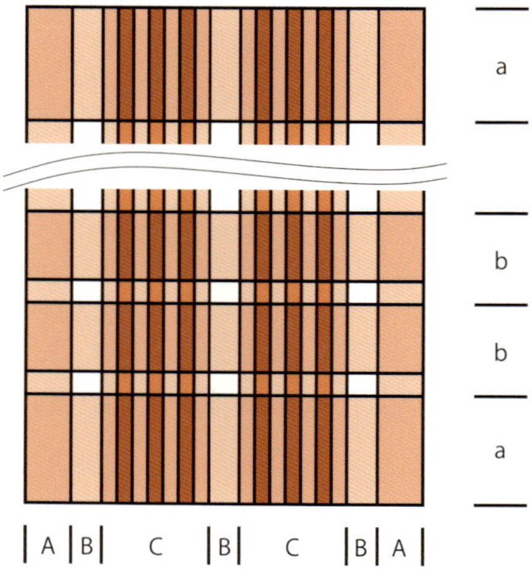

モヘア混じりの糸に挟んだ状態で裂き布をたて糸に加えました。四角く穴の空く織り地の方法は149ページ（138・139）を参考にしてください。マフラーなど柔らかく仕上げたい織り地のたて糸に向く裂き布の一つに楊柳素材があります。ここではポリエステルの花柄の楊柳布を裂いて、たて糸としました。

●たて糸：A＝ウール６本　B＝綿糸４本
C＝（ウール２本+裂き布２本）×３+ウール２本
●よこ糸：a＝ウール20段　b＝綿糸４段+ウール14段
a+b×23+綿糸４段+a

Data

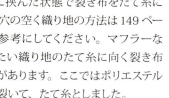

織りあがりの長さ：160cm
整経長：235cm　幅と本数：17cm　52本
よこ糸密度とソウコウ：3段／cm　30羽
使用糸：たて／㉔1cm幅2.1m×12本
⑥60m　⑦65m
よこ／⑥70m　⑦30m

193 フリースのオーバーショットマフラー

作品203ページ

もう着なくなったフリース素材も軽くて暖かいマフラー素材に最適です。衣服から切り取った小さな端切れでも活用できるようにオーバーショットでワンポイント柄を作ってみました。切ったフリースを引っ張って伸ばしてから織るのがポイント。フリースの場合は縦方向の方が丸く丸まるのが特徴です。

1～2cm幅に切ったフリースは引っ張って丸めてから織ります。

Data

織りあがりの長さ:140cm
整経長:190cm
幅と本数:20cm　60本
よこ糸密度とソウコウ:2段／cm　30羽
使用糸:たて／⑲120m　よこ／⑩65m　㉖1.2cm幅1.5m×6本
※フリースはカットした後で伸ばす(1.5m→約2.4m)

図 193

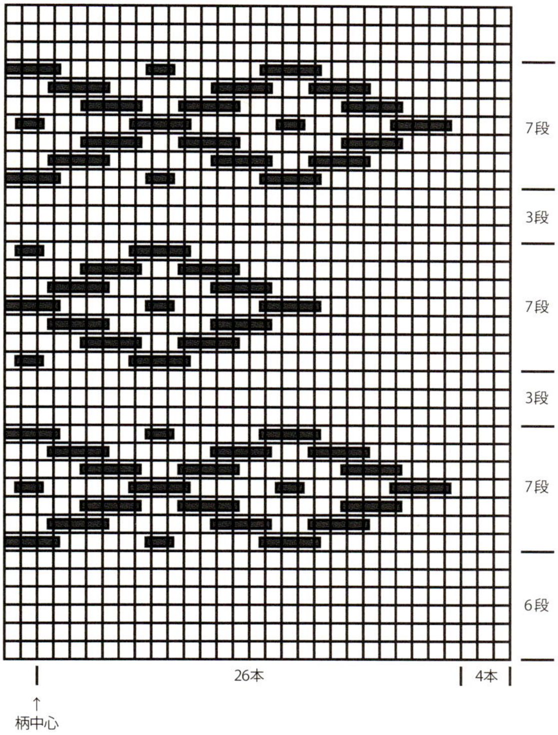

※柄はたて糸 52 本の範囲
●たて糸：水色 60 本
●よこ糸：濃グレー
浮き織り部分フリース・白 1.2cm 幅

194 藍染めの胴裏ショール

作品203ページ

藍染めした胴裏とモヘアヤーンを組み合わせて、軽くて、暖かくて、柔らかいショールに仕上げました。たて糸はモヘアだけですが、ところどころ混み刺しにして変化をつけました。よこ糸はモヘアと胴裏を交互に織った畝織りです。丁寧な縮絨をすることで胴裏とモヘアが絡み、安定感のある織り地になります。

図 194

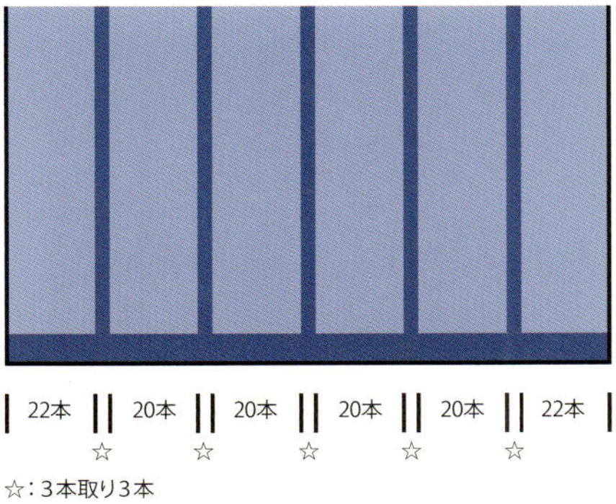

●たて糸：中細モヘア糸　22 本＋（3 本取り 3 本＋20 本）×4＋3 本取り 3 本＋22 本
●よこ糸：a＝中細モヘア糸　b＝藍染め胴裏（裂き幅 1cm）
織り始めと織り終わりは a 5段、a 1 段＋b 1 段の畝織り

Data

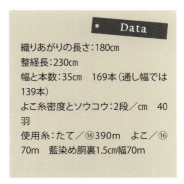

織りあがりの長さ:180cm
整経長:230cm
幅と本数:35cm　169本(通し幅では139本)
よこ糸密度とソウコウ:2段／cm　40羽
使用糸:たて／⑯390m　よこ／⑯70m　藍染め胴裏1.5cm幅70m

195.196 よろけS縞ストール

作品204ページ

よろけ縞は20～21ページにあるひょうたんのような形だけではなく、オープンリードの卓上織機であればS字柄を表現することもできます。やさしい色合いの淡い色を組み合わせる場合は筋部分に濃い色を持ってくるといいでしょう。

たて糸のかけかた（196）

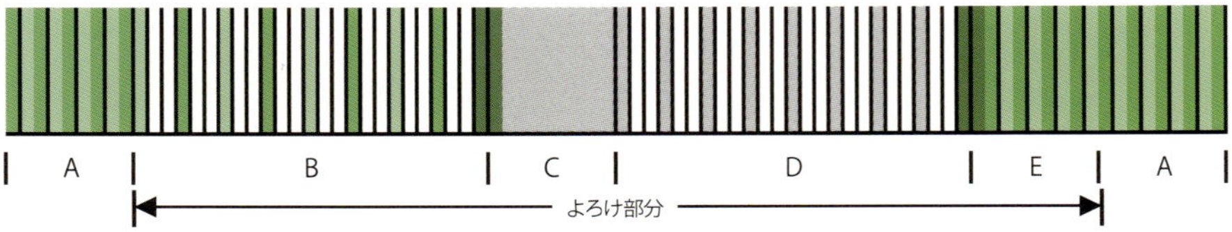

a＝並太ウール・水色（18本）、b＝段染めモヘア・グリーン（16本）、
c＝極太ウール・グリーン（4本）、d＝並太ウール・白（16本）
A：（a1本+b1本）×4＋a1本　B：（b1本+2溝空+a1本）×4＋2溝空+c1本
C：c1本+d8本　D：（d1本+2溝空）×8＋c1本　E：c本+（a1本+b1本）×4
A+B+C+D+E+A

たて糸の動き（よろけ部分）

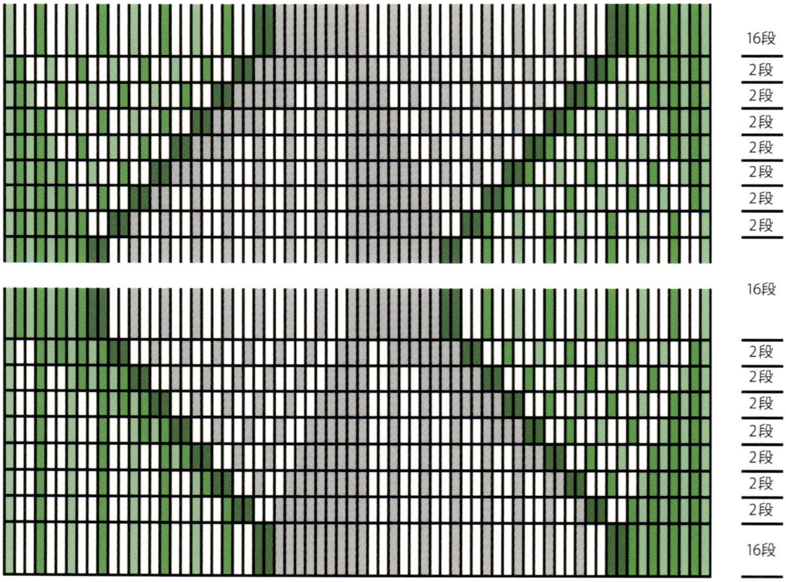

Process

1 図を基に密度を変えてたて糸をかけます。

2 たて糸を移動させて織り進むと、徐々にS字柄から出てきます。

Data

織りあがりの長さ：150cm
整経長：200cm
幅と本数：22cm　54本
よこ糸密度とソウコウ：3段/cm　40羽
使用糸：195（茶）＝たて／⑫⑭⑰⑱110m　よこ／㉑1.5cm幅90m（横方向に裂く）
196（グリーン）＝たて／⑪⑬⑱⑲110m　よこ／㉑1.5cm幅90m（横方向に裂く）

197 縮緬布の再生柄ストール

作品205ページ

部分的な二重織りと再生の裂き織りを組み合わせて、縮緬布の柄をマフラーの中に取り入れました。柄を再生するうえで一枚の布では織りつぶれるため、ここでは 3 枚の同じ柄の布を用意し、3 枚の布を順番に織ることで元の柄を再生させています。繊細な下準備が必要な作品です。織り上げた縮緬は織り幅から 1cm のところに糸始末リキッドを塗り、カットします（二重織りについては 87 ページ参照）。

図 197

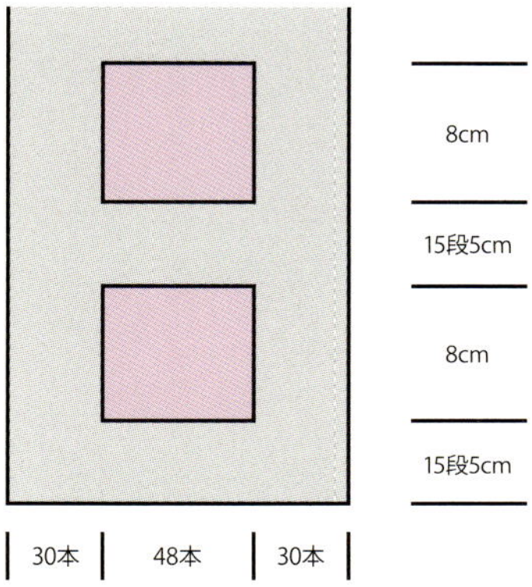

●たて糸：グレー 108 本（2 本取り）
●よこ糸：グレー 2 本取り、縮緬布 1 パターン 8cm × 8cm3 枚× 4 柄分

Data

織りあがりの長さ：160cm
整経長：210cm
幅と本数：18cm2本取り　108本
よこ糸密度とソウコウ：3段/cm　30羽
使用糸：たて／③230m　よこ／③190m　㉙11cm幅×8cm角を12枚

Process

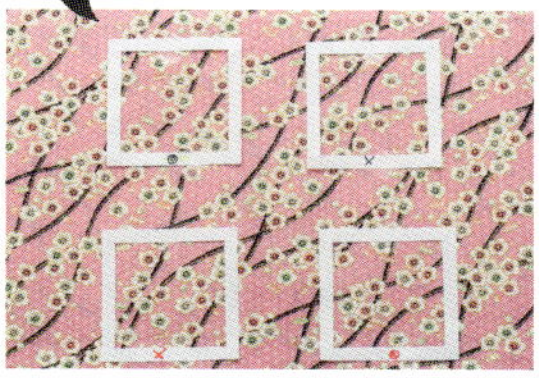

1 固めの紙で 8cm幅 × 8cmを中抜きした台紙を 3 枚用意し、その布の中で同じ柄になる 3 カ所を確認し、外側で切り取ります。

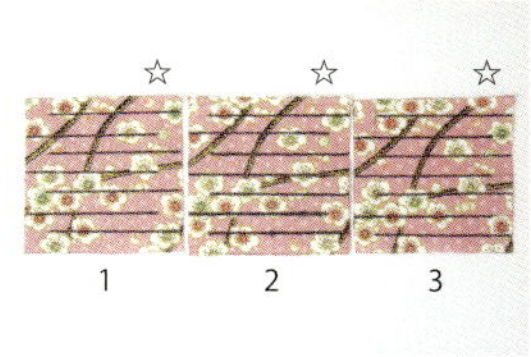

2 3 枚の布は 1 / 3 cmずつずらして切り、1．2．3 の順で織っていきます。切った布は☆マークの方からシャトルに巻いていきます。

3 よこ糸密度は 1cm3 段です。①②③の順でシャトルに巻いた裂き布を入れ、元の柄と同じになるように織っていきます。

198 楊柳生地の十字架マフラー

作品206ページ

二重織りの一種で、よこ糸の入れ方を変化させることで 2 種類の織り布が交差する不思議な織り地になります。たて糸を楊柳生地の裂き布とモヘアヤーンの大胆な縞にし、両端の十字架部分はたてよこ裂き布とモヘアの織り地、平織り部分は並太毛糸をよこ糸にして、織りあげた後かがって筒状にしました。

Data

織りあがりの長さ：150cm
整経長：200cm
幅と本数：19cm　56本
よこ糸密度とソウコウ：
十字架部分＝2段／cm
平織り部分＝3段／cm
30羽
使用糸：たて／㉕2cm幅2m×28本　⑮⑯56m
よこ／㉕2cm幅26m
⑮⑯80m

図 198

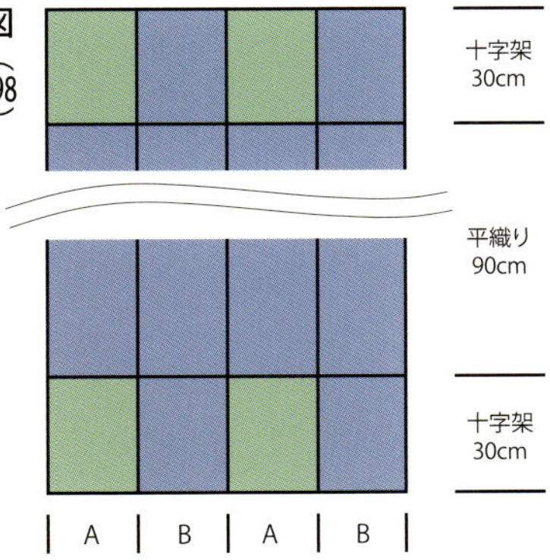

●たて糸：A＝裂き布 14 本　B＝モヘア 14 本　（A＋B）× 2

Process

1 裂き布の縞は裂き布だけを拾って、開口を変えて 2 段織ります。

2 毛糸部分は毛糸だけを拾いますが、シャトルはたて糸の下に出して、毛糸部分だけで折り返し、4 段 1 組を繰り返して交差した 2 枚の布を織ります。

3 平織り部分は並太毛糸で織ります。

199 裏地使いのリボンストール

作品206ページ

ちょっとだけ残った端切れを袋状に仕立てて、挟み込むように織りました。207ページの縫い取り風ストール同様挟み込む部分だけたて糸を2本取りにして挟みます。リボンが織りつぶれないよう何段か浮かすのがポイントです。いろいろな素材で試してみましょう。

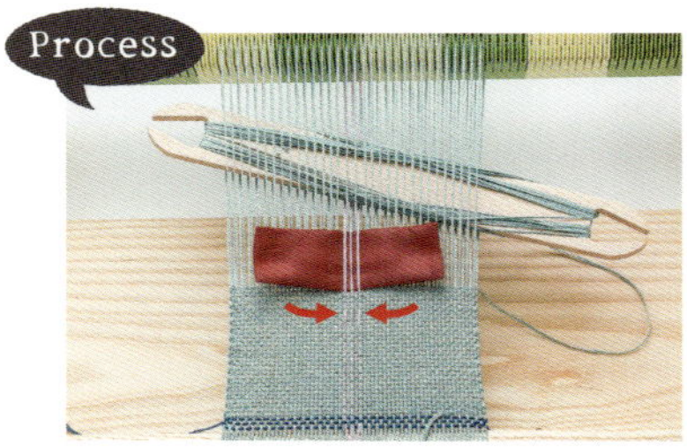

リボンを挟むときだけ2本取りの糸の一本を浮かせます。リボンの大きさによって、浮かせる段数を変えます。

Data

織りあがりの長さ：130cm
整経長：180cm
幅と本数：15cm　64本
よこ糸密度とソウコウ：4段／cm　　40羽
使用糸：たて／⑤120m
よこ／⑤90m　5cm幅×20cmの㉗を4枚、㉘を6枚

図 199

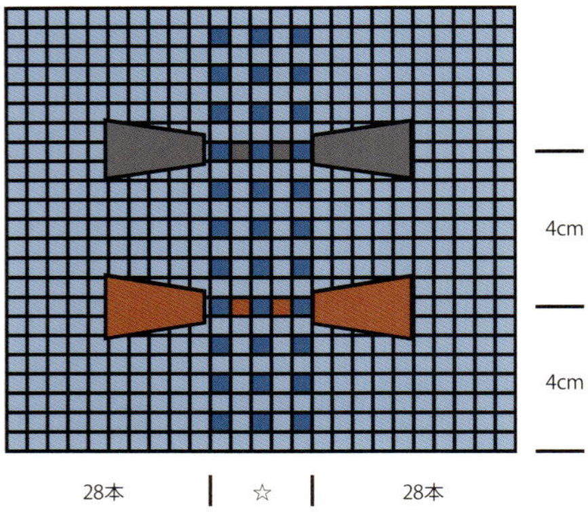

●たて糸：グリーン64本　☆＝（2本取り＋1本取り）×2＋2本取り
●よこ糸：両端4cmおきに2本取りのうち1本のたて糸にリボンを通すパターンを5回入れる。間の平織りは90cm

第9章　使用糸（作品188～199）

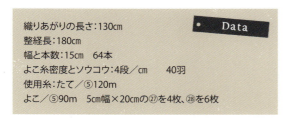

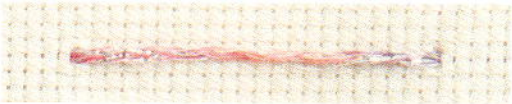
① リリヤーン中細ラメ グラデーション　ピンク

② リリヤーン中細ラメ グラデーション　茶

③ リリヤーン中細　グレー

④ リリヤーン中細　紫

⑤ リリヤーン中細　グリーン

⑥ 極太モヘア　紺

⑦ 中細綿糸　白

⑧ ネップ太モヘア　青

⑨ ネップ太モヘア　茶

⑩ ネップ太モヘア　濃グレー

⑪ 極太ウール　緑

⑫ 極太ウール　焦げ茶

⑬ 段染めモヘア　グリーン系

⑭ 段染めモヘア　茶系

⑮ 段染めモヘア　青系

⑯ 中細モヘア　紺

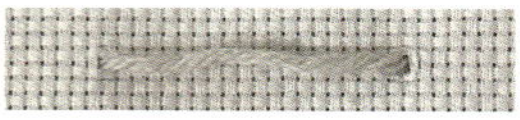
⑰ 並太ウール　ベージュ

⑱ 並太ウール　白

⑲ 並太ウール　水色

⑳ 並太ウール　紺

㉑ シルクシフォン　白

㉒ リサイクルシルク　段染め　紫

㉓ リサイクルシルク 段染め　青

㉔ ポリエステル楊柳 ベージュ

㉕ ポリエステル楊柳 紺水玉

㉖ フリース　白

㉗ 裏地　紺

㉘ 裏地　茶

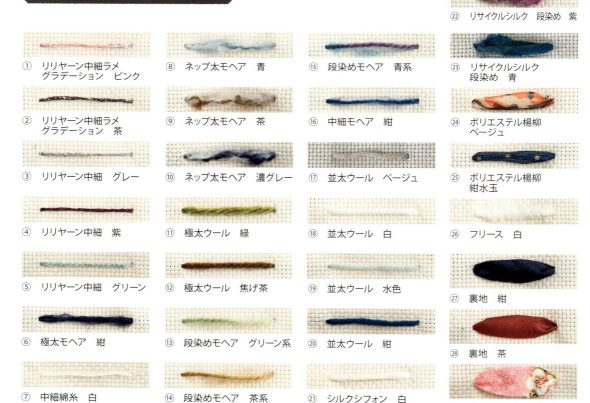

㉙ 綿ちりめん柄　ピンク

手織りの基礎知識

手織りをする際の、基本的な知識をごく簡単にまとめました。
まきものには欠かせない房の始末も、ここでまとめて紹介しています。
オリジナル作品を制作するときにも参考にしてください。

織機いろいろ

手織りを楽しむにはオフルーム（162ページ）のように道具を使わない方法もありますが、たいていの場合は道具を使うとより応用範囲が広がります。
織機には木枠や地機などをはじめいろいろなタイプがありますが、この本では一般的に流通している卓上織機と高機（四枚綜絖まで）でできる技法の範囲で作品を作りました。
卓上でも多綜絖の織機はありますが、本文中では便宜的に卓上織機と書かれている場合は足踏み式も含めて二枚綜絖の織機のことを表し、高機とある場合は卓上のレバー式も含め、四枚綜絖の織機のことを指しています。

高機　ろくろ式足踏式高機

卓上織機　オープンリードの卓上織機

卓上織機　クローズドリードの卓上織機

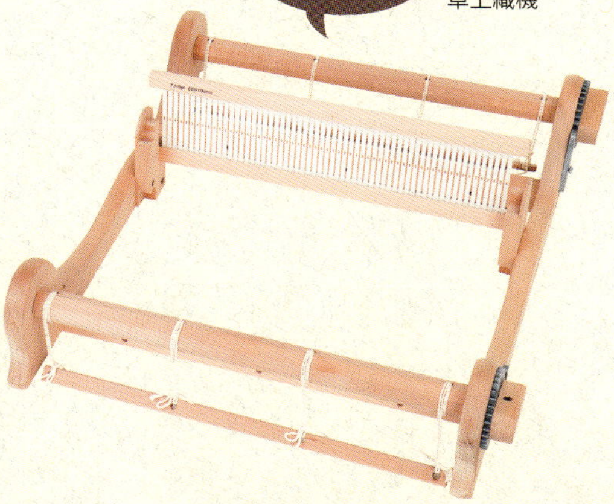

織り図の見方

図１は織りの組織図です。下の横長のマス目はソウコウの通し方を、右の縦長のマス目は踏み順を、右下はタイアップを表しており、これらの情報を統合すると織り柄を表す組織図が出来上がります。
組織図の白枠の範囲は完全意匠図といい、組織の最小単位、つまりこの白枠内の繰り返しで布は成り立ちます。

本文中の図やたて糸のかけ方は、卓上織機を想定した表現になっています。作品番号 122、142 ～ 144 の空羽は、高機、卓上とも共通ですが、変わり通し（右下の図参照）の場合、卓上織機では隙間を空けてたて糸をかけ、高機の時はソウコウは 1．1．2．2、筬は隙間を空けずに通すなどの違いが生じます。また、二重織りや花織りで丸羽とある場合、卓上では２本ずつ通しますが、高機の場合はソウコウでは１本ずつ、筬のみ２本取りで通します。

二枚綜絖の卓上織機でも、組織図を基に拾っていけば第５章の四枚綜絖の組織織りの作品を織ることができます。
簡単な柄は組織図を見ながら拾い、複雑な柄の場合は組織図を数字表に置き直します。
図２は図１の白枠内完全意匠図の一番下の段を数字に置き換えたものです。中央の太い横線は閉じたたて糸を、数字はたて糸の本数を表しています。白枠内の８本のたて糸の中で右から２本たて糸を拾い、１本落とし、２本拾い、３本落とす、これを繰り返したところによこ糸を入れると１段目ができます。この数字表を使った作品の一例は 101 ページにあります。

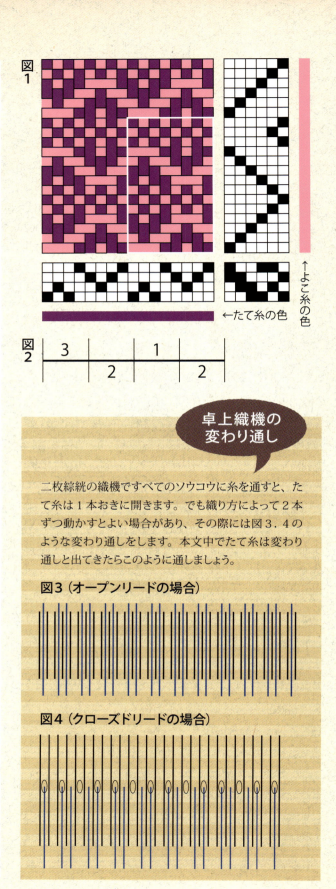

図１

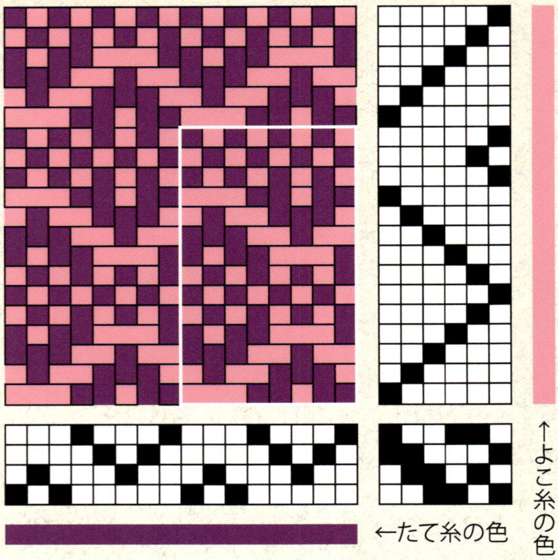

図２

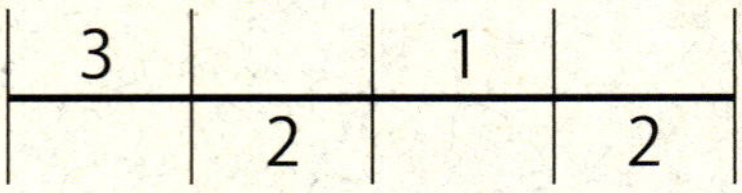

卓上織機の変わり通し

二枚綜絖の織機ですべてのソウコウに糸を通すと、たて糸は１本おきに開きます。でも織り方によって２本ずつ動かすとよい場合があり、その際には図３．４のような変わり通しをします。本文中でたて糸は変わり通しと出てきたらこのように通しましょう。

図３（オープンリードの場合）

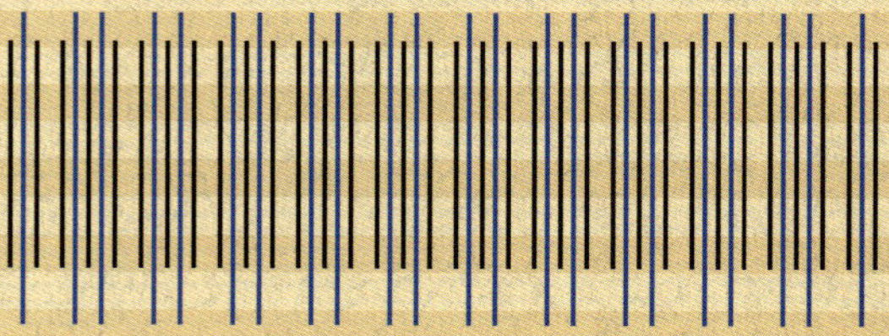

図４（クローズドリードの場合）

仕上げと縮絨

手織り布は仕上げとして湯通しをし、余分なほこりを落としたり、織り目を落ち着かせたりします。綿や絹は水の中に15分程度浸した後、タオルにくるんで脱水してから干す程度で構いませんが、ウールの場合は縮絨（しゅくじゅう）といってウール繊維同士を絡ませるのが目的です。
そのために最も重要なのは50℃程度のお湯を用意すること。まず手織り布がゆったり浸る程度のお湯を用意し、布の重量に対して５％くらいの洗濯洗剤を入れてから、布を浸します。そのまま放置し、手を入れられるくらいの温度になったら振り洗いするように布を動かします。特に房を撚り合わせているときはその部分だけ揉み洗いをします。はじめの温度が低いと縮絨にはならないので温度には注意しましょう。

綿や絹は、ためた水の中に入れて広げながら押し洗いする。まんべんなく水を通したら、軽く脱水して干す。

ウールは50℃の洗剤液に浸してなじませてから振り洗い。房を撚り合わせた場合は丁寧に揉み洗いする。すすぎ洗い後、柔軟剤を入れた温湯に浸してから軽く脱水して干す。

仕立て

この本の中では、両端の房を一緒に縛ることで輪っか状のスヌード（9ページ）にしたり、ボタンをつけることでショールをベストやマーガレット（126ページ）にしたりなどごく簡単な仕立ても載せました。
仕立てではありませんが、はじめから布を直角に織る方法もあります。
直角のショールは肩にかけたとき滑り落ちることなく自然に体になじみ、40㎝に満たない織り幅でも腰まで暖めてくれるたっぷりサイズに仕上がります。

200 直角ショール

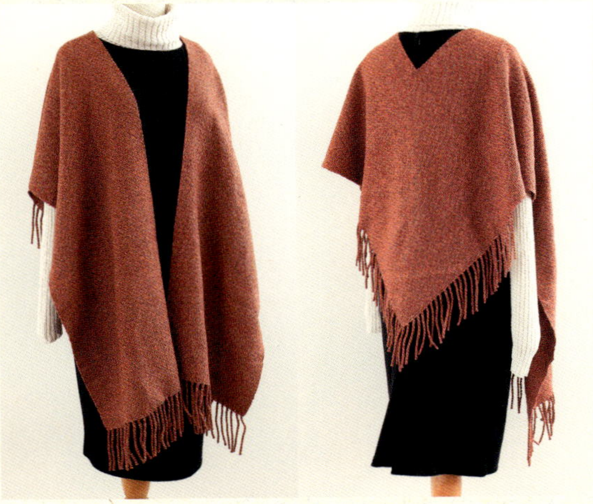

Data

織りあがりの長さ：276㎝
整経長：380㎝
幅と本数：37㎝　111本
よこ糸密度とソウコウ：３段／㎝　30羽
使用糸：たて／425m　よこ／295m

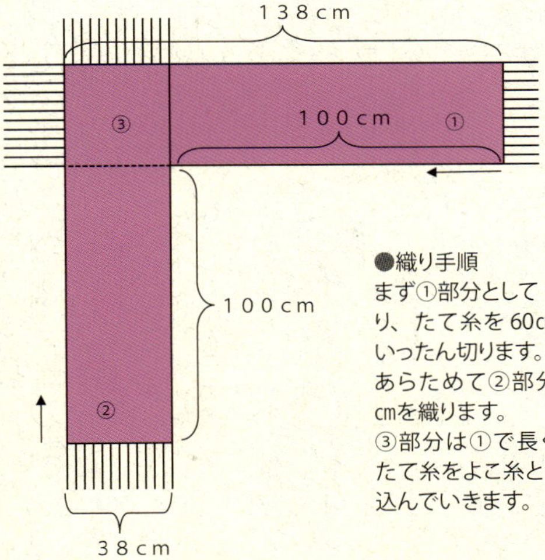

●織り手順
まず①部分として100㎝織り、たて糸を60㎝残していったん切ります。
あらためて②部分の100㎝を織ります。
③部分は①で長く残したたて糸をよこ糸として織り込んでいきます。

房の始末

マフラーやストールなどのまきものは、
房の始末で表情が変わります。
糸の素材や、デザインに合った房にして、
オリジナルのまきものを楽しみましょう。

ネクタイ結び

何本かの房をその内の１本の房で束ねる方法です。

縫い込み

1 織り端をすっきり見せたいときは房を織り地の中に縫い込みます。

2 145 ～ 148 (P154 ～ 155) のマフラーはこの房の始末をしています。

ヘムステッチ

1 織り始めのたて糸の端を織り幅の４倍残し、その糸をとじ針でステッチします。

2 ４本拾い、同じ場所から入れて４本の中央２段目の織り目から糸を出す……の繰り返しです。

フェルト針

ウールの場合は、織り端をフェルト針で刺してとめることもできます。

撚り合わせ

1　２つに分けた何本かの房を糸の撚りと逆の方向にねじります。

2　２つの束を揃えて撚りの方向にねじります。

四つ編み

1　４束にした房を順に編んでいきます。

2　116・117（P 126）など繊維の絡まない夏糸の時に使います。

増毛

織り端から２段目に別糸を差し込み、一緒に束ねることでボリュームのある房ができます。

コイリング

1　織り技法のひとつですが、房にも応用できます。まず別糸を１カ所結びます。

2　隙間なく巻きつけていきます。

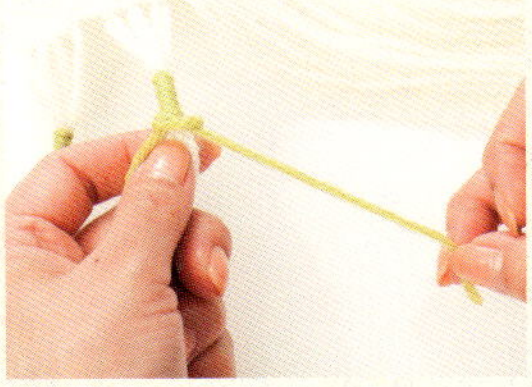

3　最後は輪の中に通してしめます。

4　糸端は縫い込みます。84（P85）、169・170（P174）などがその１例です。

マクラメ（平結び）

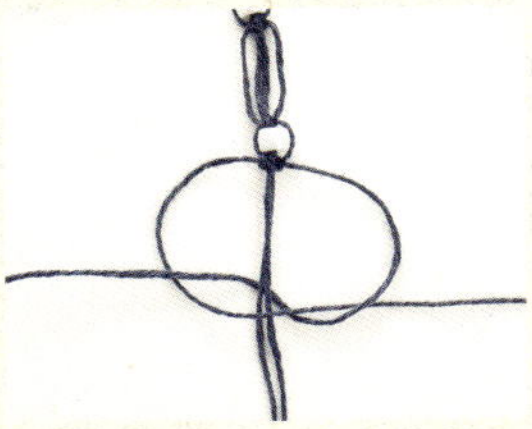

1　房４本の中央２本に必要な数のビーズを通します。

2　両脇の２本の房で２回縛ってとめる…の繰り返しです。

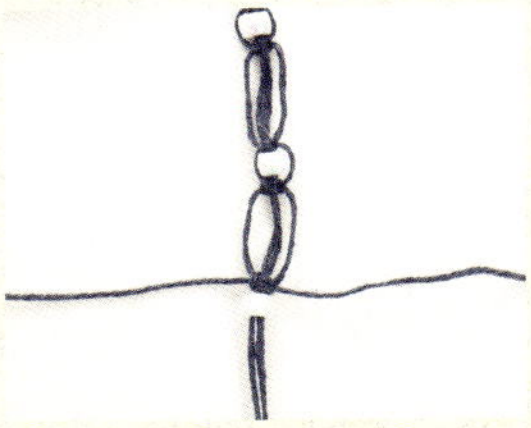

3　１回おきにビーズを挟み込みます。

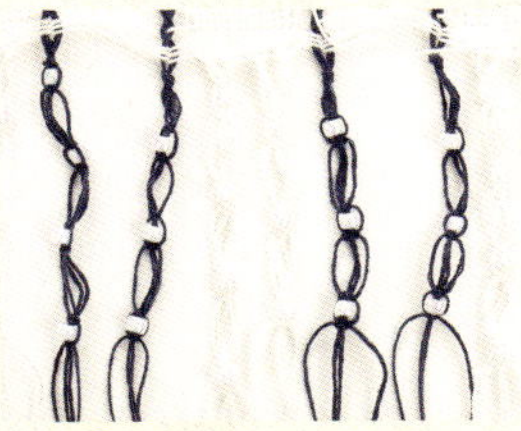

4　表裏です。この始末は 122（P131）で使いました。

好みの色の“まきもの”がすぐ探せる【色別索引】

茶（ブラウン・キャメル）系

黒（ブラック・グレー）系

緑（緑・青緑）系

白系

黄・オレンジ系

リビングアート手織り倶楽部の認定講座
～全国のお教室一覧～

【講座内容についてのお問い合せ先】
楽習フォーラム／オールアバウトライフワークス　楽習フォーラム　検索
TEL.0120-560-187　FAX.03-6893-0294　E-mail.entry@gakusyu-f.jp

北海道	**ECHO工房手織教室** （主宰者:佐藤 セツ）	[所在地]札幌市手稲区 [最寄駅]JR手稲線 徒歩10分 TEL.011-683-9077／FAX.011-683-9077 ✉satoandl@siren.ocn.ne.jp
北海道	**染織工房　糸音** （主宰者:三浦 千津子）	[所在地]千歳市 [最寄駅]JR千歳駅 向陽台行バス TEL.090-6269-3520／FAX.0123-23-1287 ✉m.itone@ezweb.ne.jp
青森	**①百石町展示館教室** **②ヨークカルチャーセンター弘前教室** （主宰者:熊田 郁子）	[所在地]①弘前市百石町 ②弘前市駅前 [最寄駅]①弘前駅 ②弘南バス弘前バスターミナル TEL.①090-1378-9575 ②0172-37-1061 （HP）①https://ameblo.jp/teori-yusuian/ ②http://www.culture.gr.jp/detail/hirosaki/index.html
宮城	**手織倶楽部　楽絲舎** （主宰者:長渕 陽子）	[所在地]塩釜市 [最寄駅]JR仙石線西塩釜駅 TEL.050-3767-3864
宮城	**ウィーヴィングルーム　スペース** （主宰者:古山 文子）	[所在地]塩釜市 [最寄駅]JR仙石線東塩竈駅 TEL.022-364-7388 ✉furufuru@triton.ocn.ne.jp
秋田	**秋田カルチャースクール・キャッスル校** **「手織り・裂き織り」** （主宰者:佐々木 真知子）	[所在地]秋田市 TEL.018-831-4211 ✉kochima213@liv.jp（HP）http://culture.gr.jp
秋田	**染・織・工房オルル** （主宰者:柴田 啓子）	[所在地]秋田市 [最寄駅]秋田駅 TEL.018-846-5620／FAX.018-846-5620 ✉gure2481@yahoo.co.jp
福島	**アトリエ　ており** （主宰者:服部 容子）	[所在地]二本松市 TEL.0243-23-7855／FAX.0243-23-7855 ✉ryo-1001@sc4.so-net.ne.jp
茨城	**手織り裂き織り教室　龍ヶ崎** （主宰者:小野 登志子）	[所在地]龍ヶ崎市 [最寄駅]常磐線佐貫駅、長山小学校（バス） TEL.0297-66-8207／FAX.0297-66-8207
埼玉	**①朝日カルチャーセンター新宿教室** **②NHK文化センターさいたまアリーナ教室** （主宰者:後藤 美由紀）	[所在地]①新宿区 ②さいたま市中央区 [最寄駅]①新宿駅西口徒歩8分 ②JRさいたま新都心駅徒歩6分 TEL.①03-3344-1941 ②048-600-0091／FAX.①03-3344-1930 ②048-600-0094 （HP）①www.asahiculture.jp/shinjuku ②www.nhk-cul.co.jp/school/saitama
埼玉	**①上里カルチャーセンター** **②深谷カルチャーセンター** （主宰者:町田 裕子）	[所在地]①児玉郡上里町 ②深谷市 [最寄駅]①JR高崎線神保原駅より車15分 ②JR高崎線深谷駅より車5分 TEL.①0495-33-7411 ②048-551-2211 ✉oriton125@yahoo.co.jp
千葉 茨城 東京	**①NHK文化センターユーカリが丘教室** **②ヨークカルチャー常磐平 ③取手カルチャーセンター** **④東京カルチャーセンター ⑤セブンカルチャー綾瀬** **⑥手仕事教室シュピンネン** （主宰者:金澤）	[所在地]①佐倉市 ②⑥松戸市 ③取手市 ④江戸川区 ⑤足立区 [最寄駅]①ユーカリが丘駅 ②常磐平駅 ③取手駅 ④東西線葛西駅 ⑤綾瀬駅 ⑥北国分駅 TEL.①～⑤各カルチャーの番号 ⑥090-4538-5754 FAX.①～⑤各カルチャーの番号 ⑥047-392-5126 ✉riesan@hotmail.co.jp
千葉	**①眞織工房** **②NHK文化センター柏教室** （主宰者:廣田 マリ子）	[所在地]我孫子市 [最寄駅]①JR常磐線天王台駅 ②JR柏駅 TEL.①04-7183-4202 ②04-7148-1711／FAX.①04-7183-4202 ②04-7148-1714 ✉ZAQ00330@nifty.com
千葉	**布遊びの部屋** （主宰者:木村 美和子）	[所在地]千葉市稲毛区 [最寄駅]JR稲毛駅 平和交通創価学会前バス停徒歩1分 TEL.043-251-9651／FAX.043-251-9651 ✉miki0709@mist.dti.ne.jp（HP）http://www2.ttcn.ne.jp/aki-miki/
東京	**①遊絲葉**（ゆうしよう）**②仙川カルチャーセンター** **③新所沢カルチャーセンター** （主宰者:井上 繁子）	[所在地]西東京市 [最寄駅]西武新宿線花小金井駅 TEL.①042-466-3300 ②03-5314-3651 ③04-2998-8080／FAX.042-451-5766
東京 埼玉	**①池袋コミュニティ・カレッジ**（西武池袋本店 別館8階） **②よみうりカルチャー浦和**（浦和ロイヤル パインズホテルB1） （主宰者:大塚 浩美）	[所在地]①豊島区 ②さいたま市 [最寄駅]①JR池袋駅 ②JR浦和駅 TEL.①03-5949-5486（代）②048-824-5711（代）／FAX.①03-5949-3747 ②048-824-5719 （HP）①http://cul.7cn.co.jp/programs/program_506909.html ②http://www.ync.ne.jp/urawa/

東京	**①らっくらっく工房 ②よみうりカルチャー荻窪 ③南大沢カルチャー ④ジュージヤカルチャー立川立飛**（主宰者:松本）	[所在地]国立市東 [最寄駅]①JR国立駅 ②JR荻窪駅 ③京王相模原線南大沢駅 ④多摩モノレール立飛駅 TEL.①042-572-1358 ②03-3392-8891 ③042-679-6811 ④042-540-7151 FAX.042-572-1358 ✉matsumoto.853@r4.dion.ne.jp
東京	**Studio A Week** （主宰者:箕輪 直子）	[所在地]品川区 [最寄駅]JR五反田駅徒歩12分、都営浅草線戸越駅徒歩5分 TEL.03-6417-0510／FAX.03-6417-0511 ✉a-week@minowanaoko.com（HP）http://www.minowanaoko.com
神奈川	**①朝日カルチャーセンター横浜教室 ②NHK文化センター横浜ランドマーク教室** （主宰者:神谷 悦子）	[所在地]横浜市西区 [最寄駅]①横浜駅 ②桜木町駅、みなとみらい駅 TEL.①045-453-1122 ②045-224-1110
神奈川	**①ヨークカルチャーセンター茅ヶ崎 ②柴田工房** （主宰者:柴田 秀子）	[所在地]茅ヶ崎市 [最寄駅]JR茅ヶ崎駅 TEL.①0467-58-1010 ②0467-54-4007／FAX.②0467-54-4007 ✉hs.shibata@hotmail.co.jp（HP）①http://www.culture.gr.jp/
神奈川	**鎌倉 紅葉ヶ谷の風から（もみじがやつ）** （主宰者:今田 尚美）	[所在地]鎌倉市扇ヶ谷 [最寄駅]JR鎌倉駅西口徒歩5分（今小路クラブ） TEL.0467-25-4855／FAX.0467-25-4855 ✉n5357i@icloud.com
静岡	**マリオネット手織倶楽部** （主宰者:坂部）	[所在地]熱海市 [最寄駅]JR熱海駅、昭和町（バス） TEL.0557-81-3750／FAX.0557-81-3750 ✉marion@cy.tno.ne.jp
愛知 岐阜	**①織遊房 ②清洲カルチャー**（主宰者:原田 朋恵） **③蟹江カルチャー ④可児カルチャー ⑤岐阜新聞カルチャーアカデミー**	[所在地]①名古屋市東区 ②清須市 ③海部郡 ④可児市 ⑤各務原市 TEL.①090-8157-1021 ②052-409-9311 ③056-794-3011 ④057-461-0311 ⑤058-383-7833 FAX.052-217-6078 ✉gc304masaaa-kanaaa-@ezweb.ne.jp
愛知	**手作り工房　ちゃるま** （主宰者:野田 宏美）	[所在地]豊田市 [最寄駅]名古屋鉄道梅坪駅5分、愛知環状鉄道愛環梅坪駅5分 TEL.0565-33-8883／FAX.0565-33-8883
大阪	**大阪産経学園 「やさしいゆび織り はじめての手織り」** （主宰者:曽田 よう子）	[所在地]大阪市 [最寄駅]阪急梅田駅直結 TEL.06-6373-1421 （HP）http://tezomeito.exblog.jp/
島根	**手織り&草花染め工房　おりいむ** （主宰者:東 政子）	[所在地]浜田市熱田町 [最寄駅]JR山陰本線浜田駅より車10分 TEL.090-8604-0898／FAX.0855-28-7885 ✉shkm05higa@kjf.biglobe.ne.jp（HP）http://oriimu.at.webry.info/
徳島	**ア・ドミシール徳島校、鳴門校** （主宰者:船井 由美子）	[所在地]鳴門市 [最寄駅]JR四国二軒屋駅（徳島校）、JR四国撫養駅（鳴門校） TEL.088-685-3297／FAX.088-685-3297 ✉drggn734@yahoo.co.jp
徳島	**染織工房　創、自宅教室、公民館教室** （主宰者:阿部 美穂子）	[所在地]名西郡石井町 [最寄駅]徳島バス（不動経由）第十下車徒歩1分 TEL.088-674-1417／FAX.088-674-1417
福岡	**アトリエひなぎく** （主宰者:古賀 直子）	[所在地]福岡市中央区 [最寄駅]地下鉄七隈線六本松駅 徒歩7分 TEL.092-715-7940 ✉sizima@jcom.home.ne.jp（HP）http://r.goope.jp/atelier-hinagiku
福岡	**アトリエ　ツユ** （主宰者:末久 正子）	[所在地]築上郡上毛町 [最寄駅]JR中津駅 TEL.0979-72-3428
熊本	**①手織倶楽部くまもと 織好SUN ②NHK文化センター熊本教室** （主宰者:高田 敦子）	[所在地]熊本市 [最寄駅]①JR熊本駅、田崎橋（市電）、田崎（バス） ②通町筋鶴屋前（バス）、水道町（バス） TEL.①096-355-1505 ②096-351-8888 FAX.①096-355-1505 ✉tattakata467@gmail.com
熊本	**八景水谷　手織り工房 和** （主宰者:田添 和子）	[所在地]熊本市北区[最寄駅]熊本電鉄堀川駅 TEL.090-7988-4823／FAX.096-345-8092 ✉hakemiya.teorinowa@gmail.com
鹿児島	**染織アトリエ繭（まゆ）** （主宰者:杉尾 緑）	[所在地]鹿児島市 [最寄駅]JR鹿児島中央駅下車、南国交通緑ヶ丘団地東バス停徒歩1分 TEL.099-243-6605、090-5292-9883／FAX.099-243-6605 ✉midorimayu@po3.synapse.ne.jp

教室に関するお問い合せは各お教室にお問い合せください

あとがき

５年前に「まきもの」、つまりマフラーやショールだけに特化した手織りの本を出そうとしたとき、当初の予定では『手織りを楽しむ・まきものデザイン 100』でした。でも、いろいろと思いつくままサンプルを作っていたら、う〜ん……これは『まきものデザイン 150』で行けるかも！と『まきものデザイン 150』ができました。今回の改訂版にあたり、さらに 50 の新作 ?!
前回からの５年の年月は日々の活動なので、その間に手掛けたまきもの、載せるのを忘れていたまきもの、新たに思いついたまきものと、さくさくと追加が浮かび、とても楽しく本を作ることができました。今回の本では、新たに裂き布をまきものに加えてあります。裂き織りを取り入れたまきものも、どうぞご堪能ください。

2018 年某日

箕輪直子
Naoko Minowa

染織家。東京都千代田区出身、品川区在住。
共立女子大学家政学部生活美術学科染織専攻卒業。
日本染織協会 会長（所属　楽習フォーラム・リビングアート手織り倶楽部、楽習フォーラム・草花のキッチン染めアソシエイツ、ゆび織りディプロマアソシエイツ、裂き織りディプロマアソシエイツ）。品川区西五反田で手織りと草木染めのショップ Studio A Week を主宰。
アーツＪクラフツ展招待作家。
著書に『草木染め大全』『手織り大全』『裂き織り大全』『誰でもできる草木染めレッスン』（以上、誠文堂新光社）、『ゆび織りで作るマフラー＆ショール』（河出書房新社）ほか多数。
NHK「すてきにハンドメイド」ほか各方面で活躍。

Studio A Week
東京都品川区西五反田 6-24-15 Y.BLDG
TEL.03-6417-0510
http://www.minowanaoko.com

四季折々のストール、ショール、マフラーをつくる

手織りを楽しむ まきものデザイン200

増補改訂版

NDC 753.8

2012年10月27日 第1版 第1刷 発行
2013年11月11日 第2刷 発行
2018年 2月15日 第2版 第1刷 発行

著　者　箕輪直子
発行者　小川雄一
発行所　株式会社　誠文堂新光社
〒113-0033
東京都文京区本郷3-3-11
（編集）☎03-5805-7285
（販売）☎03-5800-5780
http://www.seibundo-shinkosha.net/
印刷所　広研印刷 株式会社
製本所　和光堂 株式会社

ISBN978-4-416-51854-0

協力

株式会社 アートセンター
東京都中央区銀座3－11－1
ニュー銀座ビル4F
TEL.03-3546-8880

三葉トレーディング株式会社
茨城県取手市戸頭 2-42-14
TEL.0297-78-1000

株式会社東京手織機
東京都板橋区幸町 1-3
TEL.03-6905-8500

クロバー株式会社
大阪府大阪市東成区中道 3-15-5
TEL.06-6978-2211

ハマナカ株式会社
京都府京都市右京区花園藪ノ下町 2-3
TEL.075-463-5151

横田株式会社
大阪府大阪市中央区南久宝寺町 2-5-14
TEL.06-6251-2183

藍熊染料株式会社
東京都台東区雷門 1-5-1 藍熊ビル
TEL.03-3841-5760

株式会社 誠和
東京都新宿区下落合 1-1-1　TEL.03-3364-2111

株式会社 田中直染料店
京都府京都市下京区松原通烏丸西入
TEL.075-351-0667

STAFF

装丁・デザイン　有限会社プールグラフィックス
編集　田口香代
撮影　井上孝明／深澤慎平

編集協力

大塚浩美
熊田郁子
後藤美由紀
廣田眞理子

制作協力（五十音順）

青木薫
伊藤美恵子
今井香里
金澤理恵
草島章子
坂部由美子
佐々木真知子
平良淑子
寺本都子
服部容子
古山文子
町田裕子
水野宏美
峯岸郁子

参考図書　『SPRANG』相原智恵子 著